三島弥彦

父　三島通庸（長原孝太郎筆）
（三島神社内扁額　絵葉書より）

兄　三島弥太郎

母　三島和歌子

三島家集合写真
後列右から2人目が弥太郎、5人目の学生服が弥彦。
前列中央に和歌子、その前のセーラー服姿が通陽(弥彦の甥、弥太郎長男)。

三島家(蒲田邸)
写っている人物のうち右は和歌子。弥彦は結婚後、同邸で暮らしたこともある。

三島弥彦
学習院中等学科時代の
明治36年(1903)撮影。

三島弥彦
学習院高等学科時代の
明治39年(1906)撮影。

府中行軍記念
学習院における明治37年(1904)の府中行軍演習時の記念撮影。前列左から3人目が弥彦。

学習院漕艇部
右端が弥彦。明治37年(1904)撮影。

学習院高等学科卒業記念写真（明治40年(1907)7月12日撮影）

野球ユニフォーム姿で投手のポーズを取る弥彦（学習院時代）

天狗倶楽部メンバーと共に（明治43年(1910)2月20日撮影）

諏訪湖におけるスケート（明治44年(1911)）

羽田競技場の「宝ひろい」
明治44年(1911)11月18日・19日に羽田競技場で開催された「国際オリムピック大会選手予選会」の後で行われた「宝ひろい」の様子。ライン上に立つ人物のうち右から2人目が弥彦。

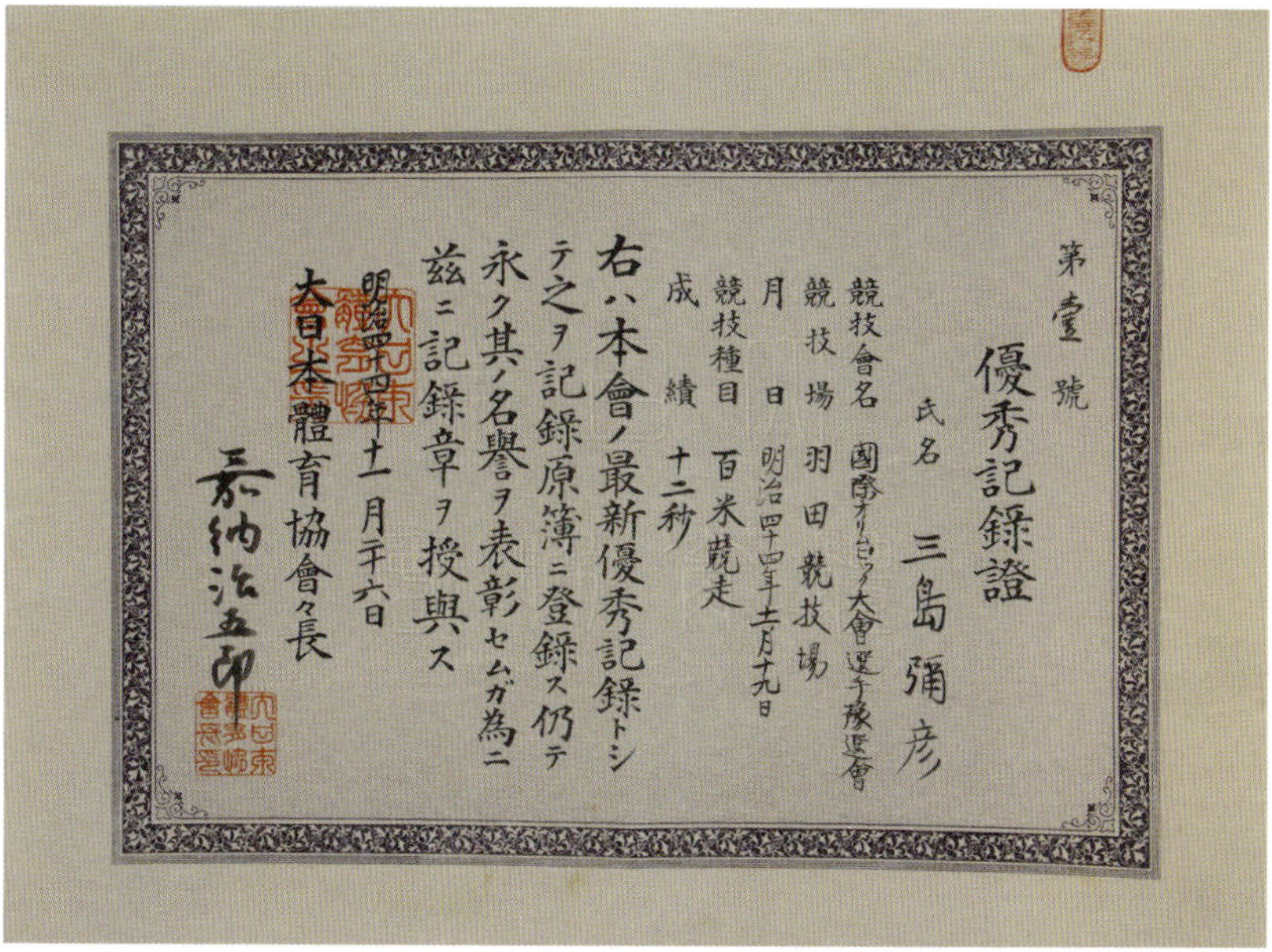

第壹號
優秀記録證
氏名 三島彌彦
競技會名 國際オリムピック大會選手豫選會
競技場 羽田競技場
月日 明治四十四年十一月十九日
競技種目 百米競走
成績 十二秒
右ハ本會ノ最新優秀記録トシテ之ヲ記録原簿ニ登録ス仍テ永ク其ノ名譽ヲ表彰セムガ為ニ茲ニ記録章ヲ授與ス
明治四十四年十一月二十六日
大日本體育協會々長 嘉納治五郎

選手予選会の優秀記録証(百米競走)
オリンピック予選会において弥彦は100m、200m、400m、800mで最高順位となり、ストックホルムオリンピック日本代表に選ばれた。

年賀状　三島通陽より三島弥彦宛
（明治45年1月1日）
弥彦の甥である通陽が差出した年賀状。お札を模したデザインで、中央に「此葉書ヲ所持スルモノハ萬福来」と印刷されている。通陽はこの文言をもじって、画面の両端に「此の葉書を所持する者はオリンピックのレースにて第一等賞をとれるを證す」と書き込んだ。二人の親密な間柄が垣間見える。

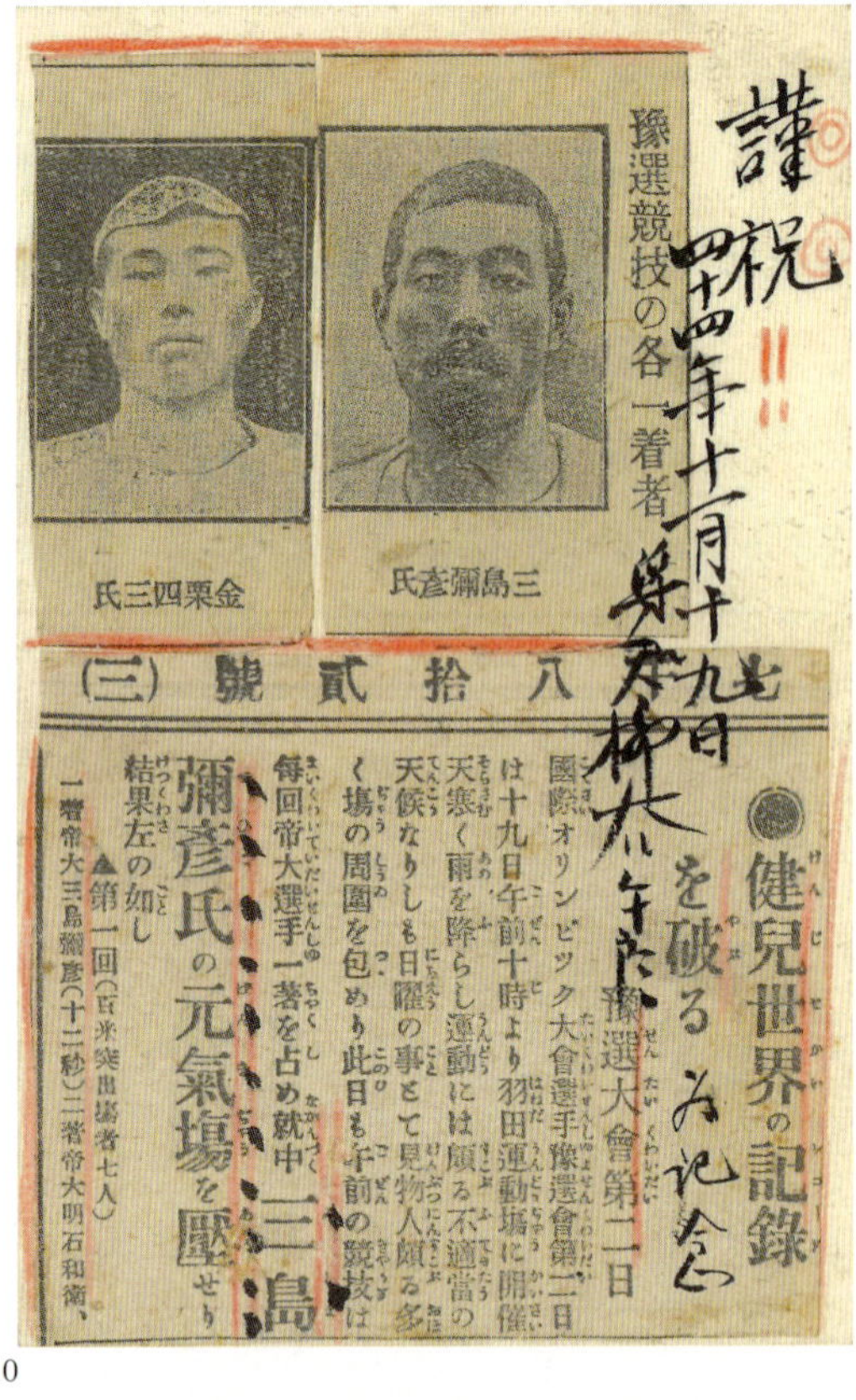

弥彦宛絵葉書（明治44年11月20日）
オリンピック予選会の結果を伝える新聞記事の切り抜きを貼って友人の柳谷午郎から弥彦に送られた葉書。記事には弥彦および金栗の写真が掲載されている。

ウラジオストックへ向かう船上の弥彦と金栗四三

明治45年(1912)5月、弥彦と金栗は新橋から敦賀へ向かい、船でウラジオストックに到着、シベリア鉄道でヨーロッパを目指した。写真台紙の裏には「明治四十五年五月十八日瑞典ストツクホルム国際オリンピツク競技会に趣く途上　鳳山丸にて機関長の撮影」とある。左から、船長、弥彦、大森兵蔵、金栗四三。

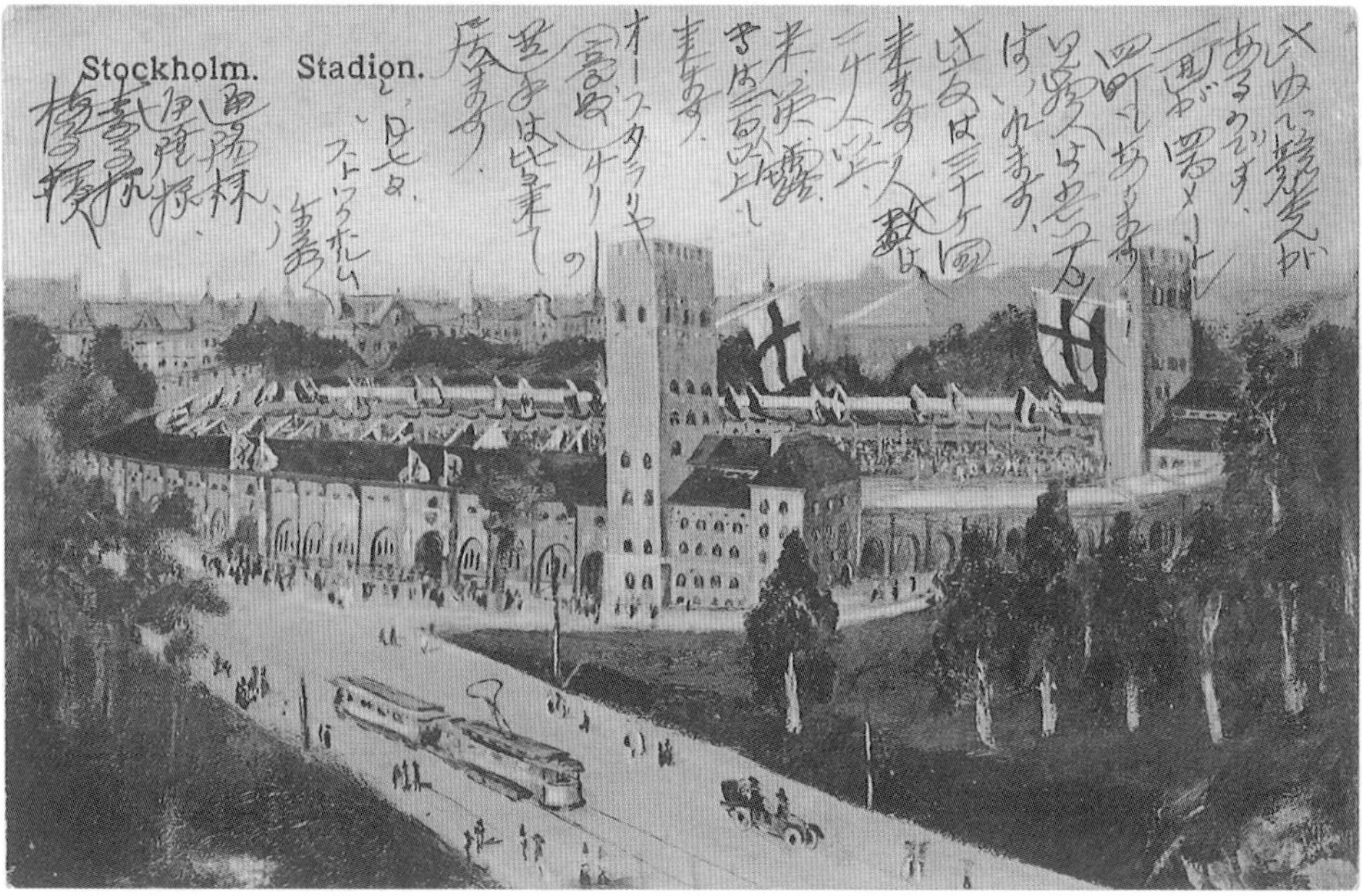

絵葉書　三島弥彦より三島通陽ほか親族宛(1912年6月7日)

大会前の興奮を書き綴り通陽ほか親族に宛てて差出した絵葉書。ストックホルムの競技場が描かれている。

「此内で競走があるのです。一回が四百メートル、四町もあります。見物人は五、六万人もはいれます。此度は三十ヶ国来ます。人数は二千人以上。米、英、露等は二百人以上も来ます。オースタラリヤ(豪州)、チリーの選手は皆来て居ます。　六月七日　ストツクホルム　弥彦

　通陽様　通隆様　寿子様　梅子様」

ストックホルム
オリンピック大会
パンフレット表紙

ストックホルム大会入場式の三島弥彦(1912年7月5日)

日の丸を掲げて入場する弥彦。大会パンフレットに掲載されている写真と同じであるが、弥彦のアルバムに貼られた本写真はトリミングされておらず会場の全景を捉えている。NIPPONのプラカードを持つのが金栗四三。後列左端は嘉納治五郎、その右が大森兵蔵。

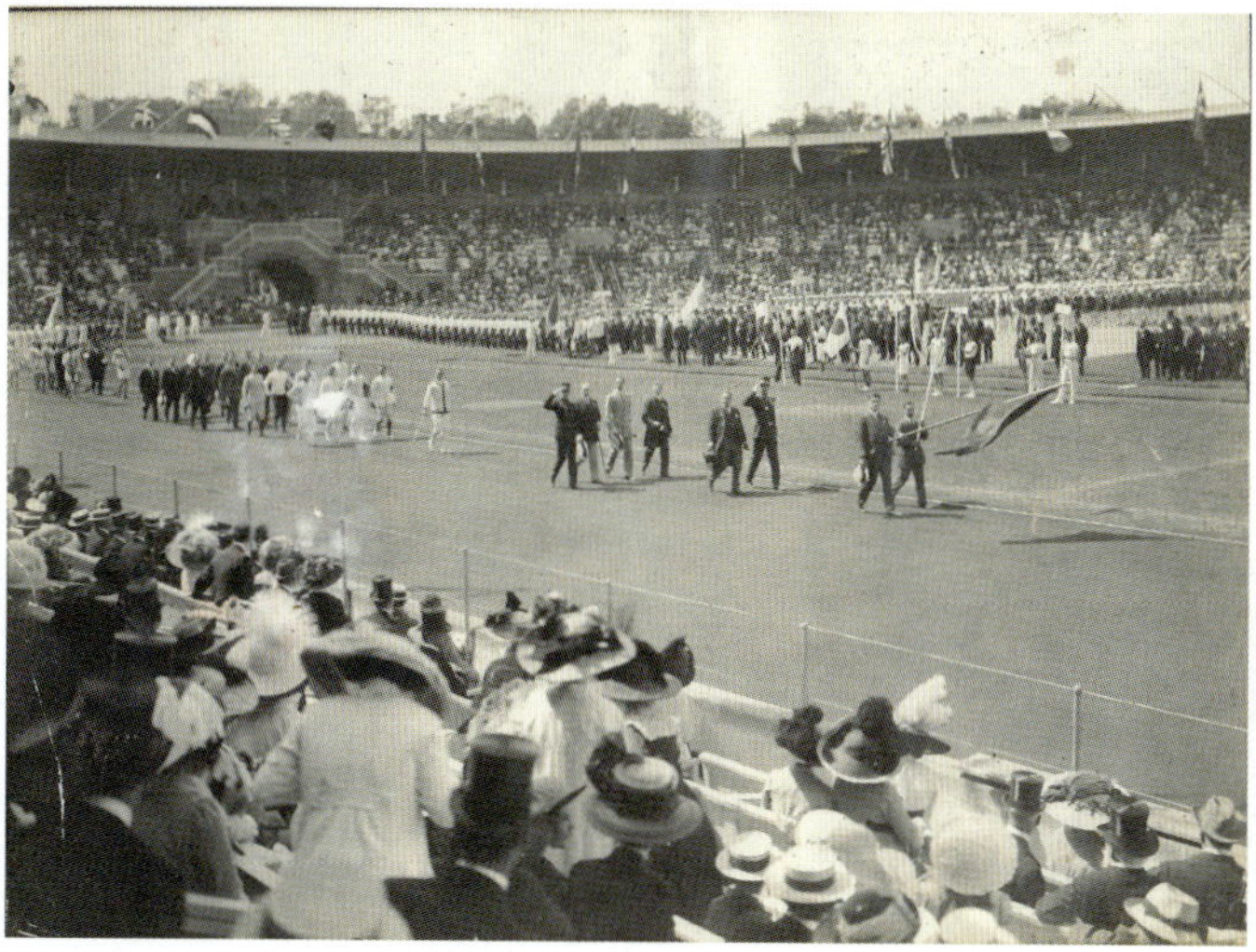

ストックホルム大会入場式
ベルギーの選手団が入場する様子を観客席から撮影している。すでに入場を終えた日本選手（弥彦と金栗）が背後に写る。

日の丸を持つのが弥彦、その隣でプラカードを持つのが金栗（左の写真を拡大）

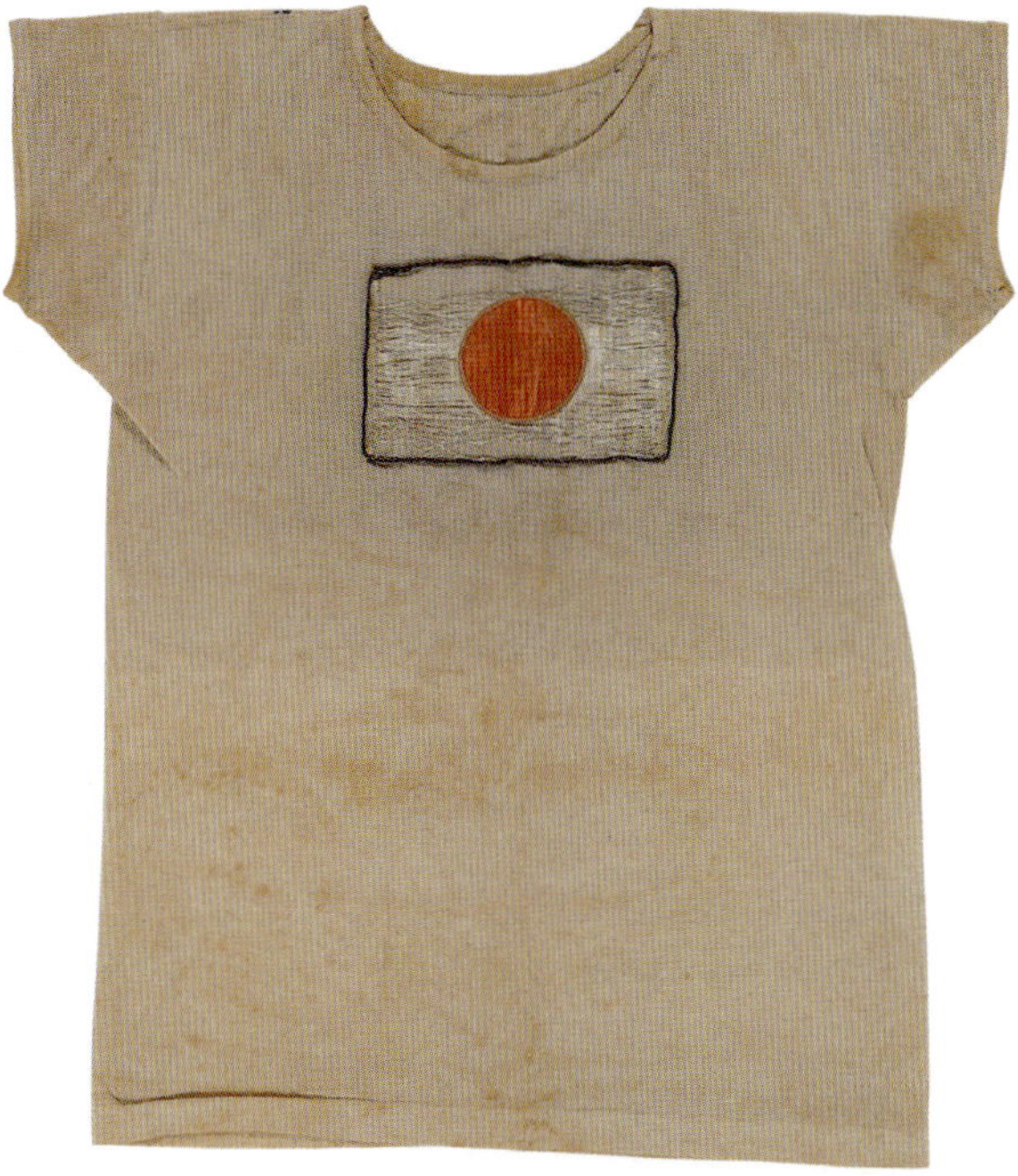

弥彦のユニフォームとスパイク（秩父宮記念スポーツ博物館蔵）
ユニフォームの日の丸は和歌子が手縫いで付けたもの。

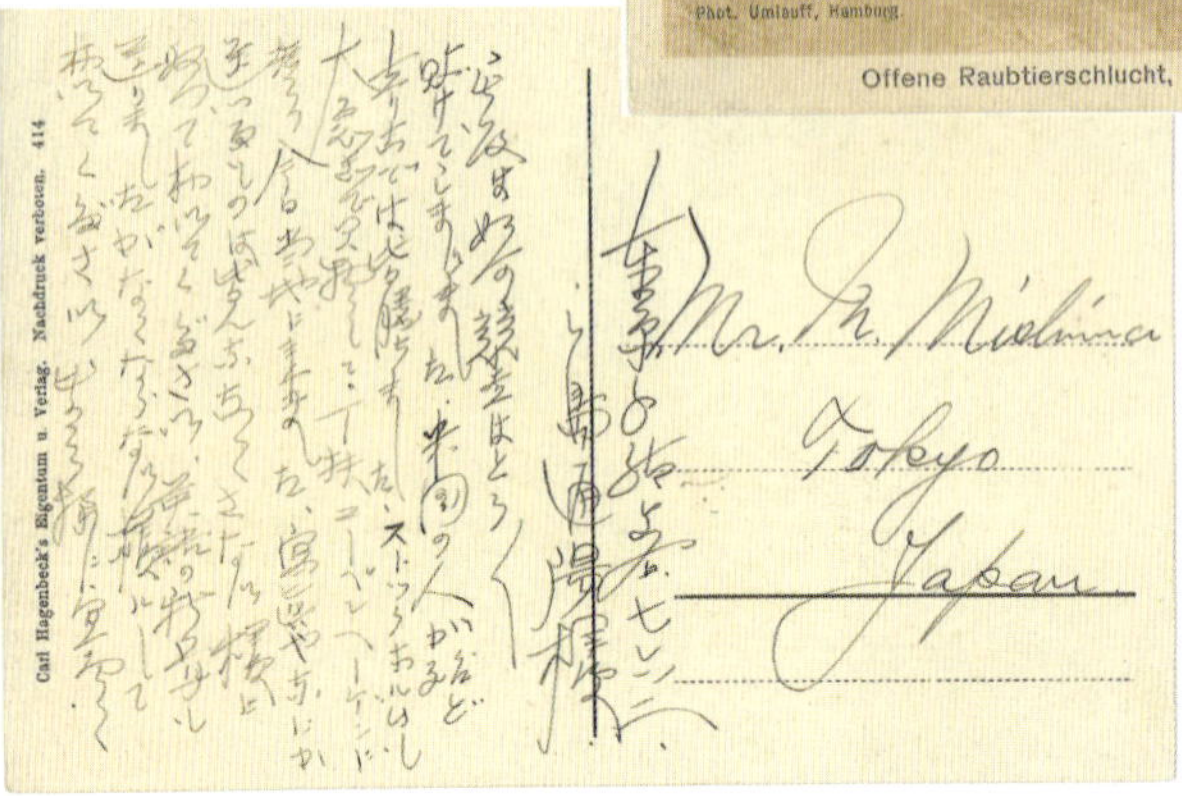

絵葉書　三島弥彦より三島通陽宛（1912年7月）
大会後、ドイツ（ハンブルク）へ移動した弥彦は通陽に宛てて「競走はとうとう敗けてしまいました。米国の人が殆ど走りこ(はしりっこ)では皆勝ちました」と記した絵葉書を差出した。

絵葉書　三島弥彦より家族宛（1912年8月）
弥彦はオリンピック大会後、ヨーロッパ各国を歴訪した。ドイツ訪問の後はフランスに至りエッフェル塔にも登っている。絵葉書には「高さ千尺　此上にエレベーターで登りました」と書かれている。

帰朝後の記念写真

オリンピックから帰国後の大正2年(1913)2月9日に京都の村井別邸(現在の長楽館)において友人等と撮影した記念写真。最前列中央に弥彦、その左が木戸幸一。弥彦の右は兄の村井弥吉で、その右が原田熊雄。二列目右端が近衛文麿。

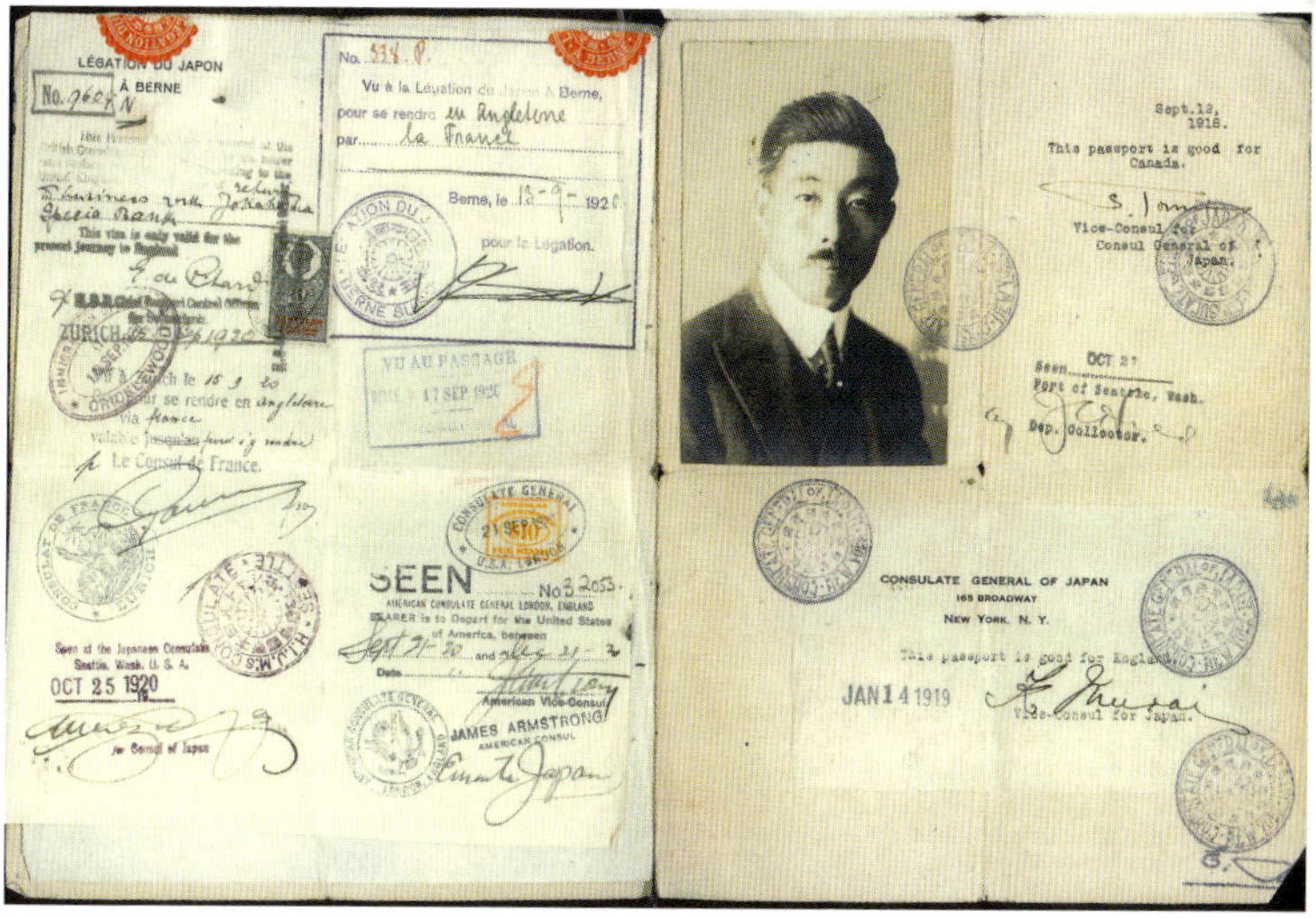

三島弥彦パスポート

1910年代後半～1920年代前半にかけて使用したパスポート。押印されたスタンプからアメリカやフランス、スイスなど各地を訪問したことが分かる。

ニューヨークにおける集合写真
左から通陽、通隆（甥、弥太郎二男）、弥彦。大正8年（1919）1月3日撮影。

青島時代
横浜正金銀行青島支店赴任中に撮影。1939年頃。

東京ゴルフ倶楽部集合写真
大正11年（1922）4月19日、来日中の英国皇太子エドワードと共に皇太子（昭和天皇）が駒沢の東京ゴルフ倶楽部に行啓した際の記念写真。2列目中央がエドワード、その右が皇太子。4列目中央やや右寄りが弥彦。

三島家親族集合写真

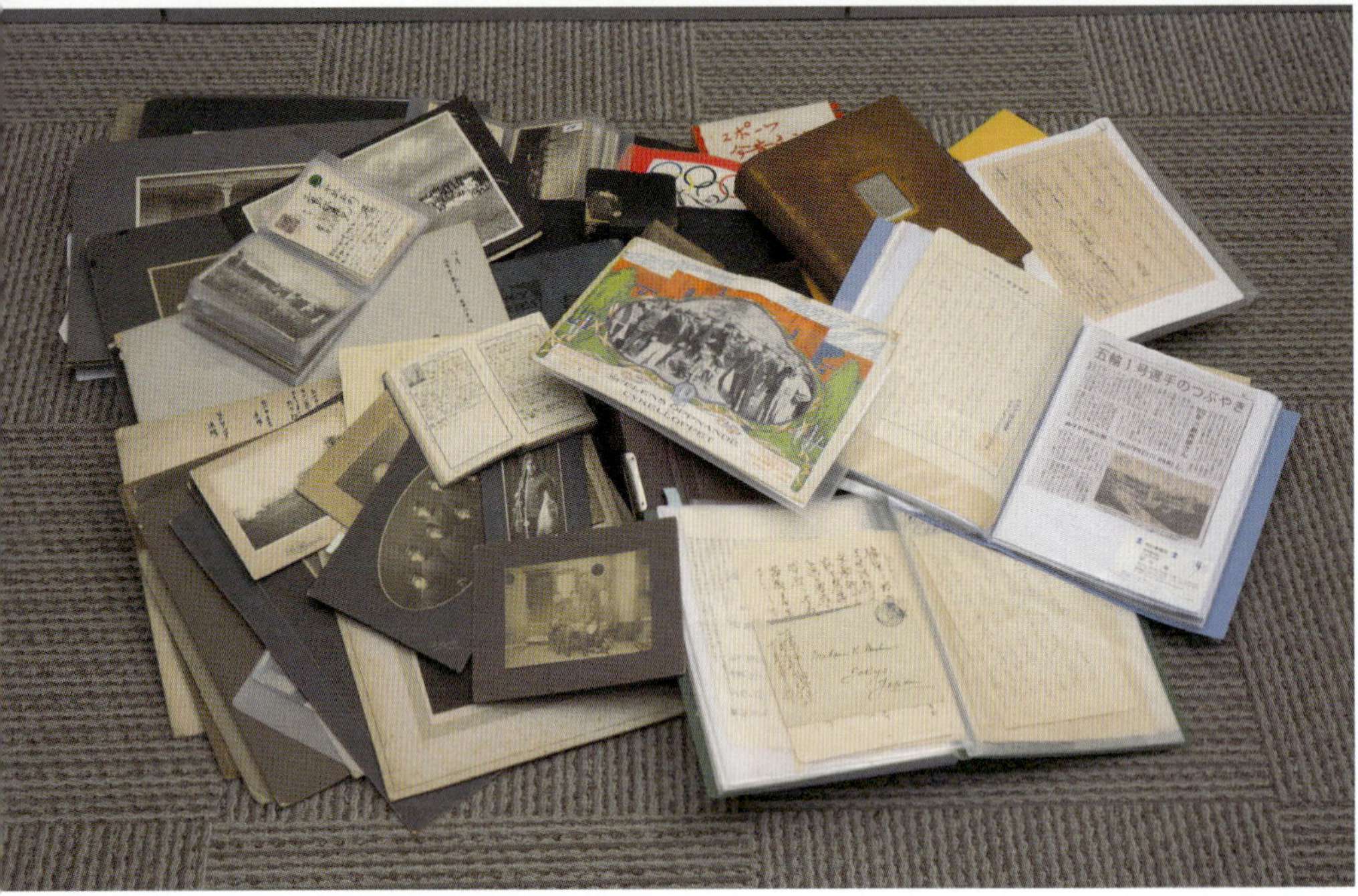

三島弥彦関係資料の一部（三島家所蔵）

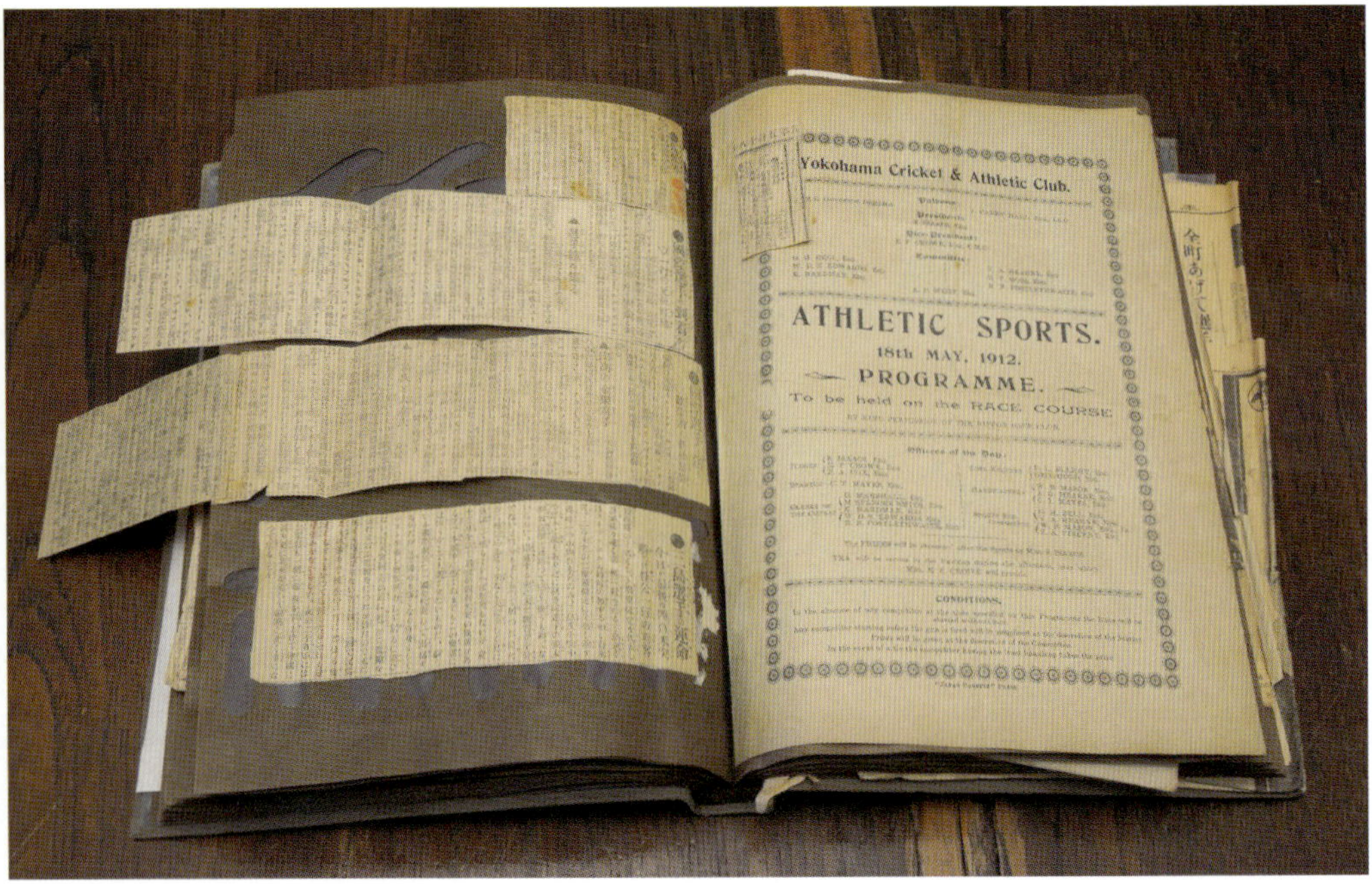

ストックホルムオリンピックに関係する新聞記事のスクラップ

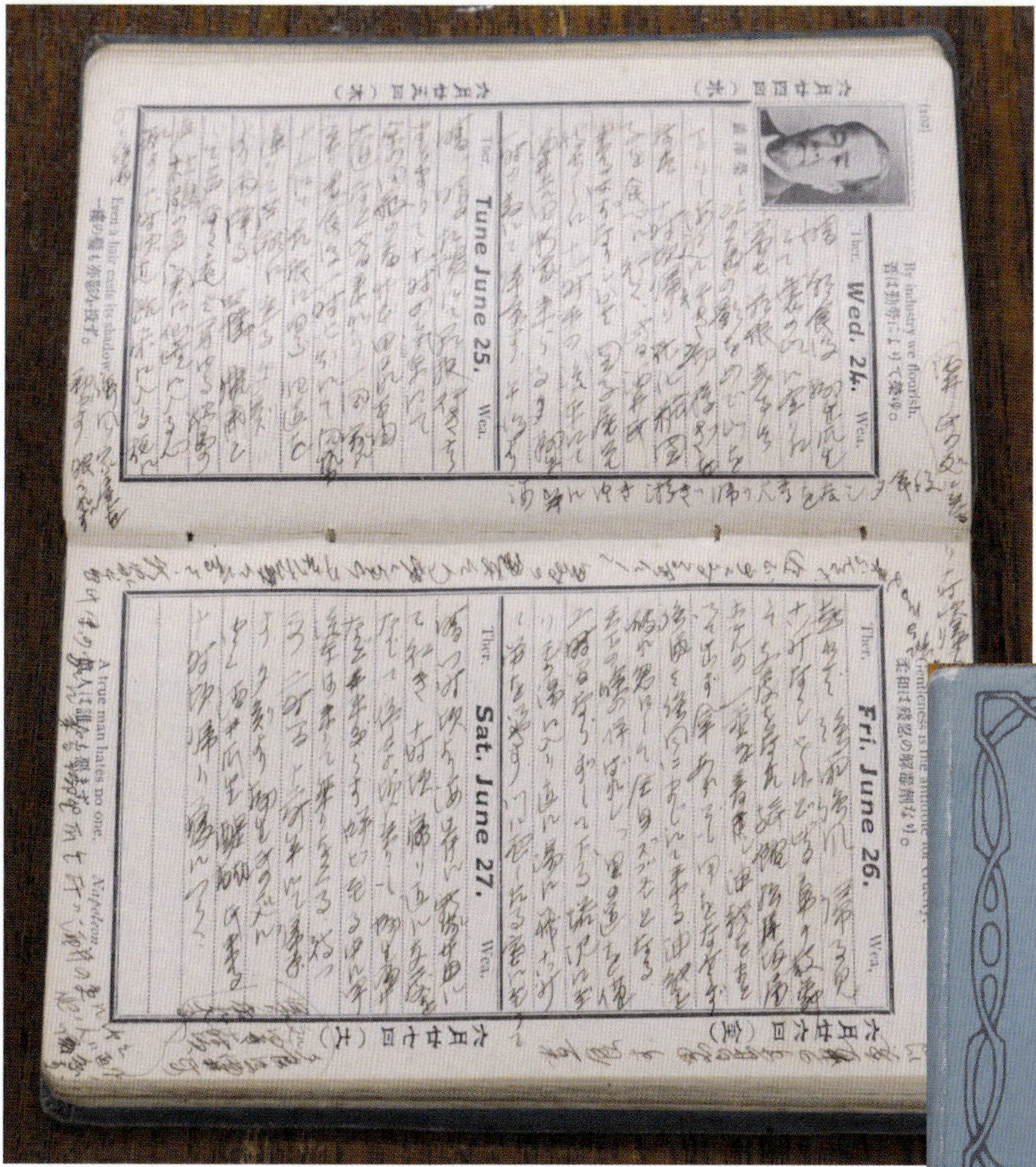

三島弥彦日記（明治41年）

大日本体育協会のメダル（1913年）

ストックホルム大会の記念メダル（1912年）

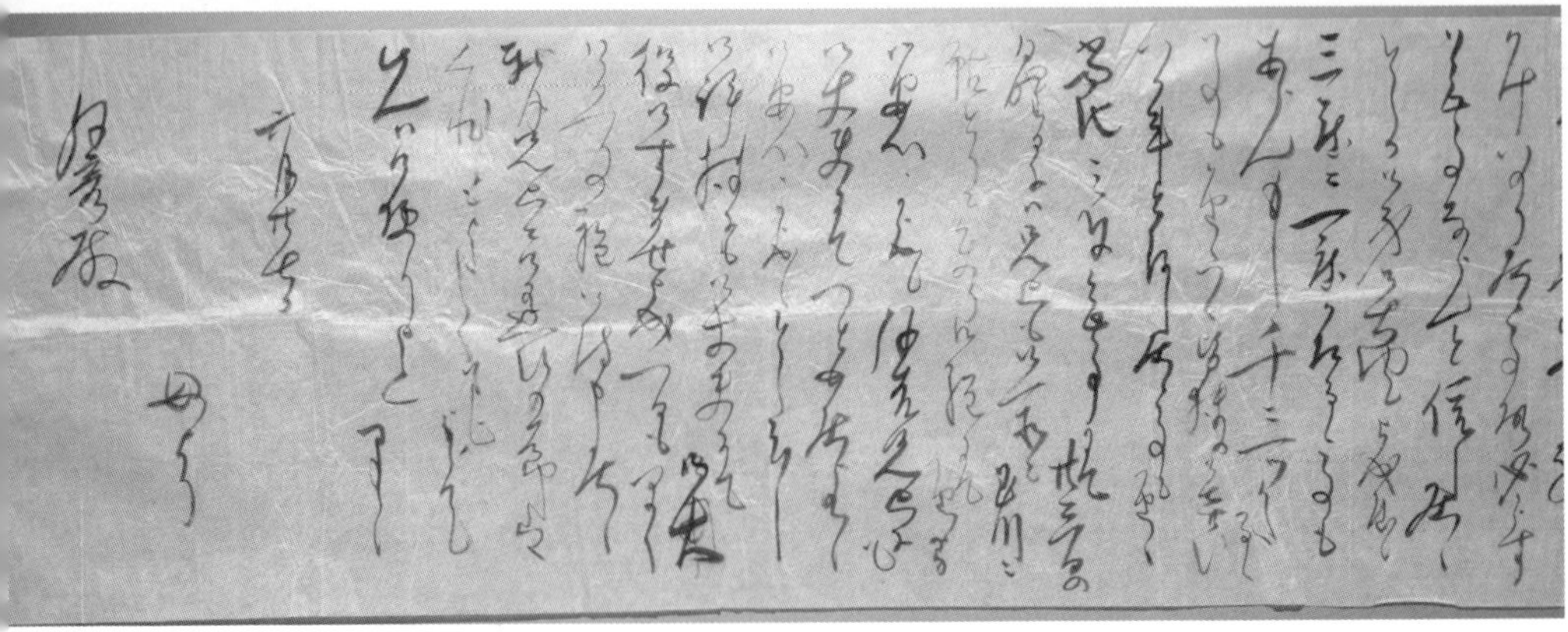

ストックホルムの三島弥彦あて和歌子書簡（明治45年6月27日）

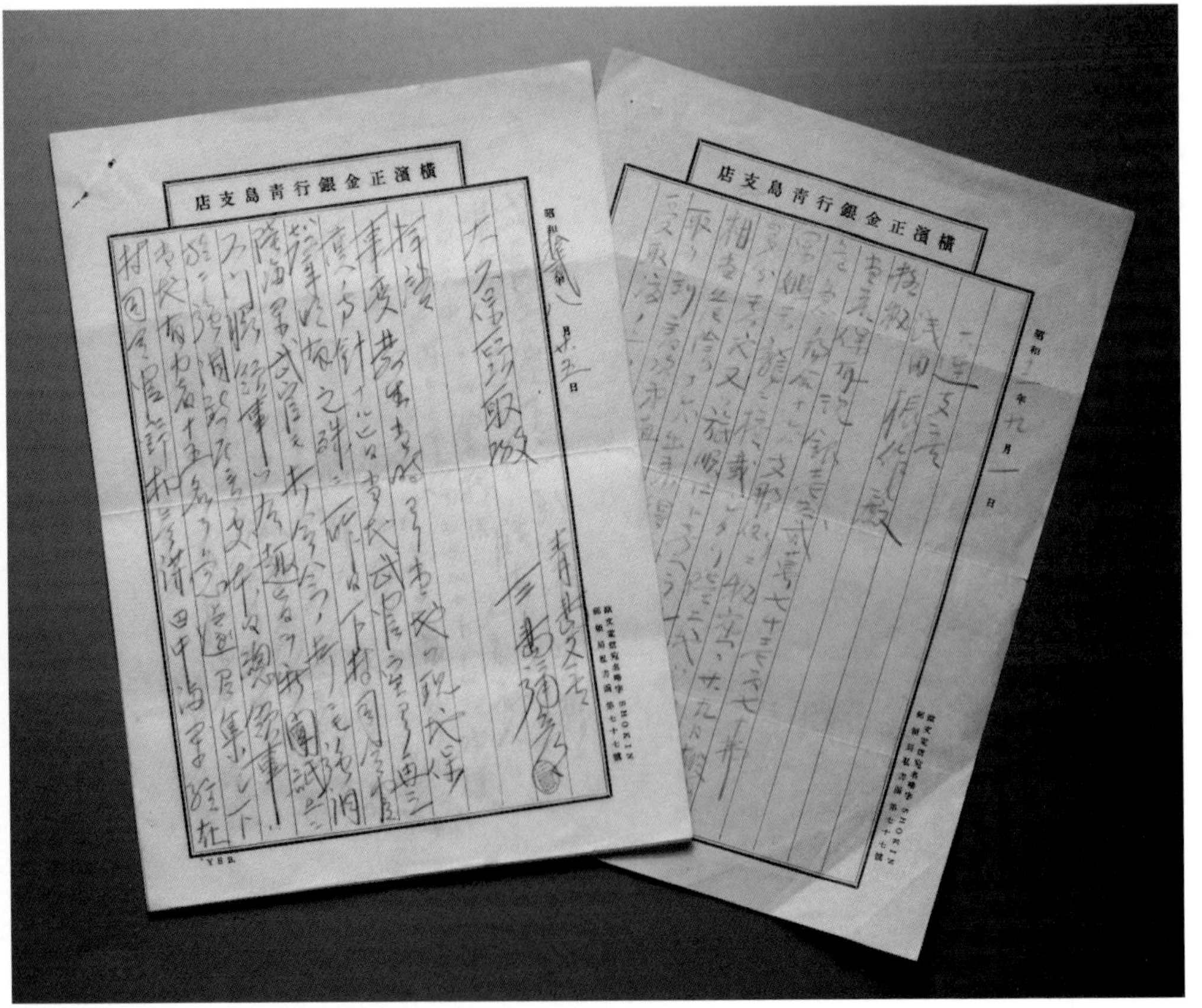

（左）大久保利賢あて三島弥彦書簡（昭和12年8月25日）
（右）浅田振作あて三島弥彦書簡（昭和12年9月1日）

尚友ブックレット34

日本初のオリンピック代表選手

三島弥彦

――伝記と史料――

尚友倶楽部・内藤一成・長谷川怜　編集

芙蓉書房出版

刊行のことば

現行憲法の下で、帝国議会は国会となり、貴族院は参議院へ引き継がれた。尚友倶楽部（前身・研究会、尚友会）は、明治以来、貴族院の選出団体として重要な役割を果たしてきたが、戦後は、純公益法人として、日本文化の国際的理解に役立つと思われる、公益事業や、学術団体、社会福祉、などへの援助を中心に活動をつづけている。

近現代史に関連する資料の公刊もその一環である。昭和四十六年刊行の『貴族院の会派研究会史・附尚友倶楽部の歩み』を第一号として、平成二年までには十二冊の「尚友報告書」を発表した。平成三年刊行の『青票白票』を第一号とする「尚友叢書」は、平成三十年には四十三冊となり、近現代史の学界に大きく寄与している。

一方「尚友ブックレット」は、第一号『日清講和半年後におけるドイツ記者の日本の三大臣訪問記』を平成六年に非売品として刊行し、以後三十三冊を刊行し今日に至っている。「尚友ブックレット」は、原文書のみならず関連資料も翻刻刊行してきているが、未公開の貴重な資料も含まれており、一般の方々からも購入の要望が多く寄せられてきたので、二十一号から一般にも入手できるような体制を整えてきた。

この第三十四号は、尚友倶楽部会員・子爵三島通庸五男、三島弥彦を採り上げた。東京帝国大学学生であった三島弥彦は、第五回オリンピック・ストックホルム大会に日本から初めて陸上選手として参加した。本書では、三島弥彦の人生と近代日本スポーツの黎明期を多くの史料で描き出した。今後も研究等に有効に用いて頂き、近現代史の学術研究に役立つことを願っている。

二〇一八年十二月

一般社団法人　尚友倶楽部
理事長　山本　衞

日本初のオリンピック代表選手　三島弥彦　伝記と史料●目次

コラム

史料編

凡例

一、本書は、三島通利氏並びに国立国会図書館憲政資料室が所蔵する①三島弥彦あて書簡、②家族・知人あて三島弥彦書簡、③三島弥彦日記、④原稿類を翻刻するとともに雑誌・新聞に掲載された三島弥彦の手記、談話を覆刻したものである。

一、書簡は三島弥彦の発受信で分けたうえで、時期やテーマ等に基づき配列した。年代の表記は、日本国内からの発信は元号を、海外からのものは西暦を基本とした。推定年代には（）を付した。

一、国立国会図書館憲政資料室所蔵書簡は＊を付した。

一、漢字は常用漢字を用い、仮名遣いは原文のままとし、片仮名は原則として平仮名に統一し、変体仮名は普通体平仮名に改めた。句読点は適宜補った。

一、明らかな誤字脱字は適宜修正した。

一、翻刻・覆刻した史料には、今日の価値観からすれば差別的とみられる記述があるかもしれないが、歴史史料という性格に鑑み、原文どおりとした。

三島弥彦伝

内藤 一成

一　弥彦の誕生と少年時代

三島家と父通庸

三島弥彦は明治一九年（一八八六）二月二三日、三島通庸《みちつね》（一八三五～一八八八）の五男として東京に生まれた。三島家はその頃、三田四国町（港区芝）にあった。

弥彦という名は、父通庸の通称である弥兵衛《やへえ》にちなんでいる。弥には弥栄《いやさか》という縁起の良い文字があり、新潟県には越後国一宮として有名な弥彦神社があるなど、敬神家の通庸らしい命名といえよう。ちなみに同年同月の生まれには、女性解放運動家の平塚らいてう（一八八六～一九七一）、歌人の石川啄木（一八八六～一九一二）、水利技術者として台湾の発展に尽くした八田与一（一八八六～一九四二）、実業家で国鉄総裁をつとめた石田礼助《れいすけ》（一八八六～一九七八）などがいる。

弥彦の生まれた三島家は、もとは薩摩藩士の家柄である。代々御能方鼓役《おのうかたつづみやく》をつとめ、石高は五〇石、居宅は鹿児島城下高麗《こうらい》町上之園《うえのその》にあった。

弥彦の父、通庸は、天保六年（一八三五）生まれで、藩主島津斉彬《なりあきら》を仰ぐ藩士西郷隆盛・大久保利通らを中心とする結社「精忠組《せいちゅうぐみ》」に参加している。文久二年（一八六二）四月、斉彬の死後、藩主を継いだ茂久《もちひさ》（忠義《ただよし》）の実父島津久光が藩士約千名を率いて上京した際、命に従わない急進攘夷派の有馬新七らを伏見寺田屋で上意討ちにする、いわゆる寺田屋事件が起こったが、このとき通庸は現場にいたため拘束され、謹慎を命じられている。

戊辰戦争が起こると、通庸は薩摩藩の小荷駄《こにだ》隊を率いて、北陸から会津へと転戦した。明治二年（一八六九）には、日向《ひゅうが》国都城の地頭《じとう》に就任し、統治に実績をあげた。明治四年に上京し、東京府権参事に就任、銀座に煉瓦街を建設したり、芸娼妓《げいしょうぎ》解放令に尽力している。その後、教部大丞《きょうぶだいじょう》となり、明治七年には酒田県令を兼ねた。酒田県が鶴岡県を経て山形県に編入されると、引き続き山形県令となった。

さらに、その後は福島県令・栃木県令を歴任したが、自由民権運動に断固とした姿勢で臨んだため「鬼県令」と呼ばれた。一方で、道路の開鑿《かいさく》や洋館を主体とする官庁街の建設など土木事業に熱心に取り組んだことから、「土木県令」とも呼ばれる。明治一七年（一八八四）には、内務省土木局長に就任し、東京の市区改正に尽くした。

明治一八年（一八八五）、通庸は、警視総監に就任した。明治二〇年一二月、過激な自由民権運動家を皇居の三里外へと追放する「保安条例」が発せられたときには、取り締まりの最前線に立っている。こうした活躍もあって「三島通庸君、六尺の身を以つて明治政府の長城《ちょうじょう》たり」と謳われた。

精力にあふれ、旺盛な活動力を誇った通庸であったが、明治二一年（一八八八）、リュウマチに倒れ、同年一〇月二三日に死去した。享年五四。憲法発布を目前に控え、早すぎる死であった。これより先、通庸は勲功により明治二〇年（一八八七）五月、華族に列せられ、子爵を授けられている。

通庸は身長一八〇センチ、剣術に長じ、その動きは敏捷であったという。平田元吉『三島通庸』は、「通庸躰軀《たいく》偉大、身長常を抜き、肥満衆を越へ、容貌魁梧《ようぼうかいご》、姿態高尚《したいこうしょう》」と風貌を描写している。通庸が死去したとき、弥彦はまだ二歳で、父から直接に影響を受けることはなかったが、発達した体格と並外れた運動神経は父親ゆずりといってよい。

弥彦の兄弟姉

弥彦の父通庸は、六男六女の子沢山であった。

長兄弥太郎（一八六七〜一九一九）は慶応三年（一八六七）の生まれで、弥彦とは年齢差が一九もあった。弥彦が物心ついたとき、すでに通庸はなく、兄弥太郎が三島家の当主であった。その意味で弥彦にとって弥太郎は、兄というより、むしろ父親に近い存在であった。

三島弥太郎
（弥彦の長兄）

弥太郎は、学業に秀で、農政学を志し、駒場農学校（東京大学農学部の前身）に学んだ。さらに米国に留学し、害虫学を専門として学位を取得している。弥太郎の留学時代については、三島義温『三島弥太郎の手紙』に詳しい。

明治二五年（一八九二）、農商務省嘱託となり、明治三〇年（一八九七）七月には貴族院子爵議員の総改選で当選を果たした。以後、大正八年（一九一九）三月に死去するまで連続当選を重ね、貴族院の最大会派である研究会の幹部として活躍する。

明治四〇年代以降は、研究会の最高実力者として、たびたび大蔵大臣候補としてその名が挙がるなど、政界の実力者としても聞こえた。弥太郎は、貴族院はときの内閣には是々非々で臨まなければならないとの考えから、一貫して大臣への就任は固辞したが、明治四四年（一九一一）には横浜正金銀行頭取となり、大正二年（一九一三）には第八代日本銀行総裁に就任するなど金融界でも活躍している。

吉野俊彦『歴代日本銀行総裁論』では、弥太郎を銀行家らしからぬ学歴に加え、薩派の出身であること、貴族院を牛耳る研究会の幹部として政治に関与しながら日銀総裁を長期間にわたりつとめたことをあげ、異色の総裁と紹介している。また日銀総裁時代は、第一次世界大戦中の未曾有の好景気とぶつかり、さらには大戦終了後の不況をみないまま死去したことから、幸福な総裁とも評している。

弥太郎について語るうえで避けて通れないのが、結婚をめぐるエピソードである。明治二六年（一八九三）、弥太郎は同郷の大山巌の娘信子と結婚したが、まもなく信子は重い結核に罹り、やむなく離婚している。その後、信子は死去した。

この実話に着想を得て創作されたのが徳冨蘆花のベストセラー小説『不如帰《ほととぎす》』である。小説のため誇張や事実に反する内容も多いのだが、世間からはほとんど事実と受け取られ、弥太郎と三島家は世間からいわれなき中傷を浴びせられることも珍しくなかった。弥太郎は生涯沈黙を守ったが、直情型の母和歌子などは、周囲の制止もきかずに芝居を観に行き、激高したこともあったという。

『不如帰』をめぐる話は、本書の主題からは外れるので、このくらいにとどめ、弥太郎以外の兄弟についてみておきたい。

出勤する弥太郎

二男弥二は、明治八年（一八七五）生まれで、豊沢家の養子となった。三男弥六は明治九年（一八七六）生まれだが、二二歳で夭折している。

四男弥吉は、明治一七年（一八八四）生まれ、煙草王として知られる実業家村井吉兵衛《きちべえ》の養子となったが、その後、三島姓に復している。五男が弥彦で、一番下が六男の弥十二《やとじ》である。弥十二が生まれたのは、通庸没後の明治二二年（一八八九）二月であった。

つづいて弥彦の姉について。長女園子は外交官でオーストリア公使の秋月左都夫《さつお》に、二女峰子は、大久保利通の二男で、外務大臣やベルサイユ講和会議全権・宮内大臣・内大臣を歴任した牧野伸顕に嫁している。三女竹子は、実業家で貴族院議員をつとめた日高栄三郎に、四女鶴子は公家華族の日野資秀《すけひで》に、五女千代子は細菌学者の西村寅三に、六女繁子は法学者で東京商科大学教授の中村進午《しんご》にそれぞれ嫁している。

三島家の風景

初代通庸の時代の三島家は、同人の豪放な性格を反映して家族や使用人以外に、寄食者が常に二、三十人いて、食堂には長卓数脚が並べられ、家族・親戚・故旧・知人が集まって会食したという。さながら梁山泊《りょうざんぱく》である。

通庸は客を歓待、饗応することを好んだが、その分、出費も多く、家計は決して楽ではなかった。家計をあずかる和歌子の苦労は並大抵ではなく、子爵夫人となってからも「細大となく家事を斡旋し、自《みずから》先だちて洒掃《さいそう》の労を執《と》」るなど一家の生活そのものは淡泊、質朴であった（『三島通庸』）。

第二代の弥太郎は、性格的には「飲食を節し、衣服を節し、言語を節し、時間を節し、質素な風をなし、慾望《よくぼう》を制し、濫費《らんぴ》を慎み、金銭も時間も、之《これ》を活かし之を働かし、有効に利用した人であった」（『子爵三島弥太郎伝』）とされる。

個人的には倹約家の弥太郎であったが、「国家の財政策を講究したり、他の個人の資産を増殖してやりたり、同僚知人親族の事のため奔走斡旋したりするのは、三島子の趣味だ」（同前）とされ、理財の名人として知られた。彼の時代、三島家は大きく資産を増やすこととなる。富豪三島家の華やかな印象は、二代弥太郎の時代に形成される。

千駄ヶ谷の三島邸

三島家の応接間
左から通陽、加根子、通陽夫人純子

弥彦の幼少期の三島家は、兄弥太郎が当主であったが、外国留学中で、実際に家庭を差配していたのは先代通庸夫人の和歌子（一八四五〜一九二四）であった。和歌子は、薩摩藩士柴山権助《ごんすけ》の二女で、「女丈夫」「女傑」といわれた。

和歌子の家庭教育は『子爵三島弥太郎伝』に次のように記されている。

母は、現代の如くは、女子教育の普及して居ない時代の人ゆへ、言ふ迄もなく十分の学問はせなかつたらしいが、四書《ししょ》と女大学《おんなだいがく》と島津斉彬の作に成れるいろは四十八文字の教歌《おしえうた》とを悉《ことごと》く暗記し、中にも大学と論語とに精通して居るので、子女を訓《おし》へるには、常に此の儒教道徳を以てし、又鹿児島の郷中《ごじゅう》（健児《けんじ》の社《しゃ》）の掟《おきて》を読み聴かせては、精神修養をなさしめ、『男の児は将来、君のため国のため役に立たせねばならぬから』と、起臥《きが》行動共に厳格に訓《おし》へ導き、苟《いやしく》も子女が緩慢な動作があつたり、惰弱《だじゃく》な行為があつたりすれば、甚《いた》く叱りて矯正し、はき〳〵とした挙動をなすやうに育てた。されど憐《あわ》れな人や病気に罹つた者があらば、満腔《まんこう》の同情を以て助け、飼ひ犬や猫でも病気をせば、親切に治療してやる、温かい情を有《も》つた人で、万事に能《よ》く行き届き、実践躬行《きゅうこう》を以て範《はん》を示し、子女を教育した。

洋装姿の和歌子

弥太郎の長男で弥彦の甥にあたる三島通陽《みちはる》は、自身の人格形成においては、和歌子の薫陶が最も大きかったと述べている。「祖母も男の子と女の子に対する態度をはっきり区別し、特に私に対しては厳格で、男の子は将来、国の為め御国の為めにお役に立たせなければならないからとて、朝など少しでも寝坊したり、我儘《わがまま》をいって泣いたりすると大きな声で叱りつけ、『そんな弱いことで大きくなったらどうする積りか、男は常に戦争に出てゐる覚悟をもって、どこまでも強くはき〳〵として、男らしくなければならない』とよく訓したものです」（『三島和歌子覚書』）。

通陽が「特に私に対しては厳格で」といっているのは、彼が実子で嗣子であったためである。近代日本の家制度は、近世以前からの伝統や慣習が色濃く反映されており、嫡子とそれ以外の子女に差があるのはもちろん、当主と正妻のあいだに生まれた実子と、それ以外の庶子との間にも厳然たる差があった。

一夫一婦制は、明治三一年（一八九八）に施行された民法で、夫婦同氏が原則とされ、明治三三年（一九〇〇）に結婚した皇太子（大正天皇）が側室をおかずに皇太子妃（貞明《ていめい》皇后）との間に四人の男子を儲けたことから定着したとされる。

三島通陽（弥彦の甥）と弥彦

それ以前、例えば、ある藩主が、正妻との間に子供ができなければ、側室をおくのは当たり前であった。正妻の子は実子、側室などの子は庶子とされ、実子の男子が生まれれば、庶子の兄がいても、家の継承で優先させるのが普通であった。

嗣子とそれ以外の男子には厳然とした差があり、嗣子以外の男子は「部屋住み」などと称され、「一生部屋住みでは不憫」ということで、他家に養子に出すことも珍しくなかった。現代の感覚からすれば違和感があるかもしれないが、当時としては、こうしたことはごく普通であった。

弥彦は庶子であったが、和歌子は、家庭では実子と庶子を分け隔てなく育てたという。弥彦の姉たちは、和歌子を追悼する座談会で、「食物だって少しある物は皆いくつにも分けて、十二人の子供に同じやうに食べさして下さった。だから違った子があったとしても、どれが違って居る子か人も知らなければ、本人は申すに及ばず、お母様もお自分の子だか人の子だが忘れていらっしゃる。あゝ云ふ事は世の中にとてもめったにない事と思ひます」（『三島和歌子覚書』）と讃えている。

この時代、家庭において、さまざまな区別や差があるのは当然であり、彼女たちも、今日われわれが考えるような意味での平等論を述べているわけではない。だとしても、子どもたちを全員分け隔てなく育てる和歌子の方針は、三島家の家庭教育における大きな特色であった。

なお、弥彦の少年時代、三島家は千駄ヶ谷に本邸を移転した。広大な庭のなかには、木造三階建ての豪壮な本館が建っていた。本館の一階は食堂や応接間で、二階は当主弥太郎とその家族のスペース、弥彦の部屋は、他の兄弟とともに三階にあったという。

二　学生時代

学習院に学ぶ

弥彦は明治二四年（一八九一）九月、学習院初等学科に入学した。学習院は幕末、京都に設けられた公家の教育機関を起源とし、明治一〇年（一八七七）、東京神田錦町に設立された。その後、明治一七年

（一八八四）からは宮内省所轄の官立学校となった。

学習院は、皇族や華族が通う教育機関であり、明治二三年（一八九〇）に制定された「学習院学則」には、「学習院ハ専ラ天皇陛下ノ聖旨ニ基キ、華族ノ男子ニ華族ニ相当セル教育ヲ施ス所トス」と目的が記されている。明治三一年（一八九八）一月に改定された「学生心得」には、学生が心にとどめることとして、「皇室ヲ尊ビ国恩ニ報ユルコト」を筆頭に、「先志ヲ継述《けいじゅつ》シ家声ヲ宣揚《せんよう》スルコト」、「長上ニ順《したが》ヒ師傅《しふ》ヲ敬フコト」、「交友ヲ慎ミ信義ヲ重ンズルコト」、「志操《しそう》高潔ニシテ威儀荘重《そうちょう》ナルコト」、「驕《きょう》傲《ごう》ヲ制シ奢侈《しゃし》ヲ戒《いさ》ムルコト」、「学術ヲ勉励シ知行ヲ合一ニスルコト」があげられている。

弥彦が通っていた学習院

弥彦が学んだ時代、学習院は四谷にあり、初等学科、中等学科、高等学科が置かれていた。それぞれの年限は六年、六年、三年である。現在の小学校六年、中学校三年、高等学校三年とは制度がちがうのでわかりにくいが、初等学科は、現在の小学校、中等学科は中学・高校、高等学科は大学の教養課程に概ね相当する。

竹内洋『学歴貴族の栄光と挫折』によれば、戦前における学歴をめぐる断層は三つあったという。一つ目の断層は、小学校を卒業しただけの庶民と、中等学校を卒業した地方の中堅やインテリとの間にあった。二つ目の断層は、中等学校卒業者と専門学校や大学などの高等教育卒業者との間にあり、さらに三つ目の断層は、専門学校や私立大学を卒業した者と帝国大学卒業生との間にあった。

弥彦が東京帝国大学に在学していた明治四一年（一九〇八）でみると、二〇歳男子人口のうち、高等学校の卒業生は〇・二九パーセントにすぎない。帝国大学の学生数と高等学校生徒の定員はほぼ同じであるから、男子の大学進学率は約〇・三パーセントとなる。

進学困難というと経済的理由が想起されがちであるが、明治期においては、そもそも中等・高等教育機関自体が少なかった。上級学校への進学熱は時代とともに高まりをみせ、大正期には上級学校に進学できない若者は「高等遊民」といわれ、深刻な社会問題となる。そうしたなかで、基本的にエスカレーター式に高等学科まで進める学習院は、ありがたい存在であった。

エスカレーター式といったが、当時の学習院では落第が多かった。弥彦より二歳年長で、第一次近衛文麿内閣において農林大臣をつとめ、戦後は日本中央競馬会第二代理事長に就任、競馬の「有馬記念」にその名をとどめる有馬頼寧《よりやす》（伯爵、久留米藩主家）によれば、一学年に一〇人以上が落第する級もあったという。かくいう有馬も、中等学科五年のときに落第しており、有馬本人は同級生に秀才が多かったため、級全体のレベルが上がってしまったと理由を説明している。弥彦も、多分に漏れず中等学科では卒業に一年余分にかかっている。

落第というと学業の不振と思われがちだが、かつては子どもの死亡率が高く、病気のため学校を長期欠席したり、さらには死亡してしまうといったことは、珍しくなかった。病気を理由に進級できなかった者は、当然多数にのぼる。健康は、国家的な重要問題であり、学校では体育が重視された。健康重視は学習院も同じで、「学生心得」には「休憩時間ニハ成ルベク屋外ニテ運動シ」と記され、第七代院長近衛篤麿《あつまろ》の時代には、運動場の一隅にいわゆるボーリングの施設まで造られるほどで、運動が盛んに奨励された。歴代院長は、いずれも健康問題には心を砕いている。

運動重視の学習院

弥彦が在学した時代の学習院の授業科目をみると、初等学科には国語課・数学課・理学課・芸術課があった。芸術課には、図画・習字・唱歌・体操がまとめられていた。

中等学科になると、国漢文課・欧文課（英文・仏文・独文）・歴史地理課・数学課・理学課・芸術課（自在画・習字など）・武課（術科・学科）があり、高等学科では国漢文課・欧文課（英文・仏文・独文）・歴史地理課・政学課（法学通論・経済学など）・哲学課・武課（術科・学科）などがあった。

先に学習院は運動重視と述べたが、体育を武課と称したように、内容的には、軍事色が強かった。これは皇族や華族の子弟はできるだけ軍人になるべきという明治天皇の思召しが反映されたためである。

武課は、術科と学科にわかれ、中・高等学科とも、いずれの学年でも毎週三時間行われた。中等学科四年以上になると、毎年春と秋に近県でもって数泊程度の行軍演習を行った（口絵参照）。行軍の距離は六〇〜八〇キロで、露営や戦闘の演習も行っている。このほか明治二四年（一八九一）からは夏季休業中に神奈川県片瀬において游泳演習が行われている。期間は三週間で、参加資格のある満一〇歳以上の生徒のうち、二割程度が参加している。

学習院きっての乱暴なクラス

弥彦が入学した級であるが、二級先輩の有馬頼寧によれば、「その時代学習院切つての乱暴なクラス」であったという。「大山元帥の息子で高《たかし》といふのがゐた。海軍候補生で練習艦隊が沈没した時死んだ人だ。僕の同級の瓜生大将の息子もやはりその時死んだ。その大山高君を筆頭に三島弥彦君とか、柴山大将の息子の本田譲二君とか北垣国道男の息子の池田旭といふ水産事業を後にやつた人とか、柳生子の弟とか、兎に角とても乱暴なクラスであつた」(『無雷庵雑記』)。

名前のあがった三島・大山・本田(柴山)は、いずれも父親は旧薩摩藩士である。明治維新から四半世紀ほどのこの時代、学習院の生徒の間では、薩長両藩をはじめ勤王・朝廷・官軍などに与する側出身の子弟は威勢がよかったという。

弥彦の二級上には、徳川宗家第一七代となる徳川家正がいた。徳川は学業優等で、先に有馬が自身の落第の理由にあげたクラス全体の成績を押し上げた一人である。その徳川だが、学習院在学中には「徳川は皇室にはむかった朝敵である。その徳川というのはあいつだ」として、在校生から狙われることが

学習院時代

あったという。「徳川退治の下手人共には、維新の功臣の子孫などが多かったようでありました」（「学習院昔ばなし」）。弥彦が「徳川退治」に加担したかどうかはわからないが、威勢がよかったことはまちがいない。

「学習院切つての乱暴なクラス」だけに、授業中に大音響がしたかと思えば、教室で大きなストーブをひっくり返した音だったり、「先生をいぢめるなど朝飯前なので、先生の机の引出しに蛇を入れたりした」という。また、あるとき一級上の武者小路実篤が「活発と粗暴」といったテーマで講演したところ、これに弥彦らのクラスが自分たちを非難したと憤慨し、下校の際、襲撃しようと待ち構えた。このため有馬らが、武者小路を裏門から避難させたこともあったという（『無雷庵雑記』）。乱暴なエピソードには事欠かない。

学習院運動会

弥彦のような運動が得意な子供にとって、学習院は絶好の環境であった。

のちに学習院の運動では並ぶ者のない存在となる弥彦だが、初等学科時代はそこまでではなかったらしい。

学習院ＯＢ等による座談会（「学習院四谷時代思出座談会」〈『桜友会会報』六五〉）のなかで、柴山某が弥彦について、「三島君は小さい時分には大した運動家でもなかつたやうでしたが、よく子供の時分には始終涎《よだれ》を垂らして顔が赤くなつて居られた。（笑声）併しそれは後から聞きますと身体が非常に壮健の人〔の〕証拠だそうですが、果して中学の三年位になられましてから、メキ〳〵と立派に伸びられまして、凡《あら》ゆる運動に学習院を代表して活躍されたと云ふことを覚えて居ります」と語っている。たしかに弥彦が対外試合でめざましい成績をあげるのは、中等学科の後半からである。

弥彦自身は、学習院初等・中等学科時代の運動への取り組みについて、同じ座談会で、次のように語っている。

> 小学の時代で面白いことと申しますと、校舎の外に初等科の運動場がありまして、其所に休みの十五分間でも出て行つて、球投げをしたり鬼ごつこをしたりして遊んだことを記憶して居ります。又昼の時間には植物園がありまして、昼間其所に出て遊びましたが、非常に面白く思つて居ります。それから其の当時の運動会は赤坂御所であつたやうに記憶して居ります。大正天皇が色の着いた運動服を御召しになつて御駈けになつたことを小さいながら記憶して居ります。秋には菊花拝観で毎年揃つて御所に上つたことも記憶して居ります。
>
> それから中学へ参りましてからは、春秋二回の遠足又行軍、是は面白く感じて居りました。私など行軍に参りました時には、先程のお話のやうに柴山さんの下で、非常に激励されまして大分捕虜を取《と》つ摑《つかま》へたものでございました。それで高崎の行軍か何処かの時に川を徒党して渡ったことを覚えて居ります。

談話のなかに出てくる運動会とは、明治二六年（一八九三）四月二九日に皇太子（大正天皇）が赤坂離宮内に学習院の教職員・学生を招いて、催されたものである。弥彦は当時、初等学科二年である。

学校行事としての学習院の運動会は、学生組織である輔仁《ほじん》会の主催による明治二九年（一八九六）一〇月三〇日に四谷校舎で行われた運動会に始まる。ちなみに「輔仁」とは、『論語』顔淵《がんえん》第一二の「君子以文会、以友輔仁」（君子は文《ぶん》を以て友《とも》を会《かい》し、友《とも》を以て仁《じん》を輔《たす》く）に由来し、学習院の各運動部は輔仁会の所属である。

話を戻すと、運動会当日は、初等学科学生の二二〇ヤード（約二〇〇メートル）競走に始まり、各種競走や高跳び・幅跳び・弾丸投げなどが行われた。このほか二人三脚、武装競走、提灯競争、障害物競走、計算競走なども行われている。翌三〇年は、一月に英照皇太后が崩御したため、諒闇中として運動会は行われなかったが、三一年以降は、毎年秋に開催されている。

三　弥彦とスポーツ

近代スポーツの揺籃期

弥彦が学習院、ついで東京帝国大学でスポーツに取り組んだ明治三、四〇年代は、日本における近代スポーツの揺籃《ようらん》期であった。『大日本体育協会史』は、協会が発足した明治末年のスポーツ状況について、以下のように述べる。

大日本体育協会が呱々《ここ》の声を挙げた明治四十四年頃の我が日本のスポーツ界は如何なる状態にあつたであらうか。それでも当時既に野球、庭球、蹴球《しゅうきゅう》、陸上競技、水泳、漕艇《そうてい》、ホッケー、スキー及びスケート等の如き所謂《いわゆ》る舶来のスポーツが或る程度には行はれてゐた。中にも野球と庭球とは相当に広く普及し、従つて其の技も幾分発達してゐたが其の他のものは多く幼稚であり、これを一括して言へば揺籃時代のスポーツといふが妥当であらう。即ち庭球は殆ど軟球であり、陸上競技と言つても記録を重んずる競技会は無く、諸学校の春秋に行はれる所謂る運動会が主体であり、漕艇も固定席六撓艇のもので正式の競漕艇ではなく、蹴球は比較的夙《はや》く伝はつたが最初は高師〔東京高等師範学校〕の独占的スポーツの様な観があつて他の学校では余り行はず、ラ式蹴球〔ラグビー〕は慶應義塾の特技で其の発達も遅々としてゐた。又水泳に於ては古来の伝統の為めに広く行はれてはゐたが、泳法が主で今日のクロールやバック等は夢にも考へられない有様であつた。

弥彦が運動方面で頭角を現すのは、中等学科に進んでからである。野球・陸上・ボート・ホッケー・ラグビー・テニス・水泳・ラクロス・柔道・相撲からスキー・スケートまで多種多様な競技に取り組んだだけでなく、その多くで相当の実績をあげたという点で傑出した存在であった。

千葉県北条海岸にて商船学校の学生と遊泳
中央が弥彦（明治44年〈1911〉7月）

弥彦の活躍がいかにすさまじかったかは、学習院のスポーツ史に関する先の座談会のなかで、彼が活躍した時代を称して「所謂三島時代」という言葉が出席者の間から出たことからも察せられよう。有馬頼寧は、「万能選手といふのがあるが、三島君は超万能選手だつた、当時のスポーツ界に於ける学習院は、真に三島君によつて其地位が保持されたといふても過言でない。柔道、水泳、ボート、野球、ランニング、其他あらゆるスポーツに秀でゝ居たが、就中《なかんずく》野球とランニングでは、学習院の名誉を双肩に担つてゐた」（『無雷庵雑記』）と万能ぶりを讃えている。

輔仁会各運動部での活躍

わが国における近代スポーツの受容と発展に学校が果たした役割は大きい。運動が盛んな学校としては、第一高等学校（東京大学教養学部の前身）や早稲田大学、慶應義塾が有名だが、学習院もその一つであった。学習院の活躍は、弥彦の担うところが大きく、同人の取り組みは、それ自体が日本スポーツ史の先駆的業績であった。

弥彦は、先の座談会で、多くの運動種目に取り組んだ理由を次のように述べている。

何故学習院で一人で沢山の運動をしなくちやならぬかと言ひますと、学習院は外の学校に比しまして非常に人数が少い。少い中から色々な選手を出すのですから、如何《どう》しても掛持《かけもち》にやらなければならぬ。私の級などは二十一人か居り

学習院漕艇部

ませんでしたが、柔道、ボート、駈《かけ》つこ、ヴエース・ボール、馬と各種の選手が出て居りました。それで種類と申しますと、柔道もあれば撃剣もあり、馬も有る。機械体操は先程からお話になつたやうに却々《なかなか》上手な方が沢山居られました。柔道も外とやつても却々負けませんでした。駈つこは此処に居られる黒田〔長敬《ながあつ》〕さんは私等と同時代に走られまして、お蔭で私も非常に優秀な成績を挙げて、一高を負かし、外の学校も全部抑へたと云ふ時代もございました。

学習院は生徒数が少ないため、いきおい複数の競技を掛け持ちしなければならなかったという。もっともな話である。以下、主な活動をみていこう。

野球部での活躍

わが国に野球が導入されたのは明治五年（一八七二）頃で、東京大学の前身開成《かいせい》学校の米国人教師ウイルソンが紹介したとされる。当初は「塁球《るいきゆう》」といわれた。

学習院の野球部は、明治二二年（一八八九）、輔仁会が設立されたのと同じ年に発足している。慶應義塾の野球部の創部が明治二一年（一八八八）、早稲田大学は明治三四年（一九〇一）であるから、学習院野球部の創設はかなり早い。

弥彦が活躍した明治三〇年代は、第一高等学校の全盛期が過ぎ、かわって早稲田大学と慶應義塾が台頭する時期であった。早稲田が最強で、慶應義塾がこれに迫り、さらに第一高等学校、東京高等師範学校（筑波大学の前身）などがつづいた。最初の早慶戦は明治三六年（一九〇三）で、東京六大学野球はまだない時代である。

弥彦が野球を始めたのは中等学科四年のときである。本人によれば「一夏夏休みをぶっ通して稽古を致しました」ということで、当初は外野手であった。『輔仁会雑誌』第五八号で弥彦は、「新顔中最も熱心家にして、受球投球精確」と紹介されている。中等学科五年より投手に転じ、高等学科に進んでからは、「本院を背負う大投手に成長」(『学習院野球部百年史』)したと評されるまでになった。弥彦が主戦投手として活躍した当時の学習院は、一高・早稲田・慶應と並んで「東都の四強」と称えられた。

弥彦の活躍を、当時最強といわれた早稲田大学との対戦を中心に点描すると、明治三七年(一九〇四)五月二七日に学習院四谷校庭で行われた対早稲田戦は、中等学科六年の弥彦が先発した。この試合で学習院は、七対一四と大敗を喫した。この敗戦は、学習院野球部員にとってよほど悔しかったらしく、部員は奮起し、必死の練習に取り組んだという。

再戦は七月二〇日に行われた。学習院はまたも弥彦が先発した。弥彦は早稲田打線を次々と打ち取った。試合は接戦となり、二対二のまま延長戦に突入した。延長一二回、早稲田が決勝点をあげ、またも

学習院野球部

学習院のユニホーム姿の弥彦

学習院は敗れた。

明治三八年（一九〇五）の学習院は、五月に行われた一高との練習試合に三対一で勝利するなど好調であった。この試合、弥彦は四番・投手で出場し、一高打線から一二個の三振を奪っている。今度こそ対早稲田戦での勝利が期待されたが、米国遠征より帰国し、戦力が強化された同校は、一段と手強くなっていた。一〇月一二日の学習院対早稲田大学の試合は、弥彦は五番・投手で出場し、学習院が三対二で一点リードのまま九回まで進んだが、そこから逆転負けを喫した。

あと一歩まで早稲田を追い詰めながらの敗戦だけに、弥彦は後年、忘れがたい試合を尋ねられたとき、この試合と前年七月二〇日の対早稲田戦をあげ、「実に口惜しくて泣きたくなつたね。あんな残念だつた事は無い。思ひ出すと今でも在々《ありあり》と眼前に浮んで来るよ」と、後々まで悔しさを滲ませている（「三島弥彦物語」）。

この年の終わりに弥彦は、柔道の稽古中に鎖骨を骨折し、療養を余儀なくされた。その後、怪我も癒え、明治三九年（一九〇六）一〇月四日に行われた早稲田大学との試合では、弥彦は四番・投手で出場、早稲田打線を三点に抑えている。学習院は九回裏に二点を挙げて追いつき、延長一〇回裏には、二アウト、走者一・三塁で弥彦に打順が回った。弥彦の打撃は二塁ゴロだったが、相手がエラーしたため、三塁走者が決勝のホームを踏んで、念願の勝利を収めている。

『輔仁会雑誌』第七〇号は、学習院の勝利に歓喜し、「果然干戈《かんか》相交《まじわ》り剣戟《けんげき》相接するに及んで、未曾有の大激戦は演出せられ、遂に、四対三のクロースゲームを以て、名誉なる月桂冠は、我手に落ちぬ。我軍已《すで》に早軍を破る、満都の球界為に騒然たり」と記している。

この年、学習院は早稲田とさらに二試合を行い、二試合とも弥彦が先発したが、いずれも敗れている。早稲田には勝てなかったが、その早稲田に勝利した横浜外人アマチュア倶楽部と一〇月二〇日の試合で、弥彦は四番・投手で出場、学習院は四対一で勝利を収めている。弥彦の最後の出場は、一一月一日の米国軍艦シンシナティ乗組員チームとの試合である。弥彦は三番・投手として出場、試合は五対二で学習院が勝利している。

大学進学後の弥彦は、鎖骨骨折の影響から、投手としては精彩を欠くようになるが、かわりに審判をつとめることが多かった（「三島弥彦日記」参照）。

薩摩人全盛の学習院野球部

弥彦が野球部で活躍した明治三〇年代は、学生を中心に野球人気が高まりつつあった。自身も学習院野球部で活躍した有馬頼寧は、当時を振り返って「学習院の野球は今正金の支店長をしてゐる三島弥彦君が投手をしてゐた時が全盛時代で、一高や早稲田と相当いゝ試合をしたのはその時分だ。今ゐる人では、松方正熊《しょうくま》君、松方義輔《よしすけ》君、徳川誠男、黒田長敬子、西郷豊二君などが光つてゐた。併し今と同じやうに勝負はやはり投手の良否にかゝってゐたから、三島投手に大部分の望みをかけてゐたこと勿論だ」（『無雷庵雑記』）と述べている。

有馬は、当時の野球部の主力メンバーをあげているが、弥彦のほかにも松方・西郷と、旧薩摩藩関係者が多かった。藩閥優先でレギュラーを固めることなど不可能であり、実力本位で選ばれた結果であるが、当時の学習院チームをみると、投手三島、捕手西郷、野手では島津・松方・東郷という具合で、たしかに鹿児島関係者が多く、異彩を放っている。

薩摩藩といえば、幕末維新期に活躍した西郷隆盛・大久保利通はともに身長が約一八〇センチあったとされ、ほかにも村田新八や川路利良・大山巌、弥彦の父三島通庸など、いずれも当時の平均身長をはるかに上回っている。最後の薩摩藩主島津忠義にいたっては約一九〇センチあったとされる。

旧薩摩藩関係者に大柄な人物が多い理由であるが、藩内では豚や鶏といった肉食が普通に行われており、こうした食習慣の影響が考えられそうである（松尾千歳『鹿児島県歴史探訪』）。弥彦は身長が一七五センチ程度とされ、他の野球部員の身長はわからないが、おそらく鹿児島関係者は全体に他の生徒にくらべて体格が発達していたのではなかろうか。

陸上競技での活躍〜学習院運動会〜

弥彦が、本格的に陸上競技を始めたのは、中等学科二年の頃である。身体が成長したためであろう。野球とおなじく中等学科四年から好成績を収めるようになる。

学習院運動会での三島弥彦の成績

学年	年月日	競技会名称	競走距離（ヤード）	順位
中等学科6年	明治36年11月11日	第七回陸上運動会	660 880	1 1
	明治37年5月14日	第一回春季陸上小運動会	100 500 660 2000	2 2 2 1
高等学科1年	明治37年10月16日	第八回秋季陸上運動会	100 220 440 660 1000	1 1 1 1 1
	明治38年5月27日	春季陸上小運動会	100 220 440 600	1 2 1 1
高等学科2年	明治38年10月15日	秋季陸上運動大会	100 220 440 600 1000	2 1 1 1 1
高等学科3年	明治39年10月21日	秋期陸上運動会	220 440 660 1000	2 2 1 1

『輔仁会雑誌』より作成

弥彦自身は「今度は駈つこに出ますと、何気なく走つて行つて皆んなよりも先に行くやうになりました。今度駈つこの選手をしろと云ふので駈つこの方にも入りました。幸ひに一高を負かし早稲田、慶應を抑へることが出来ました」と振り返っている(前掲座談会)。

『輔仁会雑誌』で戦績を確認すると、明治三六年(一九〇三)一一月一一日の秋の輔仁会第七回陸上運動会では、六六〇ヤード、八八〇ヤード競走で優勝している。ちなみに一ヤードは〇・九一四メートルである。

高等学科に進んでからの成績は圧倒的である。明治三七年(一九〇四)一〇月一六日に行われた第八回輔仁会運動会では、一〇〇・二二〇・四四〇・六六〇・一〇〇〇各ヤード競走、五種目すべての競走で一着になっている。翌三八年五月二七日、奇しくも日本海海戦当日に行われた第二回春季小運動会では、二二〇ヤードを二着で落とした以外、一〇〇・四四〇・六〇〇各ヤードの三種目で優勝している。その後も、ほとんどの出場種目で一着か、負けても二着の結果を残している。

校外の競技会での活躍

学習院陸上競技部にとって、弥彦の在籍時代は、まさしく黄金期であった。『学習院百年史』は、明治期の学習院陸上競技部と弥彦の活躍について、次のように記している。

明治三十二年、中等学科の海江田幸吉《かいえだこうきち》と松方正熊が東京帝国大学農科大学(駒場)運動会で優勝して以来、競争部はにわかに活気を帯び、明治三十五年には三島弥彦・安藤直雄《なおたけ》・黒田長敬・柳谷午《やなぎやご》郎《ろう》などの有力選手を輩出した。その結果、三十五年―三十七年および三十九年の農科大学運動会では出場選手全員が各種の競走で一着を占め、さらに明治三十九年の東京帝国大学（本郷）運動会でも三島弥彦が中等学校選手競走に優勝して、学習院輔仁会の名声を高めた。

このなかに出てくる東京帝国大学（本郷）と、農科大学（駒場）の運動会は、当時の東京における二大陸上競技会で、各校の有力選手が参加し、「東都の花」といわれた。

有馬頼寧によれば、学習院で陸上競技は、野球・ボートについで盛んであり、「これは校内の運動会も盛んだつたが、殊に高師、一高、帝大、駒場の運動会での対校競走が盛んだつた。学習院は当時ランニングでは覇を唱へてゐた、海江田幸吉子、松方正熊君、三島弥彦君、柳谷午郎君、黒田長敬子、瓜生剛《つよし》男といふ風に猛者《もさ》が揃つてゐた」という（『無雷庵雑記』）。

駒場の東京帝大で練習
（明治37年〈1904〉）

弥彦が校外の競技会で成績上位に顔を出すようになるのは、明治三五年（一九〇二）からである。同年一一月の東京帝大招待レース、駒場農科大学招待レースの四〇〇メートル走ではいずれも二着に入っており、翌年の駒場農科大学招待レースでは一着になっている。この年の東京帝大招待レースには弥彦は欠場、優勝したのは天才といわれ、のちにゴルファーとしても活躍した東京高等商業学校の川崎肇である。

高等学科に進んだ三七年一一月の駒場農科大学招待レ

レースの六〇〇メートル走では弥彦と川崎の両雄が激突した。レースでは川崎と一高の長浜が抜きつ抜かれつのデッドヒートを繰り広げ、最後に弥彦が三番手から満を持してスパートし、ゴール前数メートルで二人を抜き去り勝利した。このレースは、後に「明治の名レース」と謳われた。

三八年は病気のため不出場に終わったが、三九年には駒場農科大学招待レースの六〇〇メートル競走に出場し、勝利している。弥彦自身は、陸上競技での活躍について「自分は速いと思わないのに、はたの人が遅かったのですよ。（笑声）どれに出ても勝ってしまうというわけですね。私はそれだから結局、疲れもしないで、勝ったわけなんですね。それが長年続いて大学出るまでたいていは負けなかったというわけです」（「三島弥彦翁スポーツ放談」）と、振り返っている。

駒場農科大学招待レース
（明治36年〈1903〉）

当時は、グラウンドは未整備で、装備や器具も不十分、まさに弥彦のいうところの「駈けっこ」の時代であった。その意味で記録は現在からみれば平凡であるが、恵まれた身体能力を活かし、他を寄せつけなかった弥彦の無敵の活躍は圧巻であった。

柔道・相撲

弥彦は柔道・相撲といった格闘技も熱心に取り組んでいる。

柔道は、学習院で、富田常次郎七段より習ったという。富田は嘉納治五郎の父治五作の知遇を得、嘉納家の書生となり、明治一五年（一八八二）に講道館が創立されると最初の門弟となった。柔道界では名だたる人物である。

弥彦の得意技は、巻き込み、横捨て身であった。講道館に初めて出向いた際、八人抜きをしたというから、真剣に打ち込めば相当な成績を残したことであろう。当時、対戦して強かった相手として弥彦は、三船久蔵・徳三宝《とくさんぼう》・新井源水などの名前をあげている（「三島弥彦翁スポーツ放談」）。いずれも錚々たる柔道家で、なかでも三船はのちに最高位の十段を有し、「柔道の神様」といわれた人物である。弥彦は、講道館より明治四〇年（一九〇七）三月に初段、四二年（一九〇九）一月には二段の免状を受けている。

相撲は、天狗倶楽部《てんぐくらぶ》によく通ったという。天狗倶楽部は、日本におけるＳＦ小説の草分けといわれる『海底軍艦』の著者で、雑誌『冒険世界』の編集者としても知られる押川春浪《しゅんろう》を中心とした社交団体である。運動界の梁山泊といわれ、押川の人脈を中心に、早稲田大学出身者や文士などが集まっていた。

『冒険世界』明治四三年三月号で天狗倶楽部は、「方今《ほうこん》帝都の一角英気勃々《ぼつぼつ》たる一怪物あり、名づけて天狗倶楽部といふ。当代痛快児の梁山泊、野球で御座《ござ》れ、角力で御座れ、弁論で御座れ、遠近強弱の敵を

柔道の仲間と

択《えら》ぶことなくして戦ふ、其軍容の偉大なる、其陣形の堂々たる、誠に是《こ》れ一代の盛観、以て吾国の青年間の一彗星である」と紹介されている。

天狗倶楽部の仲間と

弥彦は、天狗倶楽部について「早稲田に天狗クラブというのがあった。卒業生で文士が大分おりましたね。私なんかは院外団ですけれど…。みんな友達ですから来い来いといわれて、よく相撲とりに行ったんです」と振り返っている。天狗倶楽部での弥彦の番付は小結であった。

よく相撲をとった相手として大村一蔵の名をあげている。大村は、後年、帝国石油副総裁となる一方、相撲や野球などアマチュアスポーツの普及につとめたことで知られる。大村との対戦について弥彦は、「いい勝負だったんです。あれは大関だったんです。あの時分は文士がよく来た。やっぱりあれは学生相撲の始まりですよ」（「三島弥彦翁スポーツ放談」）と語っている。

前記『冒険世界』には、明治四三年（一九一〇）二月六日に羽田の競技場で行われた、天狗倶楽部と横綱倶楽部との角力試合の記事が、掲載されている。横綱倶楽部は、慶應義塾の勇将および同校出身の猛者から成り、力士一同天下の横綱をもって自任することから、その名が付いたという。記事では、弥彦は「三島韋駄天関《いだてんぜき》」と紹介されており、取組表の四股名には「双鞭将《そうべんしょう》」とある。天狗対横綱の取り組みは、勝ったり負けたりで、弥彦の成績は二勝三敗である。天狗倶楽部対横綱倶楽部の模様は、横田順弥『快絶壮遊〔天狗倶楽部〕―明治バンカラ交遊録』（教育出版、一九九九年）に詳しい。

ウィンター・スポーツ

弥彦が、実にさまざまな運動に取り組んだことは、現在残る数々の記念写真からもあきらかである。そのすべてを紹介することはできないが、最後にウインター・スポーツの取り組みについて触れておきたい。

弥彦は、この方面でも期待を裏切らない。日本でスケートが行われたのは、明治一〇年（一八七七）頃、札幌農学校の米国人教師がスケート用具を持ち込んだとされ、その後、明治三〇年（一八九七）頃、仙台の五色沼で米国人が日本人の子供たちにスケートを教えたのが、日本人によるスケートの始まりといわれるが、実際のところは、記録が乏しいため判然としない。

『大日本体育協会史』では、わが国のスケートの起源ははっきりしないとし、「明治二十何年頃かに彼の新渡戸稲造博士が、米国から三足のスケートを持つて札幌に来られたと云ふことが、スケート渡来のトップとされてゐる以外何等の記録もない、またスケートを持つて来られた新渡戸博士がスケートを移入したと同時にスケーチングをやつて見せたか、どうかも判然としてゐない。或は新渡戸博士以前に既に神戸や仙台と云つたスケート地附近に居住してゐた外国人に依つてスケートとスケート術が同時に移入されたのかも知れない」と、新渡戸稲造起源説をかなり控え目に紹介している。あり得ない話ではないが、話として出来すぎている気もする。後段の札幌・仙台・神戸あたりの外国人が持ち込み、やがて日本人もこれを習い出したという自然発生説が最も真相に近いのではなかろうか。

諏訪湖でのスケート

弥彦の時代、スケートのメッカは長野県の諏訪湖であった。同地でのスケートは、明治三八年（一九〇五）一一月に中央線が岡谷駅まで延伸された頃から本格化する。明治四〇年頃の諏訪湖は、冬季の休暇を利用して、京浜地方や関西地方から続々とスケーターが詰めかけたという。

諏訪湖は、毎年一月一〇日頃に結氷することから、冬休みの学生にはうってつけで、東京帝国大学・学習院・早稲田大学・慶應義塾や仙台の第二高等学校の学生や生徒たちがやってきてはスケーティングにいそしんだという。『大日本体育協会史』はスケート界の先達として、学習院の二荒芳徳《ふたらよしのり》・交野《かたの》政邁《まさゆき》・三島弥彦、仙台二高の田代三郎・河久保子朗・佐藤孝三、慶應義塾の平沼亮三、早稲田大学の松宮三郎の名前をあげている。

明治四〇年代、弥彦は、年末年始には下諏訪で仲間の仲間と合宿し、諏訪湖や周辺の池でスケートに取り組むのを恒例としていたが、黎明期らしく、フィギアとスピードスケートを区別なく行っている。

諏訪湖でスケート

弥彦は後年、スケートへの取り組みについて、「二荒さんと私と毎冬参りました。冬は寒稽古をやつて居りますので、大晦日の晩に出て参りまして、二荒さんと二人で甲府に泊つたことがある。さうして夜汽車で諏訪迄行つて、諏訪に三日間居りまして、四日の寒稽古には間に合ふやうに帰つて来たのであります」（前掲座談会）と振り返っている。

談話に出てくる二荒とは、スケート界の先達の一人、二荒芳徳である。二荒は「幕末の四賢侯」の一人、旧宇和島藩主伊達宗城《むねなり》の九男で、もとは伊達九郎といった。東京帝国大学卒業後、内務省に入り、ついで宮内省に転じた。一九二一年の皇太子（昭和天皇）の欧州巡遊に随行し、その後はボーイスカウト運動などに取り組んでいる。学習院時代は、弥彦同様、熱心にスポーツに取り組んでおり、スケートに関しては「学習院のスケートの元祖」とまでいわれた。

当時は本格的な競技会もなく、スケート愛好者は、諏訪湖や近くの池で滑りの練習や競走をしたりする程度であった。弥彦の「日記」は、明治四一年（一九〇八）分のみ現存しており、それをみると、年初は下諏訪でのスケート合宿、ついで大崎のスケート場に通う記事が頻出し、年末には再び合宿の記事がある。年末の下諏訪スケート合宿は『輔仁会雑誌』第七七号の「氷滑日記」でも確認できる。

弥彦の「日記」と「氷滑日記」をもとに、スケート合宿の様子を簡単に紹介すると、一二月二四日に弥彦は他のメンバーに先立って東京を出発し、汽車で下諏訪に向かった。諏訪湖はまだ凍結していないため、岡谷の裏山にある貯水池「間下の池」に出かけては、地元諏訪中学校の生徒小口卓襄からスケートを教わっている。小口は、地元では一番のスケートの名手であった。

二五日には伊達（二荒）らが合流、炬燵でスケート法を研究している。弥彦は姪の牧野雪子と吉田茂（後の首相）の結婚披露宴出席のため、二七日に一旦帰京、二九日、下諏訪に戻っている。同地で越年し、一月二日には三〇〇メートル競争を行っている。一位は弥彦で三二秒弱。スケート指南の小口も同タイムである。他の年の詳細は分からないが、同じようなものであろう。弥彦の関係史料には、スケート風景を撮影した写真や、絵葉書が多数残っており、当時の様子をうかがうことができる（口絵参照）。明治四三年（一九一〇）一二月一四日付『読売新聞』の記事「諏訪湖の氷滑《スケーチング》始まる」では、弥彦が記者の取材に答え、スケートについて薀蓄《うんちく》を語っており、興味深い。

それによると、スケート場としては「諏訪湖が一番よい。先づ諏訪が第一」とのことである。滑走については、「日本で従来行つて居た方法は両足を揃へた儘滑走するのであるが、新式の方法は片足宛滑るのだから、広い場所では一足五六間は大丈夫、又三四十間走るのも楽である」とか、カーブを描いて滑れるようになれば「氷の上に花の形も描ければ、巴も描ける。西洋人は自分の名前を得意に書く。斯うなれば奥儀を極めたものだ」などということである。

レルヒよりスキーを習う

わが国のスキーは、明治四三年（一九一〇）に来日したオーストリア陸軍のレルヒ少佐によって伝えられた。レルヒが新潟県高田（上越市）の歩兵第五十八聯隊の営庭でスキー指導を行った明治四四年（一九一一）一月一二日は、日本で最初にスキーが伝えられた日とされている。

弥彦が初めてスキーを行ったのは、明治四五年（一九一二）一月であるから、スキーが伝わってからわずか一年後である。しかも教わった場所は新潟県高田で、相手はレルヒより直接であるから、まさに日本のスキー史の幕開けを身をもって体験したといってよい。

弥彦のスキー体験は、『輔仁会雑誌』第八六号掲載の「スキー紀行」に詳しい。それによると、明治四四年の末、弥彦は学習院時代からの仲間である二荒芳徳らとともに長野県下諏訪でスケート合宿をしていた。そうしたところ、ある日スケート場に「碧眼《へきがん》の偉丈夫《いじょうぶ》」が日本人の陸軍将校と一緒にいるのを見かけた。それがレルヒであった。弥彦らはレルヒに声をかけ、その日の夜には、歓迎茶会を下諏訪の旅館に開催し、スキーについて講話をしてもらっている。

この時点で弥彦はじめ一行は、スキーについては知識だけで、誰も実物を見たことがなかった。レルヒから「教えるから高田に来い」と誘われたことで、メンバーの間では一気にスキー熱が盛り上がる。

レルヒ少佐とスキーを楽しむ

レルヒにすれば、リップサービスのつもりだったのかもしれないが、火がついた彼らは、年明け早々、高田に出かけることに一決し、突撃ツアーを敢行する。珍道中と体験の詳しい模様は「スキー紀行」に譲る。

当時のスキーは、現在と異なり、ストックは一本で、竿であった。レルヒを招聘した第十三師団長長岡外史から「三島君は旨《うま》く行く時は中々いゝが倒れ方は一番野蛮じぁのー」といわれるなど、弥彦は豪快に滑り、転倒もまた豪快であった。レルヒから弥彦は「プレジデント」とあだ名をつけられている。

四　大学進学とストックホルムオリンピック出場

東京帝国大学法科大学に進学

弥彦は、明治四〇年（一九〇七）七月に学習院高等学科を卒業、同年九月に東京帝国大学法科大学（東京大学法学部）に進学した。当時、帝国大学は三校、東京と京都、そして設立されたばかりの東北であった。

この時代、帝国大学には、第一高等学校をはじめとする官立の高等学校卒業生でないと入学できなかった。学習院は宮内省所管のためこの枠に入らなかったが、東京・京都両帝国大学の法科・文科各大学の当該学科で定員に達せず、空席がある場合には入学できることになっていた。過熱した受験競争が当たり前の現代では信じられない話だが、当時の東京帝国大学では、文科大学なら定員割れは当たり前、法科大学でも定員に満たない場合があった。

当時の学習院出身者の大学進学事情については、弥彦の二歳上の徳川家正が次のように語っている。

学習院の学年は、最初からずっとその頃になっても、今とちがって九月から七月でありました。東京、京都、その他の帝国大学も同じでしたから、高等科を卒業すると、すぐそれらの大学へ入学するのに時期的に不便はなかった訳ですが、当時の制度としては、どこの帝国大学へも、官立の高等学校卒業者でなくては入学出来ないのが原則であって、学習院との協定では、当該学科に空席が

東京帝大生の弥彦
（明治42年〈1909〉）

ある場合にのみ、学習院高等科の卒業生を収容することが出来るが、若し高等学校卒業生の間に、競争試験のある場合には、学習院卒業生はそれに参加できないのでありました。東京帝大即ち今の東大の法科に空席があるなどということは、今では想像もできぬことですが、私たちの頃はそういう空席のおかげで、試験も何もなしにすぐ東京帝大に入りました。たしか数年後からは、東京法科（政経も一緒でした）には競争試験があり、学習院出はシャットアウトされ、空席のある京都へ行くようになりました（「学習院昔ばなし」）。

徳川は謙遜してか、語っていないが、学習院からの帝国大学への進学は、望めば誰でもできるというわけではなかった。特に人気の高い法科への推薦を得るためにはそれなりの成績が必要であった。さらに後年、東京帝大の法科大学で競争試験が始まると、学習院出身の法学志望者は、定員に空きのある京都帝大に進むほかなくなる。東京帝大に進むには、定員に満たない文科大学しかなかった。三歳下の木戸幸一や五歳下の近衛文麿が京都帝国大学法科大学に進学しているのは、こうした事情による。そうしてみると、弥彦は、学習院から東京帝国大学法科大学に無試験で進学できた最後の世代であった。

大学時代と運動

弥彦の大学時代は、学習院にひきつづき各種運動に取り組んでいる。その様子は本書収録の「三島弥彦日記」からも窺うことができる。野球では、肩を骨折したこともあり、投手としてはやや精彩を欠き、外野手として活躍することが多かった。試合ではむしろ審判をつとめることが目立った。

東京帝大野球部

審判姿の弥彦

陸上競技では、日記の残る明治四一年（一九〇八）を例にとると、一一月一四日の帝国大学運動会に出場、一〇〇ヤード競走はアクシデントにより二着、一〇〇メートルは一着となったが、二〇〇メートルは二着、四〇〇メートルは途中棄権であった。不本意なレースがつづいたが、六〇〇メートルでは年間記録で優勝している。これには弥彦自身、「今年は元気なかりし為め自分にて案外なりき」と驚いている（『三島弥彦日記』）。

この年以外も弥彦は活躍しており、例えば、明治四二年（一九〇九）一一月一三日に行われた帝大運動会では『東京日日新聞』は、弥彦を「競走界の花形」と称え、「急がず騒がず悠々として必ず一着を占め、頗る異彩を放つた。優勝者競走の四十メートルのハンデキヤツプの時、小児までが『三島は豪《えら》い』と感心して居た」と報じている。

弥彦の日記には、野球と陸上を中心に、スケート、水泳、ボート、柔道などさまざまな運動関係の記事が出てくるが、特に珍しいのは、七月二六日と八月六日から一〇日かけて、神奈川県大磯や片瀬の海岸で仲間と一緒に「波乗り」をした記事である。

日本でサーフィンが本格化するのは一九六〇年代以降とされる。それ以前にも先駆的な取り組みはあり、中村菊三『大正鎌倉余話』には、関東大震災前の由比ヶ浜で、八月下旬から九月初めにかけて、作家の犬養健（学習院出身、政治家）や菅忠雄、俳優の江川宇礼雄など一〇人ほどの若者を中心に波乗りが行われていたとある。今回明らかになった弥彦の波乗りの記録は、これより古い明治期のものである。

江戸後期の出羽国湯野浜（鶴岡市）では、子どもたちが、舟板を使って波乗り遊びをしていたという記録があるが、弥彦の「日記」は、現代のサーフィンにつながるものとして、日本人による最も古い波乗りの記録といえ、貴重である。

弥彦、陸上競技を語る

大学時代になると、弥彦は運動界では知らぬ者はないほどの有名人となっていた。新聞・雑誌では身長五尺七～八寸、体重一八～一九貫の堂々たる体軀と紹介されている。本書でも再三紹介した少年向け雑誌『冒険世界』では、「各方面痛快男子十傑」という人気投票を行っているが、弥彦は「第一回得点披露」で最高点を得ている。

人気をうけ、同誌の明治四三年五月号には「運動界大立者　三島弥彦物語」という記事まで載っている。当時の少年たちにとって、弥彦はまさに憧れの存在であった。

右記事は斬馬剣禅という記者の弥彦へのインタビューがもとになっている。斬馬は、弥彦の印象を「蓬々《ほうほう》と延びた頭髪、白壁の様な額、秀でた眉、刈込んだ鬚、忘る可《べか》らざる印象は残り無く展《ひら》かれた。駒場の名花よ！　鉄腕投手《アイオンピッチャー》よ！　是れぞ孤影落日の如かりし学習院野球団をして、永劫に我が野球史を飾らしめた唯一人である。ランニング界に於ける新レコードを独占して大天才である。身長五尺七寸、体量十九貫、而して秀麗花の如き美貌」と、美文調で描写している。斬馬はさらに、弥彦が華族の出身であることから「源家の御曹司が雄姿」を彷彿させ、さらにその風貌からは、自由民権運動の指導者で思想家の「議政壇上に於ける当年の麒麟児《きりんじ》、馬場辰猪《たつい》を想起した」とも述べている。たしかに弥彦は、馬場に似ている。

弥彦自身は、陸上競技について問われ、「相手が速くなければ決して好《よ》いレコードは出来るもんぢや無いよ。僕は未だ一度も必死になつて駆けた事が無い。是非一度は敗れて見たいと思つて居る」と豪語している。豪語といったが、弥彦は、彼を知る者から、口数は少なく、自ら誇る性格ではなかったといわれるだけに、不遜とも取れる発言も、正直に胸中を吐露しただけなのであろう。

東京帝大陸上部

本格的なトレーニングをしたこともなく、素質だけで国内で敵なしの存在となっていた弥彦であったが、まもなく本人と陸上競技界にとって画期となる出来事がおとずれる。一九一二年にスウェーデンの首都ストックホルムで開催されるオリンピックへの日本の参加である。

オリンピックと日本の参加

近代オリンピックは、フランスのピエール・ド・クーベルタン男爵の提唱により、一八九六年（明治二九）四月六日より一三日まで、第一回大会がギリシャのアテネで開催された。その後は、一九〇〇年にはフランスのパリ、一九〇四年には米国のセントルイス、一九〇八年には英国のロンドンでそれぞれ行われ、第五回大会はストックホルムで開かれることになっていた。

日本が参加することになったきっかけは、大会関係者からの東京高等師範学校校長嘉納治五郎への代表選手派遣の呼びかけであった。嘉納は一九〇九年（明治四二）に国際オリンピック委員に就任していたことから、嘉納に打診があったわけである。嘉納は最初、文部省に協力、援助を求めたが色よい返事がなく、ついで私立日本体育会に参加母体となるよう相談したが、会の理想と異なるとして断られてしまう。

嘉納は既存の団体に頼ることを諦め、新規の団体を創設することを計画する。当時のスポーツは学生中心であったことから、帝国大学・早稲田大学・慶應義塾に体育団体結成への協力を呼びかけ、明治四四年（一九一一）七月に大日本体育協会が創設された。

大日本体育協会の規約原案では、会の目的として「国民体育ノ普及及ビ発達ヲ図ルニ在リ」「世界各国ニ対シOlympic Gamesノ仲間入ヲナシ其目的ヲ達スルニ在リ」とあり、実際に定められた規約では「二、本会ハ日本国民ノ体育ヲ奨励スルヲ以テ目的トス」「三、本会ハ国内ニ於ケル諸学校体育部及体育ニ関スル諸団体ヲ以テ組織ス」「四、本会ハ国際オリムピック大会ニ対シテ我日本国ヲ代表ス」とある。協会では種々協議を重ね、九月下旬に大会参加の意向を明らかにした。

弥彦は後年、嘉納の尽力について「嘉納さんは各方面に行って〝オリンピックへ行かせろ、行かせろ〟

と説いた。あの時分には、〝なぜ行くんだ〟といって、賛成する人は少なかった」、「私は嘉納治五郎さんに感謝しています。嘉納さんがいなかったら、いつになったかわかりません」と感謝の旨を語っている（「三島弥彦翁スポーツ放談」）。

国際オリムピック大会選手予選会

オリンピック参加を決めた大日本体育協会は、明治四四年（一九一一）一一月一八・一九両日、東京府荏原郡羽田町（大田区）に新設された羽田競技場で予選会を開催した。同運動場は、大日本体育協会総務理事の大森兵蔵が、土地を保有する京浜電気株式会社と交渉し、以後毎年競技会を開催することを条件として、それまで自転車練習場として利用されていた場所に新設されたものである。大森は嘉納の右腕で、ストックホルム五輪には役員（団長）として臨んだものの、病のため帰国を果たすことなく、三六歳の若さでこの世を去ることとなる。

話を戻すと、羽田競技場は、オリンピックの競技場に則り、一周は四〇〇メートル、走路の幅は三〇尺、欧米の法式に倣い、内側から外側にかけ二尺五寸の勾配がつけられていた。走路は粘土と砂を混合して固め、ニガリを撒き、スパイクで走るのに好適な硬さとされた。この競技場では各種競走と跳躍競技が、一万メートル競走とマラソンは公道で行われることとなった。

嘉納協会長は、一〇月一六日、予選会の開催に先立ち、来るべきオリンピックの参加選手の資格を明らかにした。①年齢一六歳以上の者、②学生にして紳士たるに恥じない者、③中学校あるいはこれと同等と認められた諸学校の生徒、卒業生及びかつて在学した者、④中等学校以上の諸学校の学生、卒業生及びかつて在学した者、⑤在郷軍人会の会員、⑥地方青年団員などである。オリンピックに合わせてアマチュア主義が採用された。

予選会は、こうした資格を有し、呼びかけに応じた者が集まり、「我が国未曾有の一大運動会を開催し、兼ねて明年瑞典に於けるオリムピック大会に参加すべき選手を選抜」するものであった。正式な競技会名は国際オリムピック大会選手予選会である。

予選会第一日は、一一月一八日午後一時から参加者九一人によって行われた。観客は少なく、学生が三〇〇名ばかり集まった程度であった。一〇〇・二〇〇・四〇〇・八〇〇各メートルの予選が行われ、一〇〇・二〇〇メートルは各組二着まで、四〇〇・八〇〇メートルは三着までが翌日の決勝に進んだ。一〇〇メートル予選は、全四レースが行われ、第三レース一着の明石和衛（東京帝国大学）と第四レース一着の三島弥彦（東京帝国大学）がともに一一秒五分の四で最速であった。二〇〇メートルは全四レース行われ、第二レースで走った弥彦が最速で、記録は二五秒五分の一であった。四〇〇メートル・八〇〇メートルも最高記録は弥彦で、それぞれ五五秒、二分一六秒であった。この日は予選会の予選のため、順位だけが問題とされた。弥彦の記録は、現在と比較すれば平凡だが、競技場も装具も現在とは比較にならず、練習方法もほとんど無い時代である。そうしたなかで一〇〇メートルから八〇〇メートルまで最高タイムを独占するというのだから、大したものである。

翌一九日は決勝であるが、この日は天候が曇天から小雨交じりとなり、西北の風が選手には向かい風となるなど前日よりも悪条件となった。『東京朝日新聞』は「瀟殺《しょうさつ》たる風寒く、午前十時頃より雨降り出したるが、日曜の事とて見物人頗る多く、競技は予定の時刻より開始したるが、地濡れて選手等は走り憎げに見受けられたり」と報じている。

コンディション不良のため、優勝記録はいずれも前日より遅い。弥彦は一〇〇・四〇〇・八〇〇各メートルで一着となり、二〇〇メートルでは二着に入った。一〇〇メートルの記録は一二秒であった。トラック種目が振るわなかったのに対し、ロード種目ではマラソンで、一着から三着までが当時の世界記録二時間五九分四五秒を上回ったことから、関係者を驚嘆させた。一着の東京高等師範学校の金栗四三の記録は、二時間三二分四五秒であった。

当然、距離が短いのではないかとの疑念が生まれた。関係者は参謀本部が作成した最新地図によっているのでまちがいなく、かりに短いとしてもほんの少しであるとして、驚異的な結果に首をかしげるばかりであった。大森総務理事は、「日本人は元来短距離には迅速なるも、長距離には体力続かずと考へられたるに、此の如き現象あるは其理由如何、且つ今日は降雨ありて道路悪しかりしに於てをや」と答えを見出せず、嘉納も、理由は一寸不明としながら、「日本人は戦争等にて驚くべき忍耐力を示したるは隠れなき事実なれば、今日の成績は只一つの現象として見れば可ならん」と、忍耐力の賜《たまもの》とみた(『東京朝日新聞』明治四四年一一月二一日)。

この時代のマラソンは、世界的にみても距離の確実性に欠け、記録もまちまちであった。このため実際のところどこまで世界に通用するのかは見当がつかなかったが、驚異的な記録に関係者の期待は高まる。

代表選手に選ばれる

大日本体育協会は、明治四五年（一九一二）二月一五日、短距離の弥彦と、マラソンの金栗を正式に代表選手に決定した。

予選会委員で東京高等師範学校教授の永井道明は、最終的に弥彦と金栗が選ばれた理由について、「最初から世界のレコードを破らなければ派遣せぬと云《い》ふのではなく、有望な選手が出さへすれば遣《や》る積りで、若し只一人しかなくつても、日本に委員が出来て選手を遣れぬと云ふのは残念だから、何《ど》うしても遣る覚悟であつた。最初候補者になつたのは三島、金栗両氏の外に慶應の井手氏、北海道の佐々木氏等であつたが、経費其他の都合で、遂に二人だけに決つた」と説明している（『読売新聞』明治四五年二月一七日）。

成績もさることながら、関係者を悩ませたのは選手の派遣費用であった。渡航にかかる費用は一八〇〇円と見込まれたが、当時の国会議員の歳費が二〇〇〇円であるから、相当な金額である。弥彦の選出は成績的に問題ないが、それだけでなく、費用面でも心配ないことが大きくあずかっていた。実際オリンピック出場にあたり弥彦は、約三五〇〇円を持参している。

もう一人の代表、金栗の方は大変であった。実家の兄に相談したところ、田畑を売ってでも工面すると激励してくれたが、それではあまりに申し訳ないと苦慮していたところ、東京高等師範学校の仲間たちがカンパに励んでくれた。その結果、予定を上回る金額が集まり、費用の目途もついた。

弥彦自身は、競技レベルについては、がんばればある程度は埋められるだろうという楽観や、チャレンジ精神は旺盛だったものの、自己記録と世界記録との開きに、出場を躊躇《ちゅうちょ》する思いもあった。当時、弥彦は新聞の取材に、「自分は行けるか何《ど》うか疑問であつたが、今の処では行けるだらうと思ふ。何しろ本場で外国人との競争であるから、自分見たやうな者では少々心細い、事が出来る丈け踏張《ふんば》れば勝てない事もあるまい、練習には二三日経つたら取りかゝる。五月の試験が済んでから出発することになるだらう。目下試験の準備で忙しい」と答えている（『読売新聞』明治四五年二月一七日）。

出場の是非よりも切実だったのが、学業問題であった。弥彦が東京帝国大学法科大学に入学したのは明治四〇年（一九〇七）九月で、法科大学の修業年限は三年のところ、すでに五年目に入っていた。オリンピックに出場するとなると、七月の卒業はきびしく、さらに一年遅れる。悩んだ弥彦は、大学総長浜尾新に相談したところ、欧米で見聞を広めるのがよいだろうということになり、最終的に参加を決めた。浜尾総長は笑いながら弥彦の肩をたたいたという（「対手の力も知らずに出場」）。

家族にとってのオリンピック

現代とちがい、世間ではオリンピックがあることすらほとんど認知されていない時代のことである。外国事情に理解の深い三島家とはいえ、未知のオリンピックをどこまで認識し、送り出したのであろうか。

弥彦は、兄弥太郎に代表に決まったことを「運動で外国へ行く」と伝えたところ、「運動は大したものだぞ」といって賛成してくれたという（「三島弥彦翁スポーツ放談」）。外国生活の長い弥太郎らしい反応であった。

他の兄や姉たちも好意的であったと思われるが、弘化二年（一八四五）、薩摩藩士の娘として生まれた母和歌子となると、オリンピック＝国際大運動会といっても、ほとんど想像のつきにくい話だったのではなかろうか。

和歌子はストックホルムに旅立つ弥彦のために、ランニングシャツに日の丸を手縫いでつけている。このシャツは、初の日本代表ユニフォームとして、一緒に使用したスパイクと共に、現在は秩父宮記念スポーツ博物館で所蔵されている（口絵参照）。かつての薩摩藩士の妻であった和歌子にとっては、戦陣に息子を送り出す武士の母の心境だったのかもしれない。

和歌子はストックホルムの弥彦に向けて手紙を送っている（口絵参照）。そのなかでは身体を気遣うとともに、競技についても、三度に一度は勝つこともあるでしょう、もし千に一つでも勝つことがあれば、皆様の喜びはどれほどのことでしょう、と切々と述べている。遠方にある息子の無事と活躍をひたすら祈る日々であったにちがいない。

弥彦は、オリンピック出場が決まってから出発までの間、学業の傍ら、練習に励んだ。陸上短距離のことを「駆けっこ」といっているぐらいであるから、当時の日本の陸上競技の水準は、推して知るべしである。黎明期といえば響きはよいが、練習方法も、用具も走法も、すべてが手探りで、現在なら常識的なことすらも、ほとんどわかっていない状況である。

このあたりを弥彦は後年振り返って、当時は「運動場の設備等は今日の如く完全ならず、又外国の運動の状況を詳細に知るの伝手《つて》もなく、又コーチもなく、走法の研究などには本による、非常に努力を要したのであります。スパイクシュウスの如き、私の晩年に用ゆる様になったので、此れを造らせるには随分骨折ったものです」(「日本の参加した頃」)と語っている。

イェール大学陸上部出身の米国大使館のキルジャソフ書記からクラウチングスタートを教わったことは、技術的には進歩であった。だが、練習を重ねると、段々と欧米選手との差がわかってくるだけに、弥彦の気持ちは沈みがちになっていったようである。弥彦は後年、「あれは爪先を非常に使うのです。われわれのときにはそれほど爪先を使うのは、そんなに極端じゃない。ストックホルムに出発したのは確か五月十七日でしたか、その前が〔大学の定期〕試験でしてね。二ヵ月ぐらいしか稽古しないのです」と、万事急ごしらえであったと振り返っている(「三島弥彦翁スポーツ放談」)。

一路ストックホルムへ

ストックホルムオリンピック派遣の日本選手団は全四名、役員として大日本体育協会会長・IOC委員嘉納治五郎と協会総務理事大森兵蔵の二名、選手は弥彦と金栗四三である。嘉納は遅れて出発するため、五月一六日、弥彦・金栗と大森と夫人の四名は新橋駅を出発することとなった。

当日、金栗は東京高等師範学校の生徒百余名に送られながら、学校のある大塚から徒歩で新橋駅に到着した。ついで、背広に麦わら帽子姿の弥彦が新橋駅に到着した。駅には兄弥太郎が見送りにかけつけており、米国大使館のキルジャソフや天狗倶楽部のメンバーなども集まっていた。弥彦はこのときの模様を「多数の先輩、又同好の士の盛大なる見送りを受け」(「日本の参加した頃」)と振り返っている。

弥彦は金栗・大森とともに列車に乗り込み、車窓から見送りの人々に応えた。その風景は『東京朝日新聞』で次のように紹介されている。

三島選手はやゝ伸《のび》たる髪を分け、天狗倶楽部より贈られたる鬼百合《おにゆり》と撫子《なでしこ》の花束を持ち、窓より乗出して令姉日高夫人等と別れを惜む。学習院服の令甥等に「叔父さん、叔父さん」と騒がれ居る。一方金栗選手、大森夫婦も皆、小なる国旗を胸に止め、菓子・果物の贈物の受取に忙はし。慶應野球部が時々審判を煩はしたる関係上、見事なる花環を三島選手に送り、金栗・大森両氏には果物の籠を贈る。汽笛遽《にわか》に起り、高師生徒が声を限《かぎり》に歌ふ「敵は幾万」潮と群がれる見送人が帽子、ハンケチを打振りて三島、金栗、大森三氏の為に唱ふる万歳々々の歓呼声裡《せいり》、両選手と大森夫婦の四の顔は次第に遠《とおざか》り行く。時に午後六時四十分なり。

令姉日高夫人とは姉の竹子であり、学習院服の甥とは兄弥太郎の長男の通陽《みちはる》である。通陽は、数年前、弥彦が審判をつとめる野球の試合観戦に行ったところ、ファールボールが胸にあたり、これをきっかけに肋膜炎《ろくまくえん》を発症し、長期療養を余儀なくされていた。

弥彦にすれば、自分が誘った試合でのアクシデントであり、大事な三島家の跡取りを病気にさせてしまっただけに、心苦しい思いであった。それだけに弥彦は、不憫な一一歳下の甥をかわいがっていた。通陽にとっても弥彦は、自慢の叔父であり、この年の正月には弥彦にオリンピック勝利を祈る特製の年賀状を送っている。

新橋を発した一行は、米原経由で敦賀まで行き、そこから船に乗り、一九日朝にウラジオストックに到着、その後はシベリア鉄道で一路欧州をめざした。

旅行中、弥彦は母和歌子をはじめ家族に宛てて、せっせと葉書を出している。それによるとシベリア鉄道は、車輛こそ大きいが、日本国内のものより汚いという。車中には日本人が六人乗っているので退屈はなかった。途中、ハルピン駅では明治四二年（一九〇九）一〇月二六日に起きた伊藤博文暗殺事件の現場を訪れている。

五月のシベリアは寒く、バイカル湖は半ば凍っていた。シベリア横断の旅は、「朝に森林に入れば夕に及び、陸に出づれば終日平原」ということで退屈きわまりなかったという。

一行がウラル山脈を越え、モスクワに到着したのは五月二八日であった。さらにサンクトペテルブルグまで行き、そこから船でバルト海を進み、フィンランドのヘルシンキに立ち寄り、目的地のストックホルムに到着したのは六月二日である。

大会を前に

一九一二年当時、ストックホルムの日本公使館はビルの四階にあった。弥彦の回想では「日本の公使館を探したところ、ビルディングの四階から日の丸の旗が出ている。四階が日本の公使館というわけだ。こちらはビルディング全部が公使館だと思ったが、公使に書記官と書記生と四人では無理ないですよ」（「三島弥彦翁スポーツ放談」）という具合で、わびしいものがあった。

明治末の日本は、日清・日露戦争に勝利し、前年には関税自主権を回復して、悲願であった不平等条約を克服するなど一等国への道を歩んでいたといわれるが、貧弱な在外公館を目の当たりにして、国力の乏しさを痛感せざるを得なかった。

日本のオリンピック参加は、不安と楽観がさまざまに交錯していた。選手派遣を決めた段階で、大日本体育協会総務理事永井道明は、活躍が予想される米国選手たちは、平常欧州の食べ物を蔑しているので、ストックホルムの食事は気が向かないであろう、「其処へ行くと日本人は粗食して居るから瑞典へ行けば却つてよくなる訳で、そんな心配はいらぬだらうと思ふ。それに自分も行つて知つて居るが、非常に気候のいゝ処で、一日働いても疲れぬと云ふ風な処だから、決して選手の身体に異状などはないだらう。同地の六月は恰も日本の三四月頃に相当するから、却つて駈けいゝかも知れん」と、相当強引かつ楽観的な見通しを語っている。

永井はさらに「三島君と云ひ、金栗君と云ひ、稀に見る好選手で、殊に三島君の如きは身体は立派で、正当な練習をしないでもあの通りだから、外人に就て正式に練習したなら、恐らくヒケは取るまい。たとへ遅れたにした処が大した失敗、外国人に笑はれるやうな事はないと信ずる」(『読売新聞』明治四五年二月一七日)とも述べている。

永井は楽観的であったが、弥彦にとってはそうではなかった。弥彦は到着後、大会が始まるまで一カ月の間、金栗と二人で練習するなどして過ごした。弥彦の回想では、「私達は競技の日迄約一ヶ月の間、金栗君と二人で互に励み合って練習を続けたのであります。私が練習の時は金栗君がタイムを取る。金栗君の練習のときは私がついて行くと云ふ風にして、悲壮なる練習を続けたのであります。吾々の任務は選手として走る外、成可《なるべ》く多くの運動競技を見て来ること、為めに中々多忙でありました」(「日本が参加した頃」)という。

その練習であるが、日本のときのように、スパイクに土が詰まってしまうことはなかったが、欧米選手とは体格のちがいから、練習方法、技術面に至るまで格差を痛感せずにはいられなかった。

弥彦はストックホルムで練習に励むなど多忙な日々を送る一方で、各地に出かけることもあった。六月二〇日頃には、弥彦はノルウェーのクリスチャニア〔現オスロ〕に旅行している。六月二〇日付で甥の通陽・通隆に宛てた葉書では「昨日当地に遊びに来て、又今日此船にて湾内廻り、雨が降つて少し困つて居ますが、景色は奇麗です。御祖母様、御父上様、御母上様皆々様に宜布《よろし》く」とあり、同日付の弥太郎宛葉書では、「昨《さく》、今日《きょう》当地に見物に参り候。瑞典〔スウェーデン〕と同じく景色もよく実に心地よく存候。内田〔定槌《さだつち》〕公使御一同様も当地に参られ居《おり》候。毎日非常に御世話に相成居《あいなりおり》候。今日はストックホルムには帰る可《べ》き処、又々一日御世話に相《あい》成《な》る積《つもり》に相成候。当地にて岩倉君に会ひ、此れより同道してストックホルムに帰る筈に御座《ござ》候《そうろう》」と書き送っている。美しい風景に触れた旅行は、沈みがちな弥彦の気持ちを慰めたことであろう。

開会式前日の七月四日付で兄弥太郎に宛てた書簡で弥彦は、ストックホルム到着後、「早々急に練習せし為か右足少しく痛め、未だ直らず、毎日当地の専門的マサージにかゝり居候。練習も暫く休み、競走間際大に閉口致し居候」と、右足を痛め練習もままならないこと、また多忙のため欧州見学、さらには学業も不十分であると不安な心境を打ち明けている。だが心配をかけまいと思ったのか、書中では

「然《しか》し元気に御坐《ござ》候間《そうろうあいだ》、御安心被下度願上候《くだされたくねがいあげそうろう》」と打ち消すように綴っているのが、逆に痛ましい。
この弥彦の足痛であるが、牛村圭によると下腿の内側の鈍痛で、シンスプリントと呼ばれるものである。急に走り込んだりすると生じやすく、弥彦の場合、ストックホルムまでの移動中は満足な練習ができず、到着後、急に練習を再開したことが損傷を生んだという（『ストックホルムの旭日』）。

ストックホルムの日の丸

第五回オリンピックストックホルム大会は、一九一二年五月五日より七月二七日まで開催された。参加した国と地域は二八、男子二三五九名、女子四八名、あわせて二四〇七名が参加した。このなかには、米国より、のちに第五代ＩＯＣ会長となるアベリー・ブランデージや、第二次世界大戦の米軍の英雄ジョージ・パットンもいる。米国からは、このほか五種競技・十種競技で優勝しながら、翌年、過去にプロ野球に所属し報酬を得たことが問題となり、メダルを剥奪されるジム・ソープも出場している。

入場式は七月五日に行われた。日本の順番は、日本はイタリアに次いで九番目であった。金栗が「Nippon」と記した国名標を持ち、弥彦は日章旗を持った。二人が前列で、後列には嘉納・大森と当時ストックホルムに滞在していた京都帝国大学助教授田島錦治がつづいた。スウェーデン公使であった内田は後年、開会式の模様を次のように振り返っている。

何しろあちらには日本人が余り居ない。この珍らしい日本人がオリムピツクに来るといふので大変な騒ぎだつた。新聞などではでか〳〵に日本のランニング王来るなどと「大和魂」を盛んに褒めちぎってくれたものだ。ところで乗込んで来た選手がたつた二人、外に世話役の大森兵蔵といふ師範学校の先生夫婦と、嘉納治五郎氏と死んだ岸博士の一行六人、応援が淋しいので公使館員の日本人を全部狩出しやっと十四、五名で貧弱ながら盛んな気勢を挙げたものだ（『朝日新聞』昭和一一年八月三日）。

弥彦の回想では、プラカードの文字をJAPANとするかNIPPONとするかでもめ、最終的には嘉納の判断で後者に決まったという（「対手の力も知らずに出場」）。イタリアのIの次であるから、公式な順番はJである。

選手二名は参加国中、最少で、金栗は「日本選手はたつた二人で世界の選手の最少の人数でありました。数万の見物、二千余の選手の行列のなかにたつた二人で面喰《めんくら》ひ、運動場の真中に集合して、ほつと一呼吸ついて四方を見廻した時には、全身から冷汗が流れてゐました」と振り返っている（「オリムピック大会視察談（其二）」、『桜友会会報』第一五号、大正一三年）。

西洋人のなかに、小さな日本選手団ということで異彩を放ったということであるが、観客席から入場式をみた日本人によれば、数は少なく、身体も小さいということで、何とも肩身が狭かったという。

オリンピック競技場の来賓席（ストックホルム大会パンフレットより）

弥彦の挑戦

弥彦にとって最初の試合は、七月六日の一〇〇メートル走の予選であった。予選は各組二着までを入選とし、準決勝に進むことになっていた。弥彦は予選第一六組に出場した。この組では決勝レースで三位入賞を果たす米国のリピンコットが一〇秒六で一位となり、弥彦は最下位に沈んだ。弥彦によれば、「例によつて飛出し、こりや勝てると思つたが五十メートル頃からスーット抜かれてしまつた」(「対手の力も知らずに出場」)という。

つづいて七月一〇日には、二〇〇メートル走予選が行われた。弥彦は第一三組に出場したが、こちらも最下位に終わった。弥彦の出場した組は、一〇〇メートル走・二〇〇メートル走、いずれも強豪選手が多く、『大日本体育協会史』は「初陣の三島選手には組合せ運が非常に悪かつた」と同情的である。

最後は七月一二日の四〇〇メートル走予選である。弥彦は第四組に出場した。一緒に走ったのは、スウェーデンのゼルリングだけである。弥彦は前半から飛ばしリードしたが、後半に逆転された。これまでの一〇〇・二〇〇メートルとくらべて、最もよい走りであった。二着までが準決勝に進むことができるので、自動的に進出したが、先にみた右足痛が酷く、準決勝を棄権した。こうして弥彦のオリンピックは終わった。

国内では無敵の弥彦にとっては、まさに惨敗であった。家族に宛てた葉書(口絵参照)では「競走はとう〳〵敗けてしまいました」と淡々としているが、内心はさぞや悔しかったはずである。弥彦は、後年惨敗の理由を、「私達のやつているのはカケッコで、外国選手のやつているのはレースだつた」と振り返っている。直前にスタート練習に取り組んだが、そのような泥縄では勝てるはずもなく、「私はつくづく四年、あるいは八年前にこの経験を踏んでいたらこんな惨敗を蒙らなくても済んだのではないかと思ってみた」（「対手の力も知らずに出場」）という。弥彦にとって、敗戦は個人の身体能力の差もあるが、それ以上に練習方法や技術面の遅れであり、日本と欧米諸国との国力の差であった。

「金栗、三島の遠征」（『明治大正昭和大絵巻』キング附録より）

落胆せずに練習して次回は

もしも、弥彦がもっと前に一八歳、二二歳でオリンピックを経験していたら、彼自身も日本の陸上競技の歴史もちがっていたかもしれない。

ストックホルム滞在中、弥彦は一八九六年の第一回オリンピックにおける各種競技の優勝記録を知り、ちょうど当時の日本記録と同じくらいであったことから、日本は世界より約一五年遅れていると感じたという（「日本の参加した頃」）。弥彦はすでに二六歳であり、四年後は三〇歳である。それ以前、プロ選手など及びもつかない、アマチュアが当たり前のこの時代では、大学を卒業すれば、ごく自然に競技の第一線から遠ざかる。競技者としての弥彦は、ストックホルムで燃え尽きたといってよい。

もう一人の代表選手金栗四三についても、簡単に触れておきたい。金栗は七月一四日に行われたマラソン競技に出場した。参加申込み者は九八名であったが、当日は気温が高く、実際にスタートしたのは六八名、完走できたのは三四名という過酷なレースであった。優勝は南アフリカのマッカーサーで、記録は二時間三六分五四秒八であった。

金栗は予選会で世界記録を上回る記録を出したこともあり、期待されたが、最初のオリンピックで不案内だったこともあり、スタート前に競技場まで走って駆けつけなければならないというアクシデントに見舞われる。さらにレースの途中、腹痛に襲われ、意識を失ってしまった。無念の途中棄権となったが、大会委員会には手違いから情報が伝わらず、記録上は、失踪して行方不明となってしまった。

これで終われば何とも不名誉な話だが、大会が終了してから半世紀以上経った一九六七年、オリンピック五五周年の式典としてストックホルムに招かれた金栗は、主催者側の意向を受け、残りのコースを走り切り、完走を果たした。記録は実に、五四年八カ月六日五時間三二分二〇秒三であった。ゴールインのとき、これをもってストックホルムオリンピックの全日程を終了する旨がアナウンスされたという。

話を戻すと、失意の金栗に対し、弥彦は「吾々が敗けたのは残念至極であるが、いろ〳〵西洋の選手と比較して見ると何から何まで十分でない。西洋人のやうに四、五年の練習をしないし、又外国の事情にも通ぜぬことだから、落胆せずにもう一度練習して次回は」と声をかけたという（「オリムピック大会視察談（其二）」）。弥彦の励ましを得て、金栗をはじめ皆元気盛んになったという。

日本が経験した初めてのオリンピックは、ほろ苦いものであった。弥彦・金栗とも不本意な結果に沈んだが、日本のオリンピックの歴史は、弥彦の金栗への「落胆せずにもう一度練習して次回をめざそう」という励ましとともに、本格的なスタートを切ったといえる。

五　それからの弥彦

欧米を漫遊しての帰国

大会終了後、弥彦は、欧米各地を漫遊しながら帰国した。日本に戻ったのは大正二年（一九一三）二月七日である。豪勢というか優雅な話だが、漫遊の目的の一つは、「欧州陸上界の力を十分知ること」で、「私の日本へのお土産は走高跳のバー、槍、それに円盤だつた」（「対手の力も知らずに出場」）という。

帰国した弥彦は、大正二年（一九一三）二月八日付の『東京朝日新聞』に談話を寄せている。大会で圧倒的な成績を残した米国選手と日本選手を比較して、米国選手は「短距離の選手は背も高いし、筋肉も発達した力士みたやうな立派な体格の選手が多い。次に中距離のは短距離のに比すると夫程《それほど》でない。体格から云ふと寧ろ劣つて居るやうに見える。併し決して瘠せたやうな者のみではなくして、背などは無論決して低いことはない」と短距離・中距離選手とは体格差があることを認めざるを得なかった。

弥彦が注目したのは長距離選手である。「決して力士みたやうな体格の者は無い。何《いず》れかと云へば極《ごく》ヒョロリとした、脚の長い、丈の高い、一見強さうに見えない選手である」と、この方面ならば日米に大きな差はないとし、活路を見出している。

弥彦によれば、日米のちがいは練習法と食べ物であるという。米国選手の練習は「一生懸命に走《は》せるのは一週に一度で、其他は毎日極《ご》く緩やかに長距離を走つて居る、日課の練習が済むと按摩を招《よ》んで緩々とマッサージを遣らせる」と、毎日がむしゃらに練習する日本との比較をしている。食べ物も肉食ではなく、むしろ菜食であるという。

長距離ならば日本にも大いに見込みがあるとし、そのためには次のオリンピックまで三年間、練習を重ねるとともに、「各種の特長を有《も》つた選手を少くとも十人以上を出すことが肝要《かんよう》である」としている。

慶應義塾とスタンフォード大学の日米野球の審判を務める弥彦（大正2年〈1913〉）

長期的な選手の育成と、少数精鋭主義ではなく、全体としての底上げをめざすべきというのが、弥彦の主張であった。

その後も、日本でスポーツが盛んになれば「追々に良い選手も出て来て世界の各国と比肩し得るのも、左程遠い事ではあるまいと思ひます」と期待を寄せている。逆に「日本人は先天的に体力に於て欧米人に劣つて居るから、運動競技では永久に外国人に勝つ事は出来ないと云つたやうな悲観説」に対しては、「私は此悲観説には大に反対するものです」と、これを退けている（「欧米を歴遊して」）。

その後、日本は第一次世界大戦終了後の一九二〇年に開かれたアントワープ大会以降のオリンピックに連続して参加、次々とメダルを獲得するなどめざましい発展を遂げる。

弥彦も先駆者としての苦労が報われる思いだったのであろう。ベルリンオリンピックの開かれた昭和一一年（一九三六）に日本放送協会東京中央放送局（ＮＨＫ）のラジオ番組に出演した際、「吾々が此大会に選出されたと云ふことは決して無駄でなかつた。否幾多尊き教訓とよき経験を得て、大に後の為になったと信ずるのであります」（「日本の参加した頃」）と語っている。

横浜正金銀行本店

横浜正金銀行に入る

弥彦は大正二年（一九一三）七月、東京帝国大学法科大学を卒業し、横浜正金銀行に入行した。同行は、明治一三年（一八八〇）に設立された外国為替を主務とする特殊銀行である。同行への入行には、直前に日本銀行総裁に転じていたが、頭取をつとめていた兄弥太郎との関係が深いことはいうまでもない。

正金銀行では、最初は本店勤務であったが、大正二年一二月にサンフランシスコ支店勤務に異動する。その後、大正五年（一九一六）四月にはニューヨーク出張所、同七年（一九一八）一二月にはロンドン支店勤務となる。ロンドンでは、著名なスポーツ選手ということで英国人から丁重な扱いを受けたという。

大正九年（一九二〇）一一月に英国より帰国し、本店勤務となる。私生活では大正一一年（一九二二）

弥彦の結婚式

一月に旧佐賀藩主鍋島家の分家で旧肥前蓮池藩主家の子爵鍋島直柔《なおとう》の五女、文子と結婚している。三七歳であるから、当時としてはかなりの晩婚である。華族出身で、長身でスポーツマン、海外勤務が長いとくれば、もてないはずがない。弥彦自身も縁談はゆっくり進めてほしいと求めており、結婚はようやくの年貢の納め時といえよう。

結婚後まもなく、北京支店勤務となり、ついで支配人代理に就任している。この間、大正一一年一一月には長男通直が生まれている。昭和三年（一九二八）七月に上海支店支配人代理、同五年九月に漢口支店支配人代理をつとめ、さらに昭和七年一二月（一九三二）一二月にはジャヴァ、スマラン支店副主となっている、その後、昭和一〇年（一九三五）に帰国し、本店副支配人に就任している。

スポーツ界との関わりと幻の一九四〇年東京五輪

話を大学卒業後に戻す。大学を卒業した後の弥彦にとって、スポーツはもっぱら趣味であった。家族によれば、弥彦が取り組んだのはゴルフとテニス、それと狩猟であり、仕事の傍らに楽しむ程度で

横浜正金銀行ジャヴァ駐在

あった。また熱心に野球の試合を観戦したという。

一方で、スポーツの発展と後進育成への思いは強く、大正二年（一九一三）九月には、大日本体育協会の総務理事・評議員に就任している。同四年（一九一五）には評議員、同一〇年（一九二一）には陸上トラック部門の常務委員となっている。

大正後期以降、一時役員からはずれたが、一九四〇年（昭和一五）のオリンピックを東京に誘致しようとする機運が高まると、往年の名選手としての弥彦にもスポットライトが当たるようになる。

昭和一〇年（一九三五）には再び協会評議員となり、一九三六年のベルリンオリンピックに派遣する代表選手の最終予選会では、審判長をつとめる弥彦が写真とともに新聞に紹介されている。

このとき弥彦は取材に答えて、「今度ベルリンへ二百卅人も行くのを思ふと全く隔世の感です。その頃に比べるといまの選手は幸福ですよ。こんないゝグラウンドはある。スポーツに対する国民の正しい理解がある。我々の時代には外国まで駈つこしにゆくなんて気狂ひの業だといふ人もあつたのです。スポーツの興隆も国力に比例するんです。是非この次は東京で開き度いですねエ」（『読売新聞』昭和一一年五月二四日）と、感慨深げに語っている。

第一二回オリンピック大会の開催地は、一九三六年七月のＩＯＣ総会で東京に決定した。オリンピック招致の成功を見届けた弥彦は、昭和一二年（一九三七）四月に青島支店支配人として中国に赴任する。

ところが、わずか三カ月後の七月七日、盧溝橋事件が勃発し、日本と中国の局地戦は、またたく間に全面戦争へと拡大した。弥彦のいる青島には多数の居留民がおり、きわめて危険な状態であった。青島市内では中国側の保安隊が各所を押さえ、警備にあたっていた。北平（北京）の東方にある都市通州では七月二九日、中国部隊が日本の守備隊や居留民を襲撃し、多数を殺害する事件も起こっており（通州事件）、青島で同様の悲劇が起きない保証はなかった。

青島の居留民約一万四〇〇〇人は引き揚げとなり、横浜正金銀行青島支店も八月二九日正午をもって営業を終えることとなった。問題となったのが、銀行の保有する現金の扱いであった。これを遺棄すれば中国側に押さえられる可能性が高い。結局、数十台のトラックに現金を積み、軍艦天龍に運び込み、安全な場所に搬送することとなった。海軍の警備はあったが、中国側に発見され襲撃を受ければ多勢に無勢、ひとたまりもない。非常に危険な任務であった。このとき弥彦は、責任者として海軍の隊長とともに、最も危険な先頭のトラックに乗り込んでいる。何とか現金を軍艦に積み込み、無事引き揚げることができたが、ここに至る弥彦の苦労は、並大抵ではなかった。

翌年一月、青島が日本海軍によって占領され、青島支店も再開される。戻ってみたところ、中国兵が支店の門に爆弾を仕掛けたとの噂があるなど不安な状況であった。弥彦は「僕が開けましょう」といって、自ら解錠、開門の任にあたった。

青島支店で弥彦に仕えた人物は、危険とか苦労とかを決して人に押し付けないで、自分でやったのは敬服するところであり、これより大なるものは無いと讃えている。

危機対応をめぐり弥彦は評価をあげたが、戦火はおさまらず、遂には東京オリンピックの開催返上という悲劇を招く。弥彦の心中は察するに余りある。

その後も戦争はやまず、一九三九年（昭和一四）九月には第二次世界大戦が勃発し、二年後には日本も米英をはじめ各国との戦争に突入する。

晩年の日々

弥彦は昭和一八年（一九四三）二月、バタビア支店支配人を最後に横浜正金銀行を退社し、同年四月、帝国蚕糸倉庫株式会社監査役に就任した。戦争中、三島一族は、多くが那須に疎開するなどしたが、長男通直は学徒出陣、弥彦と文子は東京にとどまった。空襲の際、自宅を焼夷弾の火の粉から守るべく、屋根に上ったという。このとき弥彦、五九歳である。

戦後は、昭和二六年（一九五一）に福貿易株式会社社長に就任、同二八年（一九五三）には石丸証券取締役社長に就任している。

注目されるのは、戦後のスポーツ界の復興に果たした役割である。戦後の混乱がおさまると、弥彦はいち早く活動を再開した。昭和二三年（一九四八）、大日本体育協会は日本体育協会に改組されたが、同年一二月に会賓に就任している。弥彦の活動については、日本陸上競技連盟理事長浅野均一の談話を紹介しておきたい。

私、感じております事は終戦後の陸上競技連盟に再建という問題に関しまして、三島さんは戦前以上に非常なる熱意を以て我々を鞭撻《べんたつ》して頂いたのであります。恐らく終戦後東京におきまして行われました大きな大会におきましては、三島さんはお出にならなかった大会は無いと私は申し上げましても良いと思います。殊にヘルシンキのオリンピックの参加が決定致しましてからいつもスタンドで観ておられたのでありますが、親しく若い選手たちに降りて来られまして、色々注意を与えて、そして且つ観て色々お気付きの点をご指導なさったのであります。この点陸上競技連盟が終戦後再建されますに付きまして非常に力になったのであります。

日本は一九四八年のロンドン五輪には参加が認められず、国際舞台への復帰は悲願であった。昭和二三年（一九四八）七月二八日、ロンドン五輪の開催にあわせて神宮陸上競技場で行われた「オリンピックデー」に弥彦は、前オリンピック代表選手代表として出席、祝辞を述べているが、そのなかで日本のスポーツ界は「もし今次の戦争がなかったならば、現在よりも更に急進してゐたことと思ひます。然し今後更に時日を与へれば、より高度に引上げられるものと信じます。私はそれを衷心から希むと共に、オリンピックに参加する日の一日も早からんことを望んで止まない次第です」と、復興に期待を寄せている。

晩年の三島弥彦

　それだけに一九五二年（昭和二七）、ヘルシンキ五輪に日本の参加が叶ったことは、弥彦にとっても感激であったにちがいない。スポーツ復興の機運は、その後の一九六四年（昭和三九）のオリンピック東京大会の開催へとつながっていく。

浅野は、先の談話のなかでスポーツを通じて歴史に残る業績を残した人物として「三島さんと金栗さんと織田君であると思います」と語っている。ストックホルムでともに闘い、その後、陸上長距離界を中心に発展に尽くした金栗四三、一九二八年（昭和三）、アムステルダムオリンピックの陸上三段跳びで日本人初となる金メダルを獲得、生涯をスポーツの発展に捧げた織田幹雄とともに弥彦を讃えている。

家庭の面では、昭和二十六年（一九五一）九月には初孫の通利、ついで二十九年（一九五四）一月には二番目の孫原夫の誕生にめぐまれた。原夫が生まれた直後に弥彦は急死するのだが、生まれたばかりの愛孫をみて「俺に似ている。」と、とても喜んでいたという。

三島弥彦氏（横浜帝国蚕糸倉庫取締役）一日午前七時東京都世田谷区深沢町四ノ五三六の自宅で心臓マヒで死去、六十九歳。横浜正金銀行サンフランシスコ、ニューヨークなど海外の各支店支配人を歴任。東大時代有名な陸上短距離選手で明治四十五年第五回オリンピック・ストックホルム大会にマラソンの金栗四三選手と二人でわが国最初の代表選手として出場した。告別式は四日午後二時から青山斎場で行う。

三島弥彦死亡記事
（『朝日新聞』昭和29年〈1954〉2月2日）

弥彦の死は突然であった。昭和二九年二月一日のことである。その直前まで弥彦は元気であり、周囲には死が迫っていることを感じさせなかった。亡くなる数日前には親戚の集まりがあり、その時も快活であったという。出席者によれば、口数の多い方ではない弥彦が、この日はいつになくよく喋り、大きな声も出していたので「これは珍しいな」と感じたという。

一月三〇日朝、弥彦は心臓に疼痛を感じた。それでもその日は、そのまま来客に対応したり、読書をして過ごしている。二月一日の早朝、意識を失い、午前七時死去した。死後解剖にあたった医師によれば、死因は動脈硬化と、解離性動脈瘤によって心臓内に大出血をしたためであった。満六八歳の誕生日を目前に控え、壮健な身体を誇ったことからすれば、早すぎる死であった。

遺志をつぐもの～第一八回オリンピック東京大会へ～

弥彦の死から四年余り経った昭和三三年（一九五八）五月、第五四回ＩＯＣ総会が東京で開催される。一九六四年の第一八回オリンピックの東京開催をめざしていた関係者にとって総会は、誘致にも大きな影響を与えるとして重大視されていた。このため、外国代表の接待、案内のため、新しい試みとして外交官夫人や令嬢たちが、ボランティアで会議の手伝いをすることとなった。このとき、日本オリンピック委員会（ＪＯＣ）の東龍太郎委員長からの要請を受けて、弥彦の長男通直の夫人三島まり子も参加することになった。

まり子は大正一五年（一九二六）吉村侃《かん》・幸《さち》との間に生まれた。侃は弥彦とおなじ横浜正金銀行に勤務し、フランスのリヨン、パリ支店を経て、スイスの国際決済銀行（ＢＩＳ）の為替部長を歴任している。その関係からまり子は、幼少期から大学を卒業する第二次世界大戦後しばらくまでの間をフランスとスイスで過ごしている。このため日本語よりフランス語の方が得意であった。帰国後の昭和二五年（一九五〇）に通直と結婚している。

まり子は、フランス語のほか、英語・ドイツ語も話せたうえに、明朗な人柄が買われ、ＩＯＣ委員長

東京オリンピックでブランデージIOC委員長の秘書を務めた三島まり子（左）

英語・仏語に訳された東京オリンピックの冊子（三島まり子訳）

ブランデージの秘書役をつとめることになった。

ブランデージにまり子を推挙した東龍太郎は、明治二六年（一八九三）生まれ、東京帝国大学医学部教授、厚生省医務局長、茨城大学学長、ＩＯＣ委員などを経て、昭和三四年（一九五九）に東京都知事選挙に出馬し当選、東京オリンピックの時の知事をつとめる。東は、学生時代はボート選手として鳴らし、その後も医学者としてスポーツに造詣が深く、弥彦とも親しかった。東はまり子を弥彦の娘と思い込んで、白羽の矢を立てたらしい。

ブランデージは、奇しくも弥彦と同じくストックホルムオリンピックに米国代表の陸上選手として出場しており、この大会に日本から来た二人の若者がいたことを覚えていたはずである。まり子は東京オリンピックでも、ブランデージ委員長の通訳、秘書をつとめている。かつてストックホルムに刻まれた「Mishima」の名は、半世紀あまりを経た東京に引き継がれた。

一九六四年（昭和三九）一〇月一〇日、雲ひとつない快晴の東京でオリンピックの開会式が行われた。

国立競技場に灯された聖火と、航空自衛隊ブルーインパルスによって上空に描かれた五つの輪は、天国の弥彦にもはっきりとみえたことであろう。

【主要参考文献】

平田元吉『三島通庸』（東京堂、一八九八年）
坂本辰之助『子爵三島弥太郎伝』（昭文堂、一九三〇年）
尚友倶楽部調査室・内藤一成編『三島和歌子覚書』（尚友倶楽部、二〇一一年）
学習院百年史編纂委員会編『学習院百年史』第一編（学習院、一九八一年）
学習院陸上競技部後援会編『学習院競技部史』（同会、一九九〇年）
学習院野球部百年史編集委員会編『学習院野球部百年史』（学習院野球部百年史刊行会、一九九五年）
大日本体育協会『大日本体育協会史』上下（大日本体育協会、一九三六・三七年）
日本体育協会『日本体育協会五十年史』（日本体育協会、一九六三年）
「学習院四谷時代思出座談会」（『桜友会会報』第六五号）
有馬頼寧『無雷庵雑記』（改造社、一九四〇年）
牛村圭「ストックホルムの旭日—『世界の一等国』を目指した明治のアスリート」（『中央公論』平成二四年八月号）
斬馬剣禅「運動界大立者　三島弥彦物語」（『冒険世界』明治四三年五月号）
徳川家正「学習院昔ばなし」（『輔仁会雑誌』第一八二号所収）

松尾千歳『鹿児島県歴史探訪』（高城書房、二〇〇五年）
中村菊三『大正鎌倉余話』（かまくら春秋社、一九八二年）
水谷豊『白夜のオリンピック―幻の大森兵蔵をもとめて―』（平凡社、一九八六年）
横田順弥『怪絶壮遊〔天狗倶楽部〕―明治バンカラ交遊録』（教育出版、一九九九年）
吉野俊彦『歴代日本銀行総裁論』（講談社、二〇一四年）

コラム

弥彦の満洲旅行―一九〇六年の「満洲教員視察旅行」

三島弥彦の海外初体験は、満洲であった。

ストックホルムオリンピックへの出場、横浜正金銀行の海外支店勤務など、各国で活躍した弥彦が初めて国外へ足を踏み出したのは一九〇六年（明治三十九年）である。

この年、中等教育学校以上の学生・教員を対象に文部省と陸軍省が協力し「満洲教員視察旅行」が実施されることになった。文部省が道府県に対して参加希望者の割り当てを行ったが、学習院は宮内省が管轄する学校であったため、独自に文部省・陸軍省と参加の折衝を行った。陸軍省に対しては「本院中等学科以上ノ学生ニモ中学校以上ノ学生ト同様ノ便宜ヲ与ヘラレ度」[*1]との依頼を行っている。

学習院内で旅行参加者の募集が行われ、弥彦はそれに応じた。保証人である弥太郎から学校宛に提出された「御届書」が残されている。

多くの参加希望者があったが、当時の満洲は未だ〝観光地〟ではなかった。日露戦争の翌年である。数日にわたる汽車と船の旅、無蓋貨車に揺られる大陸の移動、硝煙のにおいがくすぶるような旅順の戦場見学など、冒険心だけでは乗り越えられない過酷な旅であった。

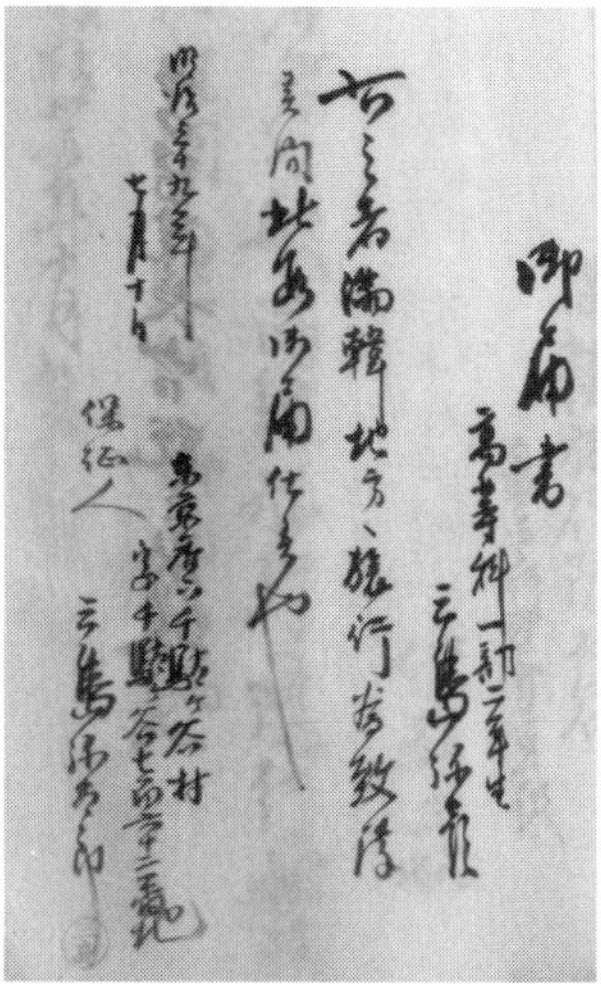

「御届書」（「学習院　重要雑録　明治三十九年」　学習院アーカイブズ所蔵）

御届書

高等科一部二年生
三島弥彦

右之者満韓地方へ旅行為致度
候間此段御届仕候也

明治三十九年七月十日

保証人　東京府下千駄ヶ谷村
字千駄ヶ谷七百六十二番地
三島弥太郎 ㊞

そのため、学内では参加希望者の体格検査が行われた。「満洲旅行志望学生体格調」によれば、「体種」を強・中・弱の三段階で判定し、参加の可否を決定したようである。弥彦はもちろん「強」と判断され、参加が確定した。[*2] 学習院からは中等学科・高等科合わせて以下の十四名が参加し、教員数名が同行した。[*3]

高三：加納久朗、瓜生剛、柳生基夫、酒井晴雄、三島弥彦、華園真淳。高一：板倉勝則、森訥郎。中六：酒井四郎。中五：原亮九郎、岡田忠一、山本八十吉、松平定晴。中四：小泉徳次郎。

参加者は、「出征軍人に似て勇ましき事限なし。然れども、彼は満洲の野に死せんとして行き、我は生きんとして今満洲の空に赴くなり」[*4] という思いを胸に旅行へ赴いた。七月一一日、東京を出発し神戸へ汽車で移動、御用船に乗って二昼夜の航海の後、大連へ上陸した。弥彦は甲板で詩吟を吟じ、船旅の無聊を慰めた。[*5]

最初の宿泊先となったのは「満洲館」である。この建物は一九〇〇年にロシアが建設した建物で、大連ヤマトホテルとして用いられた後に満鉄本社となり、さらに満洲の物産を陳列する満蒙資源館となった。[*6] 翌日は旅行のハイライトともいうべき旅順を見学した。

旅順は、六万人に上る死傷者を出し苦難の末に陥落させた日露戦争最大の激戦地である。

参加者一同が編集した文集（『輔仁会雑誌』）には、「山腹の草を分けて探ぐれば弾片、爆薬等散乱して数を知らず、血に染みし軍帽、草鞋靴の横はれる、勇士が最後の地点ならん……毛髪の付きし頭蓋又は手足の白骨など累々として草に埋れ」ている様子が記されている。

日露戦争の激戦から約一年半しか経過しておらず、文部省は旅行の注意書きに「不発弾、鉄葉《ママ》製手投弾（鑵詰ノ空鑵ヲ利用シタルモノアリ）等ヲ発見シタル場合アルモ、之ニ手ヲ触レシムヘカラス」[*7] との警告を記している。不発弾の危険性がある地帯へ学生を赴かせるなど、現在からは考えられないが、旅順は「修学ニ裨益アル」と判断され、[*8] 見学は実施された。

大連・旅順の見学後、彼らは満鉄で北上し、奉天、撫順を見学した。奉天の古跡である北陵などでは、当時学習院で教鞭を取っていた東洋史学者の白鳥庫吉による様々な解説が行われた。そして安奉線で安東県へ南下、韓国を訪問した後、八月六日に帰国した。

土間にアンペラを敷いて寝たり、バケツや空き缶に

弥彦のアルバムに収められた満韓旅行の記念写真。安奉線の無蓋貨車に乗って移動した際に撮影。左から二人目、眼鏡をかけているのが弥彦。『輔仁会雑誌』に掲載された感想文には「乗り初めは物珍らしかつたから色々話しも出たが三四十分経つと、兼ねての疲れでぐーぐー。すると顔の辺がいやにむずむずするので目を開くと煤煙が雨の代理として降り初めた」と書かれている。煙と火の粉が彼らを襲い、傘をさして防いだが傘も焼け焦げ大変な思いをしたという。

入った食事を提供されるなど、苦労の多い旅であった。しかし、弥彦をはじめとする学生たちは、日露戦争によって拡大した「外地」の様子を実体験して見聞を広めた。『輔仁会雑誌』には弥彦自身の感想文は掲載されていないが、この旅行での経験がその後の弥彦の海外における活動の原点になっていると言えるかもしれない。*9

（長谷川　怜）

1　「陸軍次官へ依頼案」（一九〇六年七月六日　「学習院重要雑録　明治三十九年」学習院アーカイブズ所蔵）。

2　「学習院　重要雑録　明治三十九年」学習院アーカイブズ所蔵）。

3　同行した教員は、監督及学術指導職員：真崎誠（教授）、伊奈紋吉（武課嘱託：後備陸軍歩兵少尉）。学術指導職員：原田稔甫（教授）、大室兵馬（教授）、山田倉左郎（武課嘱託）。なお、白鳥庫吉（教授）は満洲における歴史的文物の蒐集を行うことを学習院から委嘱され、東京師範学校の枠で参加した。そのため、学習院からの参加者名簿に白鳥の名前は無いが、学習院生と道中のほとんどを共にし、帰国後の文集編纂の代表を務めている。

4　『満韓旅行紀念号』（『輔仁会雑誌』別冊、一九〇七年）五十五ページ。

5　同右、一〇二ページ。

6　この建築は廃墟となっているが、大連市の旧ロシア人街（俄罗斯風情街）と呼ばれる一角に現存する。

7　「記」（文部省による旅行心得。本書類はコンニャク版で文部省の罫紙に印刷され、引率者への諸注意などの書類と一体になっている。「学習院重要雑録　明治三十九年」所収　学習院アーカイブズ所蔵）。

8　同右。

9　この旅行については拙稿「満洲を旅した学生たち　旧制学習院の満洲修学旅行を事例として」（福井憲彦監修『世界の蒐集―アジアをめぐる博物館・博覧会・海外旅行』山川出版社、二〇一四年）を参照。

コラム

一九五六年オリンピック・デー遺族記念写真

オリンピックは、スポーツを通じた相互理解や平和な世界の建設を目的として開催される。オリンピズムの普及のため、オリンピック以外にも様々な行事が行われている。その一つがオリンピックデーである。一八九四年六月二十三日の国際オリンピック委員会（IOC）創設を記念するため、一九四八年のIOC総会でオリンピックデーが定められ、様々なオリンピック記念行事が各国で行われることとなった。

ただし、日本は一九四八年のロンドン大会（第十四回大会）には参加が認められなかったことから、開会式の七月二十九日に合わせ、オリンピックデー記念行事を神宮外苑競技場で行った。その後、日本でも六月二十三日に記念行事を実施するようになった。

本写真は、昭和三十一年（一九五六）六月二十三日に神宮外苑で開催されたオリンピックデーにおける記念写真である。一九一二年のストックホルム大会（第五回）以来、日本が参加した八回の大会と五回の冬季大会に出場・関与した選手や役員、IOC委員などに加え、すでに亡くなった関係者遺族の会合が企画された。会の中心を務めたのはIOC委員として東京オリンピック招致に尽力した東龍太郎であった（昭和三十四年に都知事当選）。

当日は秩父宮妃も来場し、明治神宮の神官による慰霊祭と玉串奉奠が行われた。その後、映画「オリンピック・日本選手活躍のあと」の鑑賞会、「オリンピックの歌」発表会があり、物故者の表彰と遺族への記念メダル贈呈、懇親会が開かれた。

日本のオリンピック選手第一号という輝かしい経歴を持つ弥彦は二年前に亡くなっており、長男の三島道直氏が参加した（写真三列目右から四人目）。その他、一九二八年のサンモリッツ大会（第二回冬季大会：日本が初参加した冬季五輪）で日本選手団の総監督を務めた広田戸七郎、一九三二年のロサンゼルス大会の馬術競技で金メダルを獲得した西竹一、一九四〇年の東京大会招致に功績のあったIOC委員である副島道正など、日本のオリンピック史に名を連ねる人物たちの遺族四十七人が勢ぞろいした。

オリンピックの精神を広め、機運を盛り上げる活動は熱意を持って地道に続けられ、昭和三十九年（一九六四）、ついにオリンピックは東京で開催されることになる。

（長谷川 怜）

昭和31年6月23日撮影。中央左が秩父宮妃、その右が東龍太郎

「一九五六年オリンピックデー」の遺族参加者一覧

	物故者名	御遺族名	続柄		物故者名	御遺族名	続柄
4	副島道正	副島種義	三男	318	本田朝次	本田信子	長女
17	内藤知行	内藤広子	妻	364	斉藤孟夫	斉藤綾子	妻
19	郷　隆	郷　花子	妻	367	伴　紀雄	坪井野　通	
23	今村次吉	今村省三		376	千葉五郎	千葉起世子	妻
24	佐藤武雄	佐藤欣一	長男	408	村上清信	篠原婦久子	
26	斉藤一男	斉藤文子	妻	412	鹿毛善光	鹿毛芳子	妻
41	加賀一郎	加賀昌三	長男	421	岡田小七	岡田志ん	妻
59	相沢巌夫	相沢洸一	長男	427	西　竹一	西　武子	妻
75	山本忠興	山本道雄	長男	442	竹内廣三	竹内れい子	妻
76	三浦義雄	三浦興世	母	447	松永　行	松永静江	母
80	阿武巌夫	柚木崎　宏		465	中村英一	中村美津子	妻
116	高野重[illegible]	高野　郁		475	杉山益男	杉山輝[illegible]	長男
121	鈴木聞多	鈴木誠一	兄	486	高木武夫	高木喜美子	妻
122	谷口睦生	谷口キヨ	母	492	角田不二夫	角田小枝子	姉
142	大江季雄	岩仲初枝	実姉	493	芳賀真人	芳賀つる	母
180	三島弥彦	三島道直		508	高橋太郎	高橋和子	妻
188	斉藤巍洋	斉藤君子		516	宗像印一	宗像松子	実妹
194	飯田光太郎	飯田千代子	妻	517	吉井精三郎	吉井長次郎	兄
233	土井脩爾	土井正久	兄	538	広田戸七郎	広田ハナ	妻
236	佐藤茂雄（旧姓新井）	佐藤富子	妻	554	高橋次郎	高橋京子	長女
243	永見達朗	永見辰蔵	父	587	平林　博	平林安幸	兄
248	明　文一	明　健太郎	弟	634	永井道明	永井道雄	長男
263	井川政代	大沢　弥	実兄	638	中野五郎	中野新一郎	長男
317	岡本　忠	岡本住江					

史料編

三島弥彦あて書簡

〈オリンピック出場の弥彦あて書簡〉

1　三島和歌子書簡　（明治45）年6月27日

度々の御はかきいつも御嬉しく拝見いたし候。不順の時候にも御障りなく御無事御着被成、至極御けんきとの御事にて誠にうれしくも安心いたし候。猶此後来月五日より十日迄の間、別て御病気被成ぬやう神かけいのり居候事故、必らす御無事ならんと信し居候。とうか御身御大切に被成度候。三度に一度かたるゝ事もあらん。もし千に一つかたるゝ御事も御座候はゝ、皆様の御喜ひいか斗と存し居候事も御座候。

当地みな無事にて廿三日の日曜日には兄上も御一処に玉川に鮎とりに参り候程にて御座候間、御安心可成下候。弥吉兄上にも御丈夫にてつとめ居られ候。御安心可被下候。とうか〳〵御許様にも御丈夫にて御大役御すませ被成、一日も早く御かへりの程御待申居候。秋月兄上に御逢ひの節はくれ〴〵もよろしく御申上可被下候。

先は御便り迄。早々

六月廿七日　　母より

弥彦殿

〔註〕「封筒表」シベリヤ経由　瑞典国日本公使館気付　三島弥彦様行　Monshier Y.Mishima Lefation du Japan Stockholm

2　三島寿子書簡　（明治45）年5月18日

今朝は御手紙たしかに拝見いたしました。まづ〳〵御無事にて米原まていらせられましたよし、安心いたしました。もう今日あたり御ふねの中と存じます。

先日御出立の日、品川の山の上より見ていらつしやいましたかたが御座いましたよし。それはとよさんで御座います。とよさんは叔父様がおきがつきにならなかつたゞらうと云つていらせられました。そして前に電話をかけておけはよかつた、なんて云つていらつしやましたが今日学校にてその事申ましたら、まあさう？と云つていらつしやいました。そうして広沢さんにからかはれてもういや〳〵なんてにげていらつしやいました。そうしてね、御たよりよせて、よろしくとの事で御座いました。

御机の上のヒルムはおかち〔梶〕に聞きましたら何だかよくわからないと申しましたからそれはいづれおかへりになりましてからでもよろしう御座います。御途中はたつたおよ〔四〕方にてさぞおさみしき事と御さつし申上ます。こちらもずい分さみしくなりました。これから毎日おかち遊はすやうに祈りませう。切角御身おいとひ遊はすやぅ願ひ上ます。

先は御返事まで。　あとは後便に　さよなら

五月十八日　寿子より

他国のそらにて

御叔父さま　御もとに

〔註〕「封筒表」スウェーデン日本公使館内　三島弥彦様

Y.Misima,Japanese Legation Stockholm, Sweden

Via Siberia

※文中の「かち」＝梶は、和歌子付きの女中

3　孝書簡　（明治45）年6月28日

拝呈

途中より御葉書御多忙のとき送下され、誠に難有拝見致しました。兄も御元気の由大いに喜び居ります。今は定めし一生懸命に御練習の事と御察します。もうすぐレースの様ですから、奮発なすって光栄ある勝利を得られる様に寮で日々祈って居りますよ。ほんとにしっかりして

度さい。又金栗君にも奮発せられる様に。

早く御手紙差上げ様と思ひましたが、当所が不明なので失礼。実は此の手紙が着く時はもうレースが終りはしないかと心配して居ます。

御地も御愉快の由、うらやましく思ひ居ります。御帰路にはどうか御通信下され度く御願致します。戦に勝たれ、一日も早く御帰国の程を御待ちして居ます。降って僕も元気ですから。

どうか　Best　を尽して、日本の為に。御機嫌やう。

乱筆失礼

六月二十八日　　孝

なつかしき　弥彦様

PS　あめりかに行かれる時分は、ボールのシーズンですから、面白いでせうね。

何日頃御帰国？　今年は游泳は沼津になりましたよ。僕は何所へ行くか不定です。

スケートは面白い事でせう。御帰りになってから御話を受たまはりませう。祈御健康。

母、姉、兄より宜しく。


〔註〕「封筒表」瑞典ストックホルム日本公使館　三島弥彦殿　Sir Y,MIsima,The Japan Legation Stockholm Sweden ,Via Siberia

三島弥彦書簡

〈オリンピック時弥彦書簡〉

1　(1912)年(5)月24日（絵はがき）　（和歌子あて）

十九日浦塩発、廿日にはハルピンにて伊藤侯の射撃されし処にも参り候。当地は未だ冬にて、雪も残り居候。昨日は始より一日降雪盛に候。シベリヤの汽車は大なるのみにて、内地のものより反つてきたなく存候。日本人は六名居り候間、別に退屈も致さす候。

廿四日シベリアの中央にて　弥彦

〔画面〕廿八日にはモスコウに着く予定に御座候。

廿四日シベリヤにて　弥彦

御母上様、御兄上様、御姉上様

バイカル湖は未だ氷と雪とを以て繁れ居候

〔註〕「宛先欄」大日本帝国東京府下千駄ヶ谷七六二　三島

和歌子様　W.Mishima Esq Tokio Japan

2　(1912)年(5)月27日（絵はがき）　（弥太郎あて）＊

出発の際には御見送り被下誠に難有御礼申上候。御景を以て十九日朝無事浦塩着、早々市中を見物致申候。旅順、大連などゝ殆ど同じにて、左程目新しくは存ず候。只道の悪きには大に閉口致候。領事館よりは出向ひ人有之候為、大に幸運せに御座候。且つ又昼飯の饗応に預り申候。

〔画面〕西比利亜地方は未だ冬模様にて、雪も諸所に残り居候。廿二日の始は終日降雪有之候。バイカル湖も未だ中ば氷結致居候。景気は広大にて、朝に森林に入れば夕に及び、陸に出づれば終日平原に御座候。放牧せる牛馬半分、時には駱駝をも見受け候。森林は多くは松、白樺等にて、実に美しく御座候。

昨夕ウラル山を越へて欧露に入申候。

廿七日シベリヤ線ボルガにて　　　　弥彦

明日はモスコーに着致し候。

御母上様、御姉上様

皆々様に宜布く御伝へ被下度。

〔註〕「宛先欄」大日本帝国東京府下千駄ヶ谷七六二　三島弥太郎様　Y.Mishima Tokio Japan

3　(1912)年(5)月27日（絵はがき）（和歌子あて）

大原野を過ぎて欧州へ近きつゝ居候。当地は未だ冬景気にて、雪も未だ諸所に残居候。バイカル湖などは中ば凍り居り候。汽車中に十日を送る事は随分退屈致し候。然し明朝はモスコー着、明後日に本埜さんの居る処に参り候。

〔画面〕皆々様に宜布く御伝へ被下度願上候。

廿七日ウラル山を越へて　　　　弥彦

御母上様

〔註〕「宛先欄」大日本帝国東京府下千駄ヶ谷七六二　三島和歌子様　W.Mishima Esg Tokio Japan

4　(1912)年(5)月(28)日（絵はがき）（加根子あて）

松、白樺の神林、広莫たる平原も過ぎて昨日露国の旧市Moscow に着致し候。当地は1812に Napoleon が大軍露兵の為めに撃退せれし処にて、古き建物未だ残り居候。殊に多きは寺院に御座候。Moscow にては吉田さんに計らずも御目にかゝり候。実に一日ぐらい滞在致度存候ひしも連れある為め残念ながら午後出発致候。連れあるよりは私にとりて連れなき方便利なる事多く此れあり候。

〔画面〕御兄上様の御陰にて至る処もてなされ候。小生の知人も諸所に居申候。今日はSt.Petarsburgに着、早々市中を見物致申候。左程驚く程のものは未だ此れなく候。本野さんの処には連れある為め、宿置くわけに参らず宿屋に宿り居候。今日午後当地を出発致申候。

御母上様、御兄上様

〔註〕「宛先欄」大日本帝国東京府下千駄ヶ谷七六二　三嶋

兼子様　K.Mishima Tokio Japan

5（1912）年6月7日（絵はがき）（通陽あて）

東京は暖いでしょう。当地はまだ皆んな外套を着て歩いて居ます。日本によく似て景気のよい処です。毎日に暗くなるのは夜の十一時頃です。二時頃には明くなります。六月廿三日には夜の十二時頃北極光と云つて赤い光が見えるそうです。

御祖母上様、御父上様、御母上様、皆々様に宜布く。

〔画面〕此内で競争があるのです。一回が四百メートル、四町もあります。見物人は五、六万人もはいれます。此度は三十ヶ国来ます。人数は二千人以上。米英露等は二百人以上も来ます。オースタラリア（豪州）、チリーの選手は皆来て居ます。

六月七日　ストツクホルム　弥彦

通陽様、通隆様、寿子様、梅子様

〔註〕「宛先欄」大日本帝国東京府下千駄ヶ谷七六二　三島

通陽様　Mr. M. Mishima Tokyo, Japan Via Siberia

6（1912）年6月20日（絵はがき）（通陽・通隆あて）

昨日当地に遊びに来て、又今日此船にて湾内廻り、雨が降つて少し困つて居ますが、景色は奇麗です。

御祖母様、御父上様、御母上様皆々様に宜布く。

〔画面〕六月廿日　クリスチヤニア　弥彦

〔註〕「宛先欄」大日本帝国東京府下千駄ヶ谷七百六十二

三島通陽様・通隆様　Mr. M. Mishima Tokyo, Japan

7　(1912)年6月20日(絵はがき)　(弥太郎あて)＊

昨、今日当地に見物に参り候。瑞典と同じく景色もよく実に心地よく存候。内田公使御一同様も当地に参られ居候。毎日非常に御世話に相成居候。今日はストックホルムはに帰る可き処、又々一日御世話に相成る積に相成候。当地にて岩倉君に会ひ、此れより同道してストックホルムに帰る筈に御座候。

御母上様、御姉上様、皆々様に宜布く御伝へ被願上候。

六月廿日　弥彦

〔註〕「宛先欄」東京府下千駄ヶ谷七六二　三嶋弥太郎様

Y.Mishima Esq Tokyo Japan

8　(1912)年6月23日(絵はがき)　(通陽・通隆あて)

〔画面〕六月廿三日

ストックホルムより汽船にて一時間、景気絶佳。

ドロッチホルム　弥彦

御祖母様、御父上様、御母上様、寿子様、梅子様に宜布く。

〔註〕「宛先欄」東京府下千駄ヶ谷七六二　三島通陽様・通隆様　Mr. M. Mishima Tokyo Japan

9　(1912)年7月4日(弥太郎あて)＊

拝啓　其後は御兄上様初め皆々様には御機嫌宜布く入らせられ候哉、御伺申上候。

私は御蔭を以て相変らず元気に致居候間、憚りながら御安心被下度願上候。然し着早々急に練習せし為か右足少しく痛め、未だ直らず、毎日当地の専門的マサージにかゝり居候。

練習も暫く休み、競走間際大に閉口致し居候。然し元気に御坐候間、御安心被下度願上候。

最早各国選手も参り、競技の或ものは始まり、フートボールは英国、テニスは確か南阿勝利を得申候。米国は一万二千噸の船にて当市深く入り込み参り候。

当地に参りし以来月余、何も致す事もなく、只忙くして、大に本も読む考に御坐候処、一度も開きたる事もなく、東京にて予想せし事とは大に違なり閉口致居候。此分にては競技始まりてよりは尚忙しく、本読む暇もなき事と存じ候。此れにては欧州見物をも充分に致す暇なく、直に帰らざれは授験の準備随分困難なる事と存じ候。然し今迄も短日月にて準備致候故、授験能はざる事は無之候へども、折角当地に参り何処をも見物せずして帰るも心惜しく、且つ又準備不充分の為め不合格となりては返つて不利益と存じ、出発の際には十月に授験する考に居りながら、今更考を変更するは意気地なく候へども、授験延期致度、如何のものに御坐候や。

一年遅るが非常に不利益なれば直に引返す可く候が、もし左程に不利益ならざれば充分下調準備の上授験致し度、且つ諸所見物致し度、如何のものに御坐候や、御伺ひ申上候。何卒御返事被下度願上候。

御手紙にては時日無之と存候間、何卒 Vienna の大使館宛にて帰れと何とか電報被下度願上候。当地には大低廿四五日迄滞在致さねばならぬかと存じ候間、Vienna には八月一日二日頃には是非参る考に御坐候。

先は御伺ひ迄。草々敬具

七月四日　弥彦拝

御兄上様

〔註〕「封筒表」Y. Mishima Esg Sendagaya, Tokyo, Japan Via Siberia　大日本帝国東京府下千駄ヶ谷七六二　三嶋弥太郎様　御親展「封筒裏」弥彦より Y. Mishima Stockholm, Sweden

10　(1912)年(7)月（絵はがき）（通陽・通隆あて）

其後は如何。競走はとう〳〵敗けてしまいました。米国の人が殆ど走りこでは皆勝ちました。ストツクホルムも大急ぎで見物して丁抹コーペンヘーゲンに参り、今日当地に来ました。写真やなにか送つたものは皆んななくさない様に取つておいてください。英語の新聞も送りましたが、なくならない様にしておいてください。皆々様に宜布く。

〔画面〕ハンブルグの動物園では虎や獅子が皆広い処にはなしてあります。

ハンブルグにて

弥彦

〔註〕「宛先欄」東京府下千駄ヶ谷七六二　三島通陽様・通隆様　Mr. M. Mishima Tokyo Japan

*

〈オリンピック終了後　世界漫遊〉

1（1912）年8月24日（弥太郎あて）

拝啓　八月中旬とも申す可き折なるに、当地方は日々雨天勝ちにて、冷しきよりは寒さを覚え候。御地は如何に御座候や。御兄上様を始め奉り、皆々様御変りもあらせられず候や、御伺ひ申上候。

私は御蔭を以て相変らず元気に諸所国々廻り居候間、憚りながら御安心被下度願上候。斯徳保より丁抹コーペンヘーゲンを経て漢堡に出で、其れ伯林に出で五日程滞在見物致し候。此処に友枝さん又井上子爵、桂公爵の令息、其他多くの知人に会し候。七月廿日朝維納に着、直に大使館に参候処、秋月の御兄上様も陛下御不例の為め田舎より御帰り遊ばされ居候。維着間もなく御崩御の報に接し、誠に恐縮致候。

維納にては余り見物も致さず、日々大使館にて秋月の御兄上様より色々の御話承り申候。維納には四、五日滞在、直に巴里に参る様考へ居候。然し若し長く旅行して宜ろしき様なれば、今少し長く滞在、且つ尚諸所廻り倫敦に参り、二月程滞在して英語の稽古にても致度存。秋月の御兄上様にも御話申上候処、何れても大差なし、若し試験むずかしければ滞在する方反つて利益ならむとの御話なりし為、電報差上候次第に御座候。tabi yoroshi の電報に接したる為旅程変更致し、維納に尚一、二日滞在致、秋月御兄上様と維納より程近き Edlach と云ふ村にある、医師の建たる病院半宿屋なる処に参、三日程御邪介に相成候。景色宜布く、塩原当りに参りし感じ致し候。外国の景は日本に及ばずと聞き申居候が、諸所廻り居る間には、日本に優る景色の処を度々見受け候。且つ人工的設備の行とゞけるには感心致候。Edlach の谷間の景も二頭引きの馬車の上より眺め申候。かゝる事は日本にては不出来事にて、実に愉快に存候。此処には三日滞在致候が、毎日〳〵午前午後二度づゝ裏山に秋月兄と登り申候。八月七日には維納に帰り、翌日 Venice に参り候。

墺国より伊太利に参る途中は険山連りて景色宜布く、或るは瑞西の景にも勝るとか申され候。夜十一時頃 Venice 着。停車場の前よりゴンドラと云ふ Venice 特有の船に乗り、静に暗き町を通りて廿分程にして宿に着き申候。別に案内者もなく、気の向きし処に行き宿り申候。然し此処有名なるよく油絵などにある Venice にて一番奇麗なる処にて、大なる建物、寺院など水中に並び居て誠に美しく、絵の様に候。翌日は一日市中を歩る。又ゴンドラに乗りて其処此処と参り候。Venice は陸路は狭く車はなく、往来は皆水道を船にて参り候。当日は丁度運よくイルミネシヨンを致す日にて、非常に奇麗にて絵にある様に御座候。Venice は想像したる程美しくなく、水などきたなく不快に存居候が、此日は美しく感じ候。

翌日はミランに出で、其夜ジエネバに向ひ、スイスの高山を眺めつゝ世界最長のトンネルシンフロンを通り、ジェネバ湖畔を廻りてジェネバ着候。

ジエネバ余りに景色は宜しく御座なく候へ共、人工的の設備等に其美を加へ居候。四千尺の高山に汽車にて登り、遠く Alps の連山を眺め申候。実は Alps に登る考を起し候が、其当日雨天の為め中止致候。

翌日 Lyon に出で竹村様に御世話に相成候。丁度停車場より馬車にて領事館に参る途中ふと御目にかゝり候。其夜は竹村氏の宿にて皆にて手製のサシミに牛なべに舌つゞみを打ち候。其翌日は副支配人富岡正吉氏に御宅にて御馳走に相成候。

十四日には巴里に参り候。同地には石井大使の馳走に相成候。又富谷大審院と同宿にて、色々と御世話に相成候。巴里にてベルサユー、ホンテンブロー等有名なる宮殿見物致候。仏語少しも解らず閉口致候が、かまはず諸所馳せ廻り候。

廿日倫敦に渡る途中、ブルゼルに廻途致候。同じホテルには竹田三次郎氏に御目にかゝり、色々と御世話に相成候。よく色々の人と行き会ひ、偶然会ひたる人に又も偶然再会致す事度々に候。世界は広い様で狭きものと存候。其夕は鍋島公使に御馳走に相成候。其夜又岩倉に奇遇致候。ブルゼルにて Waterloo にも参候。翌日は和蘭に参途中アントワープを見物致し、ロツテルダムに参り候処、往来にて嘉納さんに遇然御目にかゝり候。翌日は山田さんと同道して倫敦に渡り候。途中有名なる海水浴場 Ostend にも参り候。一昨日倫敦着。山田さんと同宿致居候。諸所に友達も多く候が、当地は殊に多く、諸所引廻され候。

大使館には今朝参り、大使に御目にかゝり候。今は近郊倫敦より汽車にて一時間程の処に参居られ候。明夜は其方に御伺致す筈に御座候。

当地に暫く二ヶ月程も滞在致し、会話の稽古にても致度き考に候が、如何のものに御座候や。維納にても秋月の兄上様とも御話申上候処、来年の試験を受け得る範囲にて成可永く居る方利益ならむと申されしが、如何のものに御座候や。

秋月の兄上様も、御帰京相成様定まれば、十一月の末頃御出発の由に御座候。もしか都合によれば御同道申上様御話致置き候。旅費は東京より今迄千五百程を費し、只今二千円近く残り居候。大低一日十円程かと考居候。先は御機嫌御伺ひ旁々御便り迄。草々敬具

八月廿四日　　倫敦にて　弥彦

御兄上様

御母上様

御姉上様

〔註〕「封筒表」東京府下千駄ヶ谷七六二　三嶋弥太郎様　御親展　御兄上様　御姉上様 Viscount Y. Mishima Tokyo Japan Via Siberia「封筒裏」三島弥彦 Y. Mishima THE HOTEL GREAT CENTRAL LONDON N. W.

2　（1912）年8月28日（弥太郎・加根子あて）＊

拝啓　当地着以来諸所に招れて、未だ見物も余り致さゞ

る次第に御座候。

一昨日矢野兼爾に遇ひ申候処、矢野は当地にて自働車屋を開き、主として中古を買求めて販売致し居候。初めは店も開かず、只中古を買ひて売るのみなりしも、これにては売買成立ず、店を開き候由に候。只今は技師二人を雇ひ、中古の外直しを致し候由にて、今は相当の収入ある由に候。中古は大低は千五百円程より三千円程の間の由に候。三千円程出せば立派なるもの有之由に候。先日添田さんも三千円ほどにて一台求められし由に候。御兄上様も御求め相成るならば、矢野にかけ合ふては如何かと存じ候。矢野は自働車には余程よく通じ居る様に候。先日より店の広告をするになり金がかゝる為、広告の為めせんとて競走に出で、二等を二度、一等を一度取りし由に候。其れを看板にして大低に此頃は繁盛する由に候。二、三年内には日本に帰り、自働車店を開き、直しを重として商売する由に候。若し御買求めなさるならば、其れとなく聞き申候間、御申越し被下度願上候。又他に買ふ物あれば御申越被下度候。

先は御伺ひ迄。草々敬具

八月廿八日　倫敦にて　弥彦

御兄上様

御姉上様

〔註〕「封筒表」東京府下千駄ヶ谷七六二　三嶋弥太郎様

三嶋兼子様　Viscount Y. Mishima Tokyo Japan

Via Siberia　「封筒裏」弥彦　Y. Mishima THE

HOTEL GREAT CE LONDON N W

＊

3（1912）年10月2日（弥太郎あて）

拝啓　其後は御無沙汰申上候処、御母上様、御兄上様、御姉上様初め皆々様には御機嫌よく入らせられ候や、御伺申上候。承れば乃木さんには先帝陛下御大葬の日を期して自刃御殉死を遂られし由、誠に驚き申候。未だ内地の新聞も見ず、詳しき事は存じ申さず候が、事実ならむと存候。御母上様には先帝御崩御以来種々御心を憂まされ、此度は又も乃木さんの事御心配の余り御身体に御障りありてはと御心配申上居候。

又三、四日前に大風大雨、非常なる暴風にて、船舶は覆り、家は倒れ、死傷数多有之候由承り候が、別に御障りも無之候や、御案じ申上候。

此頃は新聞も時折人の家にて片れ〳〵に見るぐらいにて、東京の通信も少なく御地の方は如何と常に存居候。

東京の方は尚残暑厳しき事と存候。御兄上様には相変らず御忙しき事と存上候。其れにも不拘らず私は呑気に諸所遊び廻り居、誠に勿体なき次第に御座候。

当地は最早東京の十一月中過ぎの気候にて、寧ろ心持よく存居候。

一週間前より当家に引移り、毎朝会話の学校に参り居候。午後は見物に廻り居候が、最早大低終り候。

当家は一週間二十五シルリングにて、前に一週間ばかり居りし処よりは十シルリング廉く、しかも食事などは割合に宜布く候。然しあまり上等の家に御座無く候が、長く止るにも御座無く候へば此処止る考に御座候。

大低の家は三十シルより四十シルリング程にて、大低は朝ハムエツグスかベイコンエツグス、昼も夕も一皿か二皿程に候。日本の洋食の御馳走は御座無く候。

土曜日には正金の副支配人竹内氏の処に、正金の人達とよくテニスに参り候。又日曜日には土方、正金の阿部諸氏とゴルフにも参り申候。近くに郵船会社の支店長伊藤氏と居られ、よく御馳走に相成候。

尚当地に十一月中頃、末頃迄を止りたき考に候が、如何のものに御座候や。御伺ひ申上候。

帰りには印度洋を通る考に御座候処、米国行きを進むもの多く、其方時日も少なく、費用にも大差なき様聞き申候。又欧大陸とは非常に趣きを異にするとの事にて、米国をも見物致度、帰途は米国を通過と致度存居候が、如何のものに御座候や、此れ又御伺ひ申上候。

又御餞別被下し方には何か御土産を持ち帰る可く存居候が、何程ぐらいのものにて宜布く候や。又何か買求むる品物御座候へば、御申越被下度候。

先は御機嫌御伺ひ旁々御伺ひ迄。草々謹言

十月二日

弥彦

御母上様

御兄上様
御姉上様
〔註〕「封筒表」東京府下豊多摩郡千駄ヶ谷七六二　三嶋弥太郎様　御親展　Viscount Y. Mishima Tokyo Japan Via Siberia「封筒裏」三島弥彦

4　（1912）年10月5日（弥太郎・加根子あて）＊

拝啓
御母上様、御兄上様、御姉上様には御機嫌よくあらせられ候や、御伺申上候。
先日申越候如く帰路は米国通過の考に御座候処、秋月の兄上様よりの御手紙にて印度洋通過の方の反つて利益ならむとの御話に、又印度洋通過致す事に致候。大分十二秋月の御兄上様には未だ確定は相成らざるも、十二月廿六日ゼノア発ブレメン号に御帰国の由。私も其れに御同道申上る考に候。然しそれ迄に二ヶ月余も有之、且つ又米国を見ずして帰るも残り惜しく、又何時来るかとも計り難く候間、急に米国行きを思ひ立ち候。御伺申てよりと存じ候が、余り遅くなりては気候も寒く旅行に都合悪く、且つ又余程前より申越まされば船の切符を取る事困難に御座候間、昨日ニツクに参り尋ね申候処、丁度九日なればあるとの事に買求め候。時日に於ても費用に付ても不利益に御座候へども、英国より米国迄の船賃を損するのみにて、米国且つ又印度洋方面をも通過致、且つ又伊太利ローマ当りも見残し候間、此れをも見物致し、且つ又秋月の兄上様より色々の御話承り、其方反つて利益ならむと存じ、左様致居候。二十六日発なれば、二月二日着との事に御座候。
費用は戴きだけにて足る考に候。然し米国通過直接に帰る予算を致し居候。各百円程不足致すかとも存居候。洋服、外套等も一つぐらいは造る考を致居候が、最早何も買はざる考に候。然し土産品の費用は旅費以外に少しは残し置く考に御座候。
先は御伺ひ迄。草々謹言
十月五日　　弥彦
御母上様

御兄上様
御姉上様
〔註〕「封筒表」東京府下千駄ヶ谷七六二　子爵三嶋弥太郎様・兼子様　御親展　Viscount Y. Mishima Tokyo Japan Via Siberia「封筒裏」三島弥彦

5　（1912）年10月23日（和歌子あて）

拝啓　其後は御母上様初め皆々様には御機嫌よく入らせられ候や、御伺ひ申上候。

今日廿三日御父上様御命日にて皆々様御集りの事と存候。私は遠此方より御拝申居候。

私は十七日当地着以来諸所見物致居候。当地の気候は只今丁度日本の秋の如く、山も野紅葉致し、実に美しく存候。丁度日本の景気の如く、英国当りとは大に異い、心持よく存候。然し夏、冬は暑く寒く、中々今の様になき由に候。

当地にては高木舜三さんの処を訪ね、二泊致候。又西郷豊二君にも御世話に相成候。近く当地発、ボストン、バハロ、ナイアガラ等を経て、シカゴ、ワシントンＤＣに参上考御座候。

先日Princetonプリンストンの近く、ローレンスヒイルドにて、御兄上様の御存じのRaymon校長を御訪ね致候。当地の正金の一宮様、荒井様よりも、御兄上様に宜布く御伝へ被下度の事に御座候。

昨夜は日本に演説に参るHamilton Wright Mabie博士の送別会有之、私も一宮様方の御召待により参会致候。中々の盛会に有之候。

先は御伺ひ迄。草々敬具

十月二十三日　紐育にて　弥彦

御母上様
〔註〕４番書簡に同封

6　（1912）年11月2日（加根子あて）

拝啓　追々に寒さも相加り申候処、御母上様、御兄上様、御姉上様始め奉り皆々様御機嫌よく入らせられ候や。先日は倫敦宛にて御手紙被下、誠に難有く拝見仕候。

米国に渡りてワシントン、ボストン、バーアロ、ナイアガラ等を見物致し、只今シカゴに参居候。二、三日内には紐育の方に引返し、十二日の船にて英国に帰る考に御座候。

ワシントンにては岡部さんの処を訪ね、昼食の馳走に相成り候。大きなる建物の（七階程、然し当地にては七階程の建物は沢山有之候）四階程の処に室を借り居られ候。夕食は大使館にて御馳走に相成り候。ニュウヨークにては舜三さんに大に御世話に相成候。田舎に居られ候間遊びに参り、二夜泊りに参り居候。景色宜布く、紅葉の有様、日光の具合、丁度日本に帰りし様なる心持致候。一宮さんの処にも一度御伺ひ致候。又西郷豊二さんにも色々と御世話に相成候。ニュウヨークにては正金の斉藤と云ふ人と同じ下宿に住ひ申候。

米国は欧州大陸、英国などゝ大に異り物価も高く、宿なども英国辺りの二倍以上にて凡べて高く、大に予算と異り、御土産買ふ為に残せし二百程も皆費ひ、大に閉口致候。五百円ぐらいにてすむ考に御座候処、七百円以上もかゝ〔り欠カ〕残り少なく、残り六百円程に相成り候。此れにて帰り付く考に御座候が、或は少し不足するかとも存居候。

自働車は五千円も出せば可成のものある様聞き及び候。三千円程にても充分の様、矢野兼爾氏申候。矢野は多分十一月末には日本に帰る事と存候。先日会ひたる時、日本に店を開く為帰る様申居候。御買求めなさるならば、御相談なされては如何かと存候。米国にて使用するものは皆大なるもの多く、ゴムも太く、宅の自働車の様なもの沢山有之候。当地のものは箱（屋付）多く、ニュウヨーク辺は屋なし多き様見受け候。又電気の少さなるものを多く見受け候。運転手なく、多く婦人方が自分にて運転され居候。英国にて使用するものが最も日本に適する様に存候。多く四人乗りに御座候へども、長けも短く、巾も狭く、車も小さく馬力も少なく、狭き往来には適する様に存候。

英国にては馬力によりて税を課する為め、馬力多く車体大なるものは不利益なる為、皆小さなるものを使用する様相成候由に候。米国のものは大きく早く、車も高くゴムも太く、むやみと走りて、道を横る時などは危険に御座候。一々巡査か合図に皆道を横り候。然し此れは繁華なる町を申上致しにて、何れ町も然るには御座なく候。倫敦辺りも同じく、繁華なる町は自働車、馬車数十台も相連なり、実に盛なるものに御座候。

当地は最早寒く、一昨日は少しばかり雪降り申候。又氷も池に張り申候。野も山も冬枯れ渡り、或る処は未だ紅葉致居り美しく存候。

先は御便り迄。追々に寒気も加はり申候間、御身体御大切に遊ばす様願上候　草々謹言

十一月二日　シカゴにて　　　弥彦

御母上様

御兄上様

御姉上様

英国倫敦は十二月十日頃出発する考に御座候。手紙は倫敦迄は日本より十六日程にて参り候。

〔註〕「封筒表」東京府下千駄ヶ谷七六二　三嶋兼子様　御親展　弥彦　Viscountess K. Mishima Tokyo Japan

7（1912）年11月27日（弥太郎・加根子あて）＊

拝啓　追々に寒気も相加はり申候処、御母上様、御兄上様、御姉上様初め奉り、皆々様御機嫌よく入らせられ候や、御伺ひ申上候。私は御蔭を以て相変らず元気に致居候間、乍憚御安心被下度願上候。

一週間程前米国より帰着仕候。当地は最早濃霧甚し。加之降雨勝ちにて太陽を見る事少なく、昼尚暗く、店などは灯火を用ひ、日の中より夕方の心持致候。霧と云ふよりか烟にて、誠に心持悪く存候。

帰途は秋月の御兄上様の御伴致す考にて、切符迄買求め願置き候処、急にバルカン戦争の為御帰朝御見合せ、船の方も御断り遊ばされし由。不得止私は当地十二月廿一日発日本郵船会社の常陸丸にて帰朝致す様に致候。

旅費は戴きたるだけにて充分足る考に御座候処、秋月御兄上様急に御帰朝御見合せの為大に予定と異なり、大に閉口致候。秋月御兄上様は御帰朝の時は一室御買切成さる為、小生半額（三百六十円）を出せば宜布くとの御話により、其考にて費ひ申候処、米国より帰り申候処、御

手紙にて戦争の為御帰朝見合との事に、予算と異なり、今となりては如何にしても二百円余り不足致す様相成り候。予定以外の支出にて誠に申解なき次第に御座候へ共、何卒御許し被下度願上候。多分二百円余りにて足りる考に御座候へども、若しやの用心の為め五百円正金にて借る様致度、逆為替を組む様致候。何卒左様御了承被下度候。帰京の上三百円程は御返却申上候。詳しき事は帰京の上御話し申上候。先は御伺ひ迄。草々敬具

十一月廿七日　倫敦にて　弥彦

御母上様
御兄上様
御姉上様

倫敦十二月廿一日発の常陸丸、廿八日マルセーユ発、二月四日神戸着。私は費用も大差なき故、ローマを見てマルセーユより便乗致考に御座候。御母上様傘及御兄上様毛のシヤツは買求め置き候。宿は元の宿に帰り居候。

〔註〕「封筒表」東京府下豊多摩郡千駄ヶ谷七六二　子爵三島弥太郎様　兼子様　御親展　Viscount Y. Mishima Tokyo Japan Via Siberia「封筒裏」英国倫敦にて　弥彦 Y. Mishima London

〈横浜正金銀行時代〉

1　(1914)年1月14日(弥太郎・加根子あて)

拝啓　寒気も厳しき事と存候が、御兄上様、御姉上様初め皆々様には御機嫌よく被為入候や、御伺申上候。新聞によれば鹿児島地方は噴火に地震に死傷損害甚しき由承り候が、事実に如何に候や。東京の方は別に御変りも無之候や。

只今議会開会中、常に増して御忙しき事と存上候。私は不相変元気に致居候間、乍憚御安心被下度候。

四、五日前より当所に引移り申候。下宿の様、family の様、夫婦きりにてごく静かに候。Apartment の五室を借り居候。其一室を借り申候。朝食、夕食とも伴に致居候。

新聞に広告致し、返事十五、六有之候間、参り室などを見候が思はしきものなく、其内の最もよき只今の家に移転致候。

室代大低十六、七弗、朝食付きにて二十五、六弗、夕食付四十五弗内外に候。

総べて物価高く、当地一弗は日本の五十銭程に当り候。靴を磨かせても、日本廿銭を取り申候。日雇労動者にても五弗内外を得由に候。

只今当地は雨期にて、二、三日ぐらいに降雨有之候。然し寒きは左程になく、外套なしにてすむ程に候。

日々移民労働者の送金、預金、為替の仕事のみに候が、船の出帆前は朝より数百人寄せかけ、中々賑しく存候。

朝九時より帰りは大低六時、七時頃に相成候。誠に恐入り候へ共、別紙当地滞在証明書御送り致候間、大平か木村に御話し被下、早速徴兵猶予願ひ御差出させ被下度願上候。成可く早き方宜敷と存候間、宜敷願上候。

先は御機嫌伺ひ旁々御依頼迄。草々

一月十四日　　桑港にて　三嶋弥彦

御兄上様　御姉上様

御母上様は只今大磯に御出の事と存候が、御機嫌よくあらせられ候事と存上候。

未だ寒気も厳しき事と存候間、御健康程祈上候。

〔註〕「封筒表」東京府下　千駄ヶ谷七六二　子爵三島弥太郎様・兼子様　Viscount Y.Misima Tokyo, Japan

Y.Misima, the Yokohama Specie Bank, Ltd 415-429Sansome Street, SanFrancisco

※THE YOKOHAMA SPECIE BANK. LIMITED の便箋を使用

2　(1914)年1月25日(弥太郎・加根子あて)

拝啓　未だ寒気も厳しき事に存候が、御兄上様、御姉上様初め皆々様には御機嫌よく被為入候や、御伺申上候。

私は不相変元気に日々通勤致居候間、乍憚御安心被下度候。銀行は九時よりには候へ共、大低家を八時十分頃に出で、電車にて廿五分、九時廿分前頃に参候。帰りは大低六時丁度、六時半頃帰宅、夕食を致候。此頃は預金、為替の外、通信係をも兼ね候為、大に忙しく存候。意味の解らぬ田舎者手紙、日に百通以上参候。殊に日本行船の出入の際には、移民窓口に多数押寄参り候。

此度一月十六日の便船にて書記の辞令を受け申候。月給は元と同じ候へ共、在勤手当有之、百弗程に相成由に候。何卒井上頭取に御会面の節、宜敷御礼御伝被下度願上候。先日十六日、西郷従徳侯、欧州に行かるゝ途中当地通過、三日滞在致され候。丁度土曜、日曜なりし為、自働車にて諸所見物致候。珍田大使夫人、令息、日本銀行大坂支店山田佐一氏も同行され候。

御願申上候写真機、従徳さんより受取申候。並木さんに宜敷御伝へ被下度。船までわざ〳〵行かれし由に候。

先便書留を以て、当地在留証明書御送附申上候が(十五日当地発、二月一日横浜着のコレア号にて参る事と存候)、到達候や。到達致候節は、徴兵猶予願書に付添御差出被下度候。未だ到達不致時は早速御知らせ被下度候。四月十五日迄に当地在留の証明書付添へ届出されば、何なる事由あるも呼返さるゝ由に候間、もし不着の節は電報にて御知らせ被下度願上候。新しき証明書御送附申上候(書留郵便番号第四七参七号)。

通ちやんは近頃は如何に御座候や。

御入用の品有之候時は御申越被下度。但し当地は或るものは価高く、又或るものは安きものも有之候。未だ帰りたくは御座なく候へども、やはり東京よりの御通知誠に楽しみに存候。

誰れにても船の入る日を待ち、手紙来れば喜び居候。只船の出入にて仕事忙しく、東京に出す自分の手紙書き忘る事多く候。

承れば伊地知叔父上様御逝去被為遊由、驚入候。随分御弱りの様御見受け致候。かほど早く御悪きとは思ひの外に御座候。

金五円同封致し置き候間、御香奠として御送り被下度願上候。

先は右御機嫌伺ひ旁々御依頼迄、此の如く御座候。草々敬具

一月廿五日　　桑港にて　弥彦

御兄上様　御姉上様

先日後半期手当として日本金卅円貰ひ候間、御母上様に金五円、弥十二に金五円御届被下度願上候。

御兄上様、御姉上様にはも少し沢山貰ふ様相成候時、何か珍しきもの御送り申上候。金弐円、ばゞあに御渡し被下度候（合計金拾七円、同封致置候）。

〔註〕THE YOKOHAMA SPECIE BANK. LIMITED の便箋を使用

3（1914）年（2）月（寿子あて）

拝啓　昨日は御手紙被下難有拝見致候。皆々様御機嫌よく被為入候由慶賀仕候。東京の方は未だ寒さも厳しき事と存候や、如何。今年は例年よりも暖かの由聞き及び候が、雪は如何。スキーは遊びなされ候や。

御父上様は議会にて近頃は毎日御忙しき事と存上候。御母上様も御客様に御忙しき事と存候。

御祖母様は未だ大磯に御滞在の由。寒き東京よりは御身体の為に宜敷事と存候。

通ちゃんは近頃如何。学校の方は未だ休み居られ候や。今の内に身体を丈夫にする方可然と事〔ママ〕候。十七、八の時最早大切に候。此年輩は一番身体の発達する時にて、廿以上になれば只身体がかたまるばかりに候。

隆ちゃんは寮に居られ候や。心臓は如何。あまりに無理な事せぬ様、充分運動さるゝ様。あまり用心過ぎて弱虫になりても困まり候。

梅ちゃんは最早中学、人形は誰れか帰る時に御送りすると御話し被下度候。

柳ちゃんは秋月子爵にゆかるゝ由承り候。

おちく〔竹〕さんの御婚礼は何日。

東京の方は面白き事も多き事と存候。然し今年は東北の凶作、南方には桜島の噴火に、凶事多きは誠にいたましき事に候。

寿ちゃんも今年は御卒業、御忙しき事と存候。卒業後は如何。専修科に御入に相成候や。折角御勉学の程祈上候。

当地は最早雨期も過ぎて日々好天気に御座候。最早東京の春中頃の気候に御座候。外套を着ずにすむ程に候。然し又昨日より今日にかけ雨降り申候も、明日は好天気ならむと存候。

当地は排日の中心地なる為か、紐育、倫敦に在り時の如く心地よく無之候。日本人は多く、殊に大分に労働者にて、下層のもの多く候。

当地にては、外人も New York 、London の如くには無之、服装なども下等なるもの多き様に候。銀行は毎日九時より六時迄に候。朝家を八時に出で、電車にて二十五分程。八時卅分頃には銀行に参候。毎日非常に忙しく、殊に日本に出帆の日は忙しく候。昨日は mail の日、又明日は忙しく候。mail の前日に手紙を書うとは思ひ、忙しき為常に書き損ね候。六時頃銀行より帰り、六時半夕食を食べ候。家には夫婦ぎりでごく呑気にて、夕食の後は寝る迄話し致居候。

日曜日には公園にテニスなど遊び候。公園には散歩の人多く、自動車、馬車は相連りて横ぎる事危険に候。皆はでな着物を着て此処に散歩するを楽しみに致居候。

先日十二日は Lincoln birthday にて休みに候。然し紀元節の休み無之、皆当地の休みの日休み申候。今次ぎの日曜日は Washington birthday にて二日休み続き候間、長沢と云ひ大きな葡萄畑を持ち居る人（御祖母様などの御友人）の処に遊び行く考に候。先日、日曜日には二百哩先きに winter sports を遊び候。スキー、スケート、トバゴンと云ひ、ソリにて山を滑り下りるものを遊び候。当地より特別列車にて、男女とも沢山に参候。土曜日の夜汽車にて日曜の朝同地 Truckee と云ふ処に着、終日遊び、夜汽車にて月曜日の朝帰り申候。丁度京都当りの遠さに候。上手なものなき為大に得意に滑り候。トバゴンは高き山に橇を機械にて引上げ、上頂より滑り下り候。老若男女皆遊び申候。

当地米国に来る入口なれば、通過の人多く、一週一人ぐらい往き復りの人立ちより、銀行の人も僕が当地に来てから二人帰朝致し候。明後日の船にて又一人帰り候。今月中には尚二人帰朝致候。来たばかりにても、やはり東京に帰つて見たく思ひ候。

何かほしきものあれば御申越被下度、小さものなれば帰朝の人に頼み申候。とけ〔届〕ものあれば正金銀行の並木さんでも御渡しおき被下れば、誰れかついでの時にとゞけらるゝ事と存候。

面白しき雑誌御送り被下度候。新聞も送る様申置候が、一度まとめて送りたるを受けたるのみにて後受取らず、まとめて送るよりも一週毎に送る様御申付け被下度候。新聞は萬朝と国民と二つにて宜敷候間、忘れずに送る様御申付け被下度。其外太陽、又小生の処に参る雑誌は全部当地に贈る様御申付け被下度候。一週間に二度、少なくも一度は船参り候間、かためて送らぬ様申付け被下度候。

当地は物価高く、凡べて日本の三、四倍致候。日本の拾銭より下の金は殆ど通用せず、未だ一度も拾銭以下の金用ゆるのを見た事無之候。

雑誌当地にはあまり絵のよきもの無之候へども御送り申上候。新聞は紐育の様によきもの無之候間、御送り申さず候。

先日 Miss Mary Very と云ふ処を訪ね候処、留守にて会はざりしも、嘗つて双葉の先生なりし人には無之候や。近き内又訪ぬる考に候。

先は御返事迄。草々

寿子様　　　桑港にて　弥彦

御祖母様　御両親様　通ちゃん　隆ちゃん　梅ちゃんに宜敷。

ばゞ阿、おかじに宜敷。おえだ、おこと、皆々に宜敷。

さよなら

徴兵猶予に付、添へ出す私の当地在留証明一月十六日御送り致候が到達致候や。着次第早速猶予願差出様する様御母上様に御話被下度候。四月初め（十日頃頃〔ママ〕）に差出すなれば、未だ着せざる時は電報にて御知らせ被下度候。

〔註〕「封筒表」東京府下千駄ヶ谷七六二　三島弥太郎様・三島兼子様　※書簡4・5も同封。

4　（1914）年3月3日（通陽あて）

御送附相成候左の雑誌到着致候。一、少年世界、冒険世界、東京パックスクラップ、東洋、野球写真画報。十日迄の新聞も着。法学雑誌、New York よりの新聞絵も着。あまり沢山一度に来てので驚き居候。新聞はあまり沢山まとめて送らぬ様申付け被下度。同封にて船の出帆表御送附申上候。此外にも北廻り Vancouver, Seattle より来るものかあります。

今日は銀行の店を活動写真にとりに来ました。僕も写って居るから見てごらむさい。東京の大正博覧会で写すとか後から聞きました。其れなら、もっと沢山写させのでしたが！。

第一には僕が支店長一緒に銀行を出る処、仕事をして居る処、二つ、三つ写って居ます。銀行全体のは大分長く写るでしよう。上野に見に行ってごらむなさい。

おかじ殿への手紙、大磯行の御祖母様の手紙に同封しても宜敷候。

今日十三日の時事新報に寿ちやんの写真が出て居ました。

御祖母様、御父上様、御母様、通ちやん、寿ちやん、隆ちやん、梅ちやん皆んなの写真を送ってください。

寿ちやんに Metropolitan と云ふ雑誌を送りましたから、先日花の種子を送りました。花は別に面白いものはありません。皆東京にあるものと同じです。

通ちやんと隆ちやんと二人の名で葉書を送りましたが、隆ちやん寮ならば送ってください。

先日送った写真、見たら御祖母上様にも御目にかけてください。

船の発着表で見れば大抵手紙が何日着くか解ります。それでは又面白い雑誌さがして送ります。

三月三日　今日は雛祭りでしよう。白酒のみましたか。さよなら。敬具。

御祖母様　御父上様　御母上様　皆々様　寿ちやん　隆ちやん　梅ちやんに宜敷。

あじつけのりの缶詰送ってください。

ばゞあは丈夫なりや。

弥吉叔父様、当地には何日頃御出に候や。定まり次第早速御知らせ被下度。

洋服、銀行にて仕事をする時に着るもの、黒アルパカのキレにて造る様、内山洋服店に御申付け被下度。寸方は多分内山が知り居候。

上衣だけにて宜敷候。あたりまへの上衣と同じにて宜敷候。

誰れか序の時、御送り被下度。弥吉叔兄、当地に御出の時にても宜敷候。御忘れなき様願上候。

慶応野球部三月二十四日にチヤイナ号にて当地に向ひ横浜を出発するとか。其の節柳谷さんに電話で聞いて、とゞけるものはとゞてもらつても宜敷候。

5 （1914）年5月28日（通陽あて）

拝啓　今日、日高御姉様の御頼みになつた写真買ひました。明後日卅日当地発のホンコン丸（東洋汽船）にて布哇から乗込む慶応の野球選手の監督平沼亮三《ひらぬまりょぞー》と云ふ方に持つて帰つてもらう様頼みましたから、平沼亮三と云ふ人に電話をかけてよく御聞きなさい。此手紙も其ホンコン丸に乗ります。

ホンコン丸は六月十七日に横浜に入ります。

平沼と云ふ方の家は、平沼（横浜の側）にあります。電話もきつとあります。電話でくはしく御聞きなさい。そして御礼よく申す様頼みます。

多分税はとられぬ事と思ひますが、一応平沼さんに聞いてこらんなさい。

写真器は英国の機械、僕のものと同じ会社、レンズはザイスと云ふレンズ、非常によい器械です。写すのにむずかしいから知れませんから、よく説明をして上げなさい。解らぬ処は金幣か、写真の詳しい人に御聞きなさい。伸太郎さんがいたらば御聞きなさい。内藤さんに聞いても解るでしよう。

価代は米貨五拾五弗、日本金の百拾円余り。定価は六拾壱弗ですが（器械五十三弗五十仙、アダフター五弗、ケース二弗七十五仙、日金百弐拾弐円余り）、特定価表の価より壱割引いてくれました。知つて居る人が居るので。器械はしめたり、開けたりする時よく気を付けないといけません。よく中まで封し込むでから締める様に、又シヤター押すヒモのはさまらない様になさい。アダフター、種板を用ゆる時につかうもの、一緒に買つて居りました。

種板入りは日本にて売つて居るでしよう。金幣に。ピイルムと両方つかへます。時々は種板をつかつて後からのぞく方がよく写りましよう。

三脚は買ひませんでしたが、日本で買つても同じでしよう。種板入れ、三脚も必要なれば、又送ります。一緒買うと御申越の金額よりもあまり高くなりますからやめました。

写真器、大柢日本金五拾円ぐらいのものから急に百円ぐらいものになります。

皆んながよいの買ひます。やはりよいのを買う様になりますと御伝へ被下度。ほんとはもつと高いのならばよいのありますが、本当に写さいのならば（写真ごく好きな人）此器械で充分です。

僕の英国で買つたの同じぐらいです。価代は此方が余程高価です（米国ですから高いのです）。代価は父様宛逆為替でもらいますから。日高姉上様に左様御伝へ被下度候。

日高の姉上様に説明の手紙を上げませんから、よく説明を願ひます。明日は出帆、今夜遅いから此れでさよなら。御祖母様、御父上様、御母上様、寿ちやん、隆、梅ちやんに宜敷。

五月廿八日　　　　弥彦

通陽様

通ちやんが居た時は（那須野、大磯の時は）寿ちやん、隆ちやん読んで御母上様に御話し被下度。

〔註〕欄外に図解あるが省略した。

6　（1915）年5月21日（和歌子あて）　＊

拝啓　其後御無沙汰申上候。御母上様には御機嫌よく被為有候や、御伺申上候。最早五月雨の候と存候が、今年の時候は如何に候や。
当地は気候不順、例年に比して降雨多く、且つ五月も中ば過ぎなるに寒さを感ずる様に御坐候（例年は三月以後、十一月迄は少しも降雨無之、五月は寧ろ暑き候に候）。然し時為に大博覧会も余程不景気、寧ろ淋しき程に候。今天気も回復、且つ日々色々特別の催し有之候間、再び景気回復するかとも存居候。如何にして大博覧会は予想の如く好景気には無之、寧ろ不景気にて商売人大に閉口致居候。

大博覧会見物の為、且つ欧州戦争の為、旅行者の当地通過さる方多く、接待案内に忙しく候。大抵一週間に二人は有之候。

当地は日本人排斥の為運動など致す事は不能、何も楽しむもの無之、皆々日本より参りし者は大に閉口致居候。殊に近頃は州の為閉口致置候。早く英国か東部に参り度存居候。

弥吉兄上様、今夏には当地方に御出の由、事実に御坐候や。御伺申上候。楽しみに致居候。松樹さんも正金銀行に入られたる様銀行名簿にて拝見致候。

弥太郎兄上様には、議会開会後は又々御忙しき事と上〔存欠カ〕候。御身体に御さわりなき様祈上候。

弥十二殿、近頃如何に候や。誠に心配に被存候。先頃は二週間の休暇を得て、北部米国より国境を越へて英領カナダ、バンクバー、ビクトリア地方と遊び候。又帰りて直く丁度塩原、日光の如く景色の宜敷処に遊び候。山高く崖嶮く瀑布などは日本にてとても見られぬ程大きく、且つ高所より落つるもの深山に有之候。立木などは五かゝへも六かゝへも有之もの林をなし居候。中には周囲百尺、高さ二百五六十尺のもの深山に有之候。其立木に穴をほがし、自動車、四頭引の馬車にて通過致候。丁度浅草の十二階が深山に列び居ると同じ事に候。

旅費五百円余り費し候為、先月、今月はきびしく致居候。

四条さんも来月十九日には御帰朝の由、承り居候。赤星さんの親戚の長沢さんの処には、休み続きには折々参り御世話に相成候。六拾何才と承り候が、中々元気に被為入候。

先は右御機嫌伺ひ旁々御便り迄。謹言

五月廿一日　　弥彦

御母上様

気候不順の候と存候。御からだ御大切に被為遊祈上候。

〔註〕「封筒表」東京府下千駄ヶ谷七六二　三島和歌子様
御親展　弥彦　Madam W. Mishima Tokyo Japan

Y. Mishima

＊

7（1915）年10月29日（和歌子あて）

拝啓　追々に寒気を覚ゆる頃と存候が、御母上様には御機嫌よく被為有候や、御伺申上候。

御大礼も近寄御賑かの事と存候。荘厳なる御儀式拝観致度存候。当地よりも拝観の為め帰朝致すものも沢山有之候。

此度は当行員加藤と申す方、御転任の序、弥十二殿百ヶ日の志として袱紗（十）御送り被下誠に難有御礼申上候。

早速香奠被下候方々に差上申候。

逝きてより既に百日余、誠に月日のたつも早きものに候。

御送付被下候御菓子は、銀行の仕事の後皆々にて戴き申候。珍らしきもの誠に結構に御座候。

当地大博覧会も後僅か一ヶ月余り、閉会間端にて賑ひ居候。

来月初めには渋沢男爵御来桑、歓迎会等に又々賑かの事と存候。

追々に寒気も加はる事と存候間、御身体御大切に被為遊様祈上候。

先は右不敢取御礼迄。謹言

十月廿九日　在桑港　弥彦

御母上様

皆々様に御無沙汰致居候間、何卒宜敷御伝被下度候。

〔註〕「封筒表」東京府下千駄ヶ谷七六二　三島和歌子様
御親展　三島弥彦　Madam W. Mishima Tokyo Japan Y.Mishima THE YOKOHAMA SPECIE BANK, LTD 415-429 SANSOME STREET SAN FRANCISCO

8（1915）年12月11日（和歌子あて）

拝啓　最早寒気も厳しき頃と存候が、其後御母上様には御機嫌よく被為有候や、御伺申上候。

此度は過分に金子御送り被下、誠に難有く御礼申上候。

聖上御即位の御大典は十一月十日を以て挙させられ、誠に御目出度、国民一同の喜び幾程かと存候。吾々一同も当行応接室に集り、午後三時半を待つて杯を挙げて聖上陛下の万歳を三唱し、謹みて遥に宝祚の無窮、聖寿の万歳を祝し候。

御兄上様には此目出度御盛典に当りて勲三等旭日章を授けられし由、誠に御目出度事と御祝ひ申上候。

其後議会開会に又々御多忙の事と存上候。御身体御障りなき様御勤務の程祈上候。

御母上様には先頃は胃痙攣に御困り由承り候が、其後は何の御障りも無之候や。又兼子御姉上様には腸窒扶斯に御弱りの由承り候が、其後は如何に被為入候や。寒気も厳しく相成候間、ゆる／＼と御静養の程祈上候。

弥吉兄上様には御渡米御中止の由、誠に残念に存候。然し御身体も御丈夫、事業に御多忙の由、誠に結構なる事と御喜ひ申上候。

寿子殿には縁談もまとまり、結納の取りかはしも既に目出度済ませられ、来春には御婚儀挙させらるゝ由に、誠に御目出度事と此出入御祝ひ申上候。

通陽殿も近頃は非常に丈夫に相成候由、又通隆殿、梅子殿、皆々様、親類御一同御無事の由、誠に結構の事と存候。私も御蔭を以て不相変至極元気に致居候間、他事御安心被下度願上候。近頃は年末にて銀行の方は非常に忙しく、夜の八時頃迄も仕事致居候。当地に参りてよりは今月にて丁度二ヶ年、月日の立つも誠に速かに存居候。

大博覧会も数日前終り、只今は最早見物人も少なく、一昨日も日本銀行の紐育に参らる人を案内して開場《〔マヽ〕》に参り候が、最早寂寞、出品物などは既に運搬致居候。然し米国流にて、入場料は開会中と同じく五十仙（一円）を徴し居候。入場者総計千八百万人、閉会の日などは四十五万人の入場者有之候。

今月より当地は雨期に入り、明春三月頃迄は日々降雨有之、誠に鬱陶しく、最も時候の悪き時節に御座候。

此度日本銀行の方、当地通過の御序にクリスマスの贈物沢山に御送り被下、誠に難有御礼申上候。当地にて買ひ求めては高価なるのみにて（日本の三倍も致候）品質悪く、内地のもの様なものは無之候。

先は右新年の御芳旁御礼迄。謹言

十二月十一日　　　　　　　　　　　在桑港　弥彦

御母上様

御兄上様、御姉上様、皆々様に宜敷御伝へ被下度願上候。

〔同封年賀状〕

謹奉賀新年

大正五年正月元旦　　　　　　在桑港　弥彦

御母上様

聖上陛下御即位の大典も御目出度挙させられ、今年は特に御目出度御正月を迎へさせられし事と存奉り上候。

〔註〕「封筒表」東京府千駄ヶ谷七六二　三島和歌子様　御親展　弥彦　Mr. W. Mishima Tokyo Japan Y. Mishima THE YOKOHAMA SPECIEBANK, LTD 415-429 SANSOME STREET SANFRANCISCO Via Seattle

9　（1917）年6月30日　（和歌子あて）

拝啓　今日は御手紙被下誠に難有拝見仕候。御母上様には益々御機嫌よく被為有候由、御慶び申上候。

此度は珍しきシャツ、又好める御菓子など沢山に御送り被下、誠に難有御礼申上候。シャツは当地にては誠に有用なる品、殊に絹のシャツなど中々高価、しかもよき品は無之候。誠に結構に存候。

当地昨今中々暑く相成候も、日本の夏の程には無之、三、四日暑さ続けば其後三、四日は又冷しく相成様に候。それに蒸暑き時の後には大低雨を参り、後は冷しく相成、今日も夕は雷雨有之候。

当地も開戦致してより徴兵募集、軍費徴集等に楽隊付行列にて市中をねり廻り、中々賑か、まるで御祭りの様に候。

通陽殿も近々当地御出の由、御待致居候。弥吉兄上様には御出かけ無之候や。私の当地に居る中御出かけの様、御勧め被下度候。

弥太郎兄上様、兼子御姉上様には御客様に不相変御多忙の事と存上候。御身体に御障りなき様祈上候。

明日は土曜日。又 Golf（ゴルフ）に参る筈に御座候。先週の日曜日には銀行者達にて勝負有之、私が一等賞にて立派な銀のコツプを戴き申候。不相変元気に致居候間、乍憚幅御安心被下候。
先は右御礼迄。暑さ厳しき頃と存候間、御身体御大切に被為遊祈上候。

六月廿日

在細育　弥彦

御母上様

〔註〕「封筒表」三島和歌子様　Madam W. Mishima Tokyo Japan「封筒裏」三島弥彦

10　（1917）年9月26日　（和歌子あて）

拝啓　秋冷の候に御座候処、御母上様には御機嫌よく被為有候や。此夏は伊香保の方に御出の由承り候が、皆々様も御出の由、さぞ御賑かなりし事と存上候。

当地夏も既に過ぎて最冷涼しく、丁度日本の十一月初めの候、朝夕は既に寒さを覚ゆる程に御座候。然しあまりに冷しくなり過ぎ候間、近き内に又暖きく相成事と存候。私は不相変御蔭を以て元気に致居候間、乍憚御安心被下候願上候。

明日は石井特使当地御着、為に市中大通りは日本の旗を以て飾られ居候。日本の旗など出す事は希れなる事にて、誠に愉快に存居候。日本など小さな国と馬鹿にして居る人々、日本の軍艦四、五十艘、兵隊五、六万人もつれて参り見せ度存候。

明日は特使の行列有之候。兵隊も沢山に行列の前後に付く筈に候。行列は当地の南の端より北に大通りを一里程も参る筈に候。私は休みにも無之候間、店の窓からにても見物致す考に候。

開戦以来各国の大使も沢山に参り、其度毎に行列も有之、戦争始まりて以来却って賑かに相成候。又日本と同じ事、大成金も沢山に出来、且つ戦時品供給の為物価は大に騰貴致、困まるものはやはり吾々月給取りばかり。月給も上らず閉口、不平申し居候。

先日は弥吉兄上様より金二百円中元として電報にて御送り被下候。月給にて中々に足らざる処、誠に難有く存候。運動の洋服持ち合せ無之候間、早速其れにて買求むる考に御座候。

今日は日本銀行の方当地御出、皆々様よりの御届物、シヤツ、御菓子等沢山に御持ち被下候様御話有之候。明日にでも戴きに上る考に御座候。何時も沢山に御持ち被下、誠に難有御礼申上候。

兼子姉上様よりの御手紙も御持ち被下、今日拝見仕候。誠に詳しき御手紙難有く拝見仕候。皆々様御機嫌よく被為有候由、御喜び申上候。折々はどなたか御病気の方も有之様承り候が、多数の中一、二人御病人ある事も有之候は、またやむ不得事と存候。

塩原の別荘は新築、大変に立派に相成候様承り候。最早紅葉も宜敷き頃と存候。

通陽殿御渡米は如何相成候や。

弥吉御兄上様にも来春頃は是非御出の様御勧め申上候。

梅子殿には土方さんの方に縁談まとまり候由、誠に結構なる事と御喜び申上候。

又今日は伊藤さんよりの御祝金として金拾五円御姉上様御手紙同封御送り被下、誠に難有御礼申上候。

皆々御奥さんなられ、目出度事に存候。

先は右機嫌伺ひ旁々御近信迄。謹言

九月廿六日　　在紐育　弥彦

御母上様

時候も宜敷頃と存候へ共、追々に寒さも相合はり候間、御身体大切に遊ばさるゝ様祈上候。

此手紙の到着致頃は、丁度御父上様御祭の頃、又皆々様御集りの事と存上候。


〔註〕「封筒表」東京府下千駄ヶ谷七六二　三島和歌子様

弥彦 Madam W. MishimaTokyo Japan Y. Mishima Mishima THE YOKOHAMA SPECIE BANK, LTD NEW YORK AGENCY, 55 WALL STREET, NEW YORK

11　（1918）年2月1日　（和歌子あて）

拝啓　寒気も厳しき頃と存候が、御母上様には御変りも不被為候や、御伺申上候。先頃は御手紙被下、誠に難有御礼申上候。皆々様御機嫌よく被為有候由、御喜び申上候。
私は御蔭を以て不相変元気に致居候間、乍憚御安心被下度候。

当地も中々寒さ厳しく雪なども度々降り申候。寒さは東京よりも厳しく候へ共、東京の様に寒さを感ずる事少なく、殊に家の中は暖く、上きを脱ぎて仕事を致し得る程に候。当地のものは運動好きて、年取りも子供も女も、殊に婆さん迄も寒き日にスケート（氷滑り）に参り候。日曜、土曜など公園の池はまるで躑躅の頃の日比谷公園の様に候。中々元気の人々に候。

通さんも此夏には当地に被参由、御待ち致居候。弥吉御兄上様にも、私の当地に居る中に御渡米の程祈上候。一年程御見物がてら御旅行相成候はゞ反つて御有益、左程御困難の事も無之と存候。

弥太郎御兄上様には、又々議会開会中は御多忙の事と存上候。何卒御身体御障り無之様祈上候。

先は御便り迄。同封の写真は先日友人と一緒に早取写真屋にて写し候間、一寸御目にかけ申候。寒気も厳しき折に候間、何卒御身体御大切に被為遊様祈上候。

二月一日　　　　　　　　　　　　在紐育　弥彦

御母上様

先日金子御送りの様、御手紙有之候へ共、未だ到達不致。御発送相成候なれば御取調被下度。何日も御送りの様、御手紙有之候が入手不仕候。未だ御送付無之候時は、御送付被下には不及候。費用不足の折には御兄上様より戴き居り候間、御心配被下ぬ様願上候。

〔註〕「封筒表」東京府下千駄ヶ谷七六二　三島和歌子様

弥彦 Madam W. Mishima Tokyo Japan Y. Mishima

THE YOKOHAMA SPECIE BANK, LTD 120

Broadway NEW YORK

12　（1920）年1月26日　（和歌子あて）

拝啓　其後は御無沙汰申上、誠に失礼仕候。御母上様には御変りもなく御機嫌よく被為有候や。冬の寒も別に御障り不被為有候や、伺申上候。

秋月の御兄上様御留中、園子御姉上様には御母上様の御側に御出の由、誠に賑かの事と存上候。

秋月の御兄上様には十月頃当地にて二、三度御目にかゝり申候。十二月末頃には御帰りの様承り候が、未だに御帰りにもなれず、日々御多忙の事と存上候。

雪子も仏国に参り居候由、御賑かの事と存候。

当地には只今伊藤真一さん（日高の庸さん参りし人）参り居り、芝居などにも一緒に二、三度参り候。

通陽の嫁も愈々定まりし由、誠に御目出度、皆々様御慶びの事と存上候。なき御兄上様にも御喜び事と存上候。

弥吉兄上様には其後如何遊ばされ居り候や。やはり御独りにて御出遊され候や。御仕事の方は御多忙の事と存上候。

私の嫁の事につきて皆々様御心配被下居候由、誠に難有く存候。中々皆々様の御望の様なのは少なく、さてよき人が居られても、此方で望む様なのは先方で不承諾、中々思ふ様には参らぬ事と存候。私は決して急ぎ申さず候間、御心配に及ばず、未だ年齢も若く御座候間、ゆっくりと御さがし願ふ可く候。其れに当地に居ればこそ皆々様の御厄介にもならず、まずとうにか参り候へども、日本に帰りて中々困難なる様銀行のものにても皆申し居候。家を持つ事などは、急がずゆっくり致たる方宜敷かと存候。帰りてからゆっくり御相談申上ぐ可く候。今年の末か明年の初めには帰る様相成かと存居候。

此度は歳暮として金子沢山に御送り被下、誠に難有御礼申上候。又御菓子にネクタイなど御送り被下誠に難有く存候。

当地只今は雨期と申すか、日々降雨、寒くて閉口致候。日は短く殆ど太陽を見る事は無之候。日々鬱陶しく御座候。早く春になればよいと待ち居候。然し御蔭を以て私は不相変元気に致居候間、何卒御安心被下度願上候。

今日は此れにて失礼申上候。何卒御身体大切に遊ばさる様祈上候。

先は右御礼迄、乱筆誠に失礼申上候。謹言

一月廿六日

在倫敦　弥彦

御母上様

〔註〕「封筒表」東京府下千駄ヶ谷七六一　三島和歌子様
Madam W. Mishima Tokyo Japan「封筒裏」THE YOKOHAMA SPECIE BANK LTD.

BISHOPSGATE, LONDON, E. C.

13　（１９２７）年４月27日（加根子あて）

拝啓　其後御姉上様初め皆々様には御変りも不為入候や、御伺申上候。

当地にては常時の事には候へども、又々打続く内乱に大分騒ぎ居候。新聞にて既に御承知の事と存候へども、北軍旗色悪く、南軍（革命軍）は広東より北進、漢口、上海、南京を占領、勢に乗じて北進、遠らず北京にも攻め入らんとする勢に御坐候。加之、南軍宣伝隊は、既に北京に入り込み、事を上げんと致居り、何時兵火の巷と化するとも計り難く、先日の如き奉天兵銀行の西隣なる露国大使館区域にある革命軍共産党の隠れ家を襲ひ、七十余名を検拠〔挙〕致し、北京城内を騒かせんとしたる陰謀を事前に征し、事なきを得るは幸に御坐候。

此度の内乱は例年のとは少し趣を異し、外国人排斥なれば、英米人の如きは大に恐怖の念を懐き、既に家族の当地を引き上げたるもの沢山に有之候。日本人中にも南京の如き様なる惨虐なる掠奪を恐れて、既に家族を内地又は大連地方に返したる方も沢山に有之。汽車も汽船も五月末迄は満員、船室も既に売り切れたる由に候。

天津、北京間の汽車も何時不通となるか計り難く、汽車不通となれば籠城の外なく、私達は家を捨て公使館地帯に避難する予定に御坐候。公使館もある事なれば南京の様な惨状を呈する様な事は無之、生命には別状なき事とは存候へ共、掠奪は免れず、家財も荷物もめちや／＼に相成る事は疑なき事に候。

未だ左程切迫は致居申さず候へども、支那の事なれば何時如何なる何時汽車不通になるとも計り難く候間、汽車の通ずる中に当地にて不用の品返送致度、誠に御迷惑の事とは存候へども、何処に御入れ置き被下度願上候。

実は女子供居りては危険、且つ手まといに存候間、汽車の通ずる内に文子と子供とは返したる方、或は安全ならむと存じ、文子に帰る様勧め申候へとも、帰りても家なく、又行く処もなければとて、あまり帰る事も進み申さず候間、旅順大連には大分北京の人参られ候間、旅順迄にても一時なりとも参り居る様と存じ、寿子の方尋ね申し候処、近所の海岸の方のホテルは全部満員の由返事有之候。特に家を借りて参るも中々面倒、且つ最近は北軍の方少しは旗色もよき様に候間、暫くは安全かとも存、引上げは暫く見合せ、荷物丈けは発送致候間、到着の上は可然御取計被下度願上候。

荷物に関する船荷証券壱通、保険証書壱通。公使館の証明書付（引越荷物なる事の証明書）荷物書壱通、同封申上候間、誰れか適当なる者に御依頼、税金のかゝらぬ様御取計被下度。多分公使館の証明ある故、税金なき事と存候。

結婚の時の夜具並び客用の夜具、座蒲団、文子の冬の着物等に候。船は近海郵船（日本郵船の一部）淡路丸、四月廿五日天津出帆、五月六日頃横浜着（上げにて）の予定に候。荷物は東京迄送り申候。

誠に御面倒、恐れ入り候へども宜敷願上候。今日は取急此れにて失礼申上候。

通陽殿初め皆様に宜敷御伝へ被下度。当地日々所謂蒙古風に閉口致候。誠に黄塵万丈と申す外無之候。

先は右御願迄如此に御坐候。敬具

四月廿七日　　三島弥彦

兼子御姉上様

〔註〕横浜正金銀行北京支店便箋を使用

14　（1935）年4月26日（加根子あて）

拝啓　其後は御無沙汰申上候処、御姉上様初め皆々様には御変りも不被入候や。私も此度横浜本店の方へ転任に相成候に付、久々振り皆様に御目にかゝり得る事と今より楽しみに致居候。只今の処にては、五月十三日当地出発、五月十九日シンガホール出帆の筥崎丸に乗船、五月卅日神戸着の予定に致居候。帰朝の折は又々色々と御世話様に相成事と存候間、何卒宜敷願上候。

家は横浜に舎宅有之候筈に御座候へ共、子供の学校の関係なども有之候間、帰朝後皆様と御相談の上取極め度存候。

帰着早々ホテルか又は千駄ヶ谷の方にでも御厄介に相成

る事かとも存候へ共、此点は何方にても宜敷き様御取極め被下度願上候。先は右不取敢転任御挨拶迄。何れ帰朝拝顔の上御話可申上候。敬具

四月廿六日　弥彦

兼子御姉上様

通陽殿、寿子殿、通隆殿へ宜敷御伝被下度願上候。

〔註〕「封筒表」東京市渋谷区千駄ヶ谷町四丁目七七五　三島兼子様　Madam K. Mishima Tokyo Japan Ho Yokohama speciebk Semarang Java　「封筒裏」スマラン、三島弥彦

15　（1935）年5月3日　（通陽・純子あて）

拝啓　其後は御無沙汰申上候処、皆々様御変りも無之候や。此度横浜本店へ転任を命ぜられ近々帰朝可致、久々振りに皆様に御目にかゝり得る事と楽しみに致居候。家の事、子供の学校の事等は、帰朝の上御相談申上度、何卒宜敷願上候。

五月十二日当地発、五月十九日新嘉坡出帆、筥崎丸に乗船、五月末日神戸着の予定に御座候。到着早々はホテルにても千駄ヶ谷の家の方にても何れにても宜敷候間、御母上様と御相談の上、御取極め被下度願上候。先は右転任御挨拶迄。皆様に宜敷御伝へ被下度候。敬具

五月三日　スマラン　弥彦

通陽様

純子様

〔註〕「封筒表」東京市麻布区本村町十　三島通陽様・純子様　Mr. M. Mishima Tokio Japan　「封筒裏」Y. Mishima Ho Yokohama specie B.K Semarang Java

16　昭和12年8月25日　（大久保利賢あて）

昭和拾弐年八月廿五日

青島支店　三島弥彦〔印〕

大久保頭取殿

拝啓　事変発生当時より当地は現地保護の方針なる旨当地武官室より再三声明有之、殊に一昨日下村司令官、陸海軍武官も打合会の折にも強調、又門脇領事は右趣旨を

新聞紙上に於て強調致居候処、本日総領事は当地有力者十五名を急遽召集し、下村司令官、野村参謀、田中海軍駐在武官三〔参〕会の下に一刻も早く引揚げの準備をなす可しとの話有之、明日出帆の日光丸にては会社側、土着商人は家財片附けの干係もあることなれば次便に乗船する様取計る可き旨勧告有之候。事の余りに突然なるに驚き申候も、結局近日総引揚命令を発せらるゝ様相成可申、事急を要し一刻を争ふ次第に付き、不取敢重要書類、担保物件、未発行銀行券等を纏め古閑之雄、馬場義臣両名を附添はしめ、本日出帆日光丸にて門司支店宛発送致候。何時危険迫るや計り難きに付き、当用分を除き日銀券及弗札は当店引揚終了迄日本軍艦に預け置くことに打合せ申候。

尚保有現銀は支那側に保管依頼する時は没収せらるゝ虞あるに依り、引揚の準備整ひたる上、最後に海軍と協力、軍艦に搬入することに総領事及司令官と打合済に御坐候。

右取急ぎ当用得貴意候。敬具

追伸

既に御承知のことと存候へども、当地よりの電信も英文及び漢字電信の外、暗号電報は受理せざる様相成候。右附添申候。

〔註〕横浜正金銀行青島支店便箋を使用

17 昭和12年9月1日（浅田振作あて）

昭和十二年九月一日

大連支店

浅田振作殿

極秘

当店保有現銀壱百弐万七千壱百七十弗、危急の場合なれば支那側に秘密に廿九日搬出、軍艦天龍に搭載したり。陸上地は不明なるも多分貴地又は旅順口と考へらる。保険も付せず相当危険なれば、出来得れば海軍と連絡を取り、到着次第直に受取方御配慮願度、受取済の上は貴店に保管被下度。

三島弥彦

〔註〕横浜正金銀行青島支店便箋を使用。

三島弥彦日記

明治四十一年

一月一日（日）

晴。四時半起床。直に食事をなして談露館を出で、甲府一番にて諏訪に向ふ。富士見へんに至れば已に積雪盛なり。九時半頃下諏訪につく。荷物片手に、片手にスケート、急ぎ足に丸屋に行く。下より呼びば柳谷、黒木、牧野氏、今起きしばかりと見えて声おどろなり。直に支度をなし、馬車にて岡谷に行き、間下の池に行きて滑ぶ。降雪盛にして寒さ甚し。手袋の先きは氷りて剣撃に用ふるコテの如し。昨年来りし大友氏なども来り居り。昼すぐる頃、独逸人の巧みに滑る人来る。五時終りて岡谷に行きしも、汽車既に出でし後なりしかば、やむなく徒歩にて帰り、夕食をなし、十時頃寝につく。

一月二日（木）

晴。七時起床。九時頃より上諏訪に行く。ウイドマン（布哇との match の時 umpire をなせし人）も来れり。昼飯には餅を食しに上諏訪の町行く。茶屋のグズなる実に驚く程なり。蕎麦に行き、三時頃より又氷上に至り六時頃迄滑り、六時五十分の汽車に帰り、九時頃寝につく。

一月三日（錦）

晴。七時起床。十時頃迄約三十分間、停車場の傍なる田にて滑る。十時半の発にて伊達氏と帰京の途につく。柳谷、黒木、牧野及び小口君などと上諏訪にて分る。九時半頃新宿につく。車中に瘋癲居り、実によくしゃべり、富士見あたりより新宿迄しゃべりつずく。十一時頃寝につく。

一月四日（土）

晴。朝の中に年賀状などを書きてぐずぐずす。午後より年始に行く。自転車にて乃木さんの処より麹町に出で、大森さん、四条さんに行く。途中本田、吉田氏の処により、其れ講道館に餅を出しに行きしも、餅売りきれてあらざりしかば、直に東野さんに行き、久さんの処に御悔に行き、其れ豊崎さんに行き、之れより餅に行き、餅をあがないて講道館に出す。大儀見氏の後誠氏を訪ねしも、留守なりき。酒井氏の処により、十時迄遊び、十一時寝につく。

一月五日（日）

晴。七時起床。学習院に行き、其れより伊達氏と大崎に出来し氷滑場に行き、一時半頃家に帰る。四時半頃より本郷座に魅魔術を見に、兄上、伊地知、弥十二、子供等と行く。中々面白かりき。十時半頃帰、十一時頃寝につく。

一月六日（月）

晴。七時起床。自転車にて服部さんの家に由り、青山に出で、榎本氏の処をさがせしも見あたらず。其れより墓に行き、豊沢さんに行き、出初の券をもらいて直に見に行く。帰りに大神宮様に由り、帰りに又豊沢さんにより、ごちそうになる。三時半頃より白鳥、荻村さん、中村さんの家に行き、夕食を豊沢兄姉と共に京橋の竹葉に食べに行く。帰り銀座を散歩し、十時半頃家に帰り寝につく。

一月七日（火）

霰後雪となりしも、つもらず。六時半起床。学習院寒稽古に行き、雑煮を食ふ。九時頃帰る。三時頃より榊氏の処に行き、十時頃迄遊ぶ。山県氏も来り居れり。十一時半頃寝につく。

一月八日（水）

晴。七時起床。Sprague の note を写し、終日家に居る。十一時寝につく。

一月九日（木）

晴。七時起床。初めて登校。往きに本郷の美濃屋にて album を求む。十時より穂積さんの講義あり。一時半頃帰る。十二時寝につく。

一月十日（金）

晴。七時起床。学校は休みにて、一日家に居る。十時頃寝につく。

一月十一日（土）

晴。七時起床。登校す。一時半頃帰り、三時頃より原田氏の処に行き、十時頃迄遊び、十一時寝につく。

一月十二日（日）

晴。七時起床。九時半頃大河内氏の処に至りしも、丁度外出せられる処にて未面会。直に帰る。帰りは品川より汽車にて大崎に至り、スケーテングをなし、五時頃家に帰り、十一時ごろ寝につく。

一月十三日（月）

晴。七時起床。登校す。十時頃より瓜生、柳生、酒井、升本、本田などゝ田尻氏を見舞い、一時間程居りて帰る。午後よりスプレーグを一時間出で、二時より誠氏の処に至りしも、留守なりしかば四時迄待ちつゝも、帰られざりしかば帰る。夕食後柴山氏の家をとひ、昌生氏に久しぶりに面会す。其れより本田と北条氏の処に至りしも、留守なりかば、又柴山の処に至り、久しぶりの対面とてビール、ブラン等の馳応にあずかり、大に酩酊す。九時頃柴山氏の姉なる土方氏の処に至る。野崎氏と云ふ人来りをり、共に飲み大に酩酊し、十二時頃車にて家に送らる。帰りもどし、大に醜態をえんず。実に first final なりき。

一月十四日（火）

晴。昨夜酩酊せし為め頭痛し、床に入る。胃のくわい悪しく、もどす事数回、胃液をはく。終日食ひをらす。夕食を少しく食す。八時頃より睡眠す。

一月十五日（水）

雪、時に霰をまじゆ。七時起床。平時の如し。十一時頃帰る途中、升本氏の処によりて note をかる。四時頃より柴山氏の処に琴琶会を催されしによりて行く。学習院よりは、市来、相馬、安場、兵学校生徒大山、其他十余名、及び瓜生、柳生など来る。十一時頃さわぎ帰る。琴琶に那須氏来る。酩酊するもの多く、もどせし人も多かりき。十二時頃床に入る。

一月十六日（木）

晴。平日の如し。二時半頃より誠氏の処に至り、五時頃迄居る。六時頃帰り、Sprague をうつしなどし、十二時半頃床に入る。

一月十七日（金）

晴。平日の如し。帰り図書館に入り、昼一寸学校に行く。三時頃より誠氏来り、七時頃迄遊ぶ。十時頃床に入る。

一月十八日（土）

晴。平日の如し。二時頃より酒井氏の処に至り、国法を写し、六時頃より酒井氏と北条氏の処にゆく。田尻、山沢、柳生なども来り、十時頃迄話し、十一時頃帰り、十二時床に入る。

一月十九日（日）

晴。九時頃より大崎スケートに至りしも、氷とけ滑る能わざりき。十時半頃帰宅す。十時頃寝につく。

一月二十日（月）

晴。平日の如し。七時頃より九時頃迄うたゝねをなす。十一時床に入る。

一月廿一日（火）

晴。平日の如し。帰りに学習院に行き、柔道紅白勝負を見る。山沢と新荘大将にて、山沢の勝となる。其れ柳生の五人抜きあり。原口、相馬、宮内、戸沢、根岸。其れより直に（六時頃より）東野さんの処に行く。誠氏も来り、十一時頃迄話す。十二時頃帰宅。直に寝につく。

一月廿二日（水）

晴。七時起床。往き電車来らず閉口す。スプレーグをうつし、十一時頃寝につく。

一月廿三日（木）

晴。平日の如し。正午頃帰る。夕食後日野姉の処にゆく。十時頃寝につく。

一月廿四日（金）

晴。七時起床。平日の如し。十一時頃家に帰り、一日家に居る。三時頭つみにゆく。十一時頃寝につく。

一月廿五日（土）

晴。六時半起床。平日の如し。帰りにボートに行き、帰り淀見に食事をなして、七時頃徳川氏の処に至り、十時頃迄話す。十一時頃寝につく。大河内の家に行くつもりなりしも、居られざりき。

一月廿六日（日）

晴。六時半起床。直に大崎に行く。スケートをなし、十一時頃より両国に相撲に見にゆく。田尻、酒井、升本、新家氏も来る。

重なる取りくみ、左の如し。

○梅、浪の音　○荒岩、錦洋　太刀山、○加増山

○国見山、両国

等なりき。六時頃帰り、夕食後榊氏の処に行きしも留守なりしかば、夫れより下条の処に行き、九時半迄遊ぶ。十一時頃寝につく。

一月廿七日（月）

晴。六時半起床。浅津氏より電話六時前かゝる。夫れより床の中に少しく書を見る。学校の帰り伸太郎の処に病気見舞に行き、五時頃帰る。通隆の誕生日にて、日野姉、先生、兼子姉上などと同食す。十一時頃寝につく。

一月廿八日（火）

晴。平日の如し。土方教授休み。十時より初まる。帰りに伸太郎の病気見舞に牧野さんにゆく。五時頃帰る。十一時頃寝につく。

一月廿九日（水）

晴。平日の如し。早く帰り、少しく風気味なりしかば、湯に入らず十一時頃寝につく。

一月三十日（木）

晴。五時半起床。榊氏来り、六時の汽車にて大崎にスケートに行く。十二時頃向島に至る。此日B組のレースあり。夕食をなし、七時頃誠氏の処に行きしも、留守なりき。之れより榊氏の処によりしも、留守なりしかば直に家に帰る。十時寝につく。

一月卅一日（金）

雨。七時起床。土方さん休みにて、一日家に居る。十一時頃床に入る。

二月一日（土）

晴。七時起床。登校す。一時頃家に帰る。二時頃伸太郎と種人と来る。四時頃迄遊ぶ。六時頃より榊氏の処に至。十時頃迄遊ぶ。十一時寝につく。

二月二日（日）

晴。六時起床。あわてゝ支度をなし、六時十分発にて大崎に行く。榊、山県両氏来りしも、氷薄くして乗る能わず。直に帰る。一日内に居り、十一時頃寝につく。

二月三日（月）

晴。平日の如し。帰り誠氏の処に行き、四時半頃迄遊ぶ。十一時頃寝つく。

二月四日（火）

晴。大崎スケートに行かんとして早くおきしも、氷おほつかなく思ひし故に止む。土方さん休み。四時頃帰る。十一時頃床に入る。廿九日より風邪の気味にて湯に入らざりきも、初めて入る。

二月五日（水）

雪後晴。七時起床。登校す。野村さん来らず、直に大崎に行かんとせしも止め、家に帰り経済を見る。十一時寝につく。

二月六日（木）

晴。五時起床。大崎に至りしも、氷薄く乗る能わざりき。直に帰る。木場、榊氏来るはずなりしも大崎に来らざりき。榊は一汽車をくれし由。学校帰り学習院により、ノックなどして二時半内に帰る。六時頃より柳谷、伸太郎、伊地知さんとにて、虎ノ門にてありたる岐阜訓育院の為めに催ふされたる演芸会を見に行く。中々面白かりき。十一時半帰宅、直に寝につく。

二月七日（金）

晴。土方さん休みなりしかば、家にをる。午後より学習院に行き、柔道をなし、後四年級の甲乙の紅白勝負を見る。大将宮内、鶴殿、大将戸沢、榊にて、大将は引分け、榊は鶴殿に勝ち、宮内に負す。後、織田、ダンジユロウの五人抜。榊、宮内、戸沢、山沢の五人あり。六時頃家に帰る。十一時寝につく。伊達、木場、榊などスケートに行く。

二月八日（土）

五時起床。五時三十分の汽車にて大崎に行く。八時発にて学校に行く。伊達、木場も来る。午後は直に家に帰る。九時半頃床に入る。

二月九日（日）

晴。五時半にて大崎にスケートに行く。木場、進、榊、有馬など来る。一時頃迄居る。帰りて牧野さんに行く。弥十二も来れり。夕飯を食して帰る。十一時頃寝につく。

二月十日（月）

晴。平日の如し。帰りて榊氏に電話をかけても留守。木場などと明日大崎にゆく事をやくす。十一時頃寝につく。進さんより電話にて、明朝六時のにて行く事を云ふ。

二月十一日（火）

晴。六時の汽車にて進さんと大崎にゆく。有馬兄弟来れり。九時頃より榊、木場、有馬来る。此日は外人など来り、来場するもの非常に多かりき。写真をとる。正熊氏、西園寺氏など来る。此日は弥吉兄上の全快祝にて、兄の級の者及び小生の級の者るはずなりしかば、一時頃帰る。三時頃より皆来る。囲碁をなすもの、将基をなすもあり。庭のすみにはおでんや来り、中々滑稽なりき。ベースボールなとなす。六時頃夕食し、祝盃を上く。夫れより腕押、碁盤、ケン、指角力、種々あり、大にさわぐ。九時頃皆帰る。中々愉快なりき。十一時ねる。

二月十二日（水）

晴。平日の如し。野村さん休みなりしかは、直に帰る。途中青木堂によりて菓子を食ひ、其れより丸善に至り、弥吉兄の万年筆を求め、其れより本材木町のメリケン時計屋に行き、日野姉より頼まれし七割引の券にて求めんとせしも、実に奇様。はばせまきろじ〔路地〕を入り至れば、少な店だかなんだかわからぬ様処にメリケン時計屋のつりフダ。入りて聞しに、わりびきは中止したり。実に変んな風なりき。正午頃帰る。十一時頃寝につく。

二月十三日（木）

晴。平日の如し。一時頃帰る。十一時寝につく。

二月十四日（金）

晴。終日家に居る。土方さん休みに、学校は休みなりき。十一時寝につく。

二月十五日（土）

晴。五時起床。五時半にて大崎にスケートに行く。八時にて直に学校にゆく。午後より榊氏来り、共に大崎にゆく。氷われて、あまり面白からざりし。然し out curb をば且滑なりき。五時頃帰る。榊氏ひとりのみ残れり。八時頃榊氏来り、十時頃迄遊ぶ。十一時頃寝につく。

二月十六日（日）

晴。終日家に居る。ひる頃牧野さんに行く。日高の兄姉様など入らせられ、子供大勢にて庭にて遊ぶ。夕食、経済を見る。十一時寝につく。

二月十七日（月）

晴。平日の如し。帰りにM氏の処に至り、五時半迄居り、六時頃帰る。十一時頃床に入る。

二月十八日（火）

晴。平日の如し。帰りに学習院により、相撲などとり、帰りに瓜生と柳生氏の処に行く。沢、古野、本田の諸氏来れり。十時頃迄居る。十二時寝につく。

二月十九日（水）

晴。七時起床。平日の如し。四時頃帰り、十一時寝につく。鶴殿、Miwata、Sakai にはかき。

二月二十日（木）

晴。平日の如し。帰りに学習院に行きて柔道をなす。十二時頃床に入る。

二月廿一日（金）

晴。平日の如し。庭田氏来るはずなりしも来られず。十一時頃寝につく。S氏から電。

二月廿二日（土）

晴。六時少し前に起床。直に大崎に行く。学習院の人来り居るはずなりしも、唯れも来らず。

夫れより直に登校す。ひるよりは終日家に居る。十一時頃寝につく。S来電。

二月廿三日（日）

曇、時に六花を交ゆ。七時起床。直に大崎にknife を昨日忘れし故に取りにゆく。

氷は既にとけて跡方もなし。八時頃帰る。十一時頃学校にローラーをやりにゆく。榊、酒井、相馬など来る。午後より歌舞伎座に義勇艦隊への寄附金の芝居を見にゆく。母上、兄上、姉上、四条さんの方、豊沢さん、日高さん多数来られたり。げたい〔外題〕は其時に出来し花丸又他に二、三種あり。十時頃家に帰り、床に入る。

二月廿四日（月）

雪。刑法休みなりしかば、柳生と二人にて千住の名倉に原口氏を見舞ふ。四時頃帰宅。十一時頃床に入る。

二月廿五日（火）

晴。平日の如し。金井休みなりしかば、午後より学習院に柔道をなしに行く。演説会もありたり。五時頃家に帰る。十二時頃床に入る。

二月廿六日（水）

晴。平日の如し。十時、十二時迄三輪氏の処にて勉強す。風邪ぎみなりしか、柔道をなさず直に帰る。十二時床に入る。山沢氏より来電。鈴木、伊達に電話。

二月廿七日（木）

晴。平日の如し。帰り柳生氏と二人にて東京座にゆく。春の花と行ゆ題なりき。中々面白かりき。十時頃帰る。十二時床に入る。

二月廿八日（金）

晴。平日如し。午後食後一寸日野さんに行き、又牧野さんにゆく。四時頃より誠氏来り、八時半頃迄をる。十二時床に入る。

二月廿九日（土）

雪後雨。平日の如し。午後より新家の処に一寸ゆき、其れより大学の柔道大会ありし故に行く。有段者勝負十数番あるはずなりしも、欠席者多く、余も柳生、本田も相手欠席の為めなさゞりき。徳川等は出場されしも破る。学習院より竹宮、戸田出しも、引きわけ。八時頃終り、学生集会所にてすしなど食す。帰りに榊氏の処に至り、十一時頃迄をり、十二時頃寝につく。

三月一日（日）

雨。朝の内鈴木友亮氏来り、十二時頃迄遊ぶ。昼食後松樹さんと東京座にゆく。慈善芝区〔居〕を見にゆく。四条のおばさま、土方さんのおあいさんも来らる。ぶたいは春の歌。中々面白かりき。十時頃帰り、十一時頃寝につく。帝国大学記念日に集会ありしも、余は至らざりき。

三月二日（月）

曇り時々小雨。平日の如し。十一時頃寝につく。

三月三日（火）

雨。平時の如し。夕食牧野さんにゆく。仲太郎の試験の事につきて。十一時頃寝につく。御峯姉様御病気。

三月四日（水）

雪、雨。平日の如し。十一時頃寝につく。

三月五日（木）

昨夜降りしきりし雨は盛なりしも、十一時頃より好天気となる。夕食後一寸牧野さんにゆく。七時頃より、日高さんの御招きにて、本郷座に桃中雲右衛門を見にゆき、十時半頃帰る。十二時頃寝につく。

三月六日（金）

晴。平日の如し。帰り一寸図書館に入り、昼頃学習院に行き、天野さんに伸太郎の試験の事を聞く。二時半頃帰る。十一時寝につく。夕食後、牧野さんに伸太郎の試験の事につきて行く。

三月七日（土）

雪後大雨、六時起床。朝学校の行きかけに、浅津さんの処に、柴山より貸りし roller skate をなくなせし故に求めに行く。其れより誠氏の処に、音楽会を聞きに行くか否やたずねに行きしも、留守なりき。其れより登校す。帰りに聖徳女塾設立のきふ金の為めに行はれたる音楽会に行く。中々面白かりしも、寒くて閉口す。途中にて帰る。大雨、大風。こおもりは折り、実に閉口す。帰り神田にて夕食を食す。東郷に逢ふ。其れ榊氏に電話をかけしに、活動写真を見に行く事を云ふ。余も数年至らざりし故に行きてみる。前とは変り中々面白かりき。宮内、相馬、安場、其外学習院の物十数人来り居りたり。十一時頃寝につく。

三月八日（日）

晴。六時起床。朝内鍋島来り、十一時頃迄をる。午後より伊地知さんと共学習院の輔仁会大会にゆく。余り面白からず。只来賓小笠原少佐の日本海戦は面白かりき。余は余り聞ず、roller skate をなす。写真陳列しあり、中々上手にて、本職の如くなりき。六時頃柳谷氏と共に牧野さん、伸太郎をとひ、七時頃帰。七時半頃榊氏来り、十一時頃迄話す。十一時半床に入る。

三月九日（月）

晴。平日の如し。庭田くるはずにありしも来たざりき。〔ママ〕十一時半床に入る。誠氏にはがき大河内氏にか電。

三月十日（火）

曇り後午後より大雪。平日の如し。穂積さん休みなりしかば、十時より直に帰る。丁度金井さんも休みなりき。十一時頃床に入る。

三月十一日（水）

雪。近年になき大雪にて、三、四寸積もれり。国法も金井さんか休みなりしかば、直に帰る。食後一寸伸太郎の処にゆく。三時頃より誠氏来り、十時頃迄遊ぶ。十一時床に入る。

三月十二日（木）

晴。平日の如し。帰り一寸図書館にゆく。三時頃帰る。夕食後、原宿より汽車にて渋谷にゆき、昨日話せしwatchの事にてさがす。青山学院の前にてコーヒーをのむ。夫れより鈴木氏の処に一寸より、八時頃帰る。十時頃寝につく。

三月十三日（金）

晴。平日の如し。ひる頃帰る。十一時頃床に入る。榊氏電をかけしもおらず。義輔、平二などに手紙をだす。

三月十四日（土）

晴。非常に寒く、午後より高一に聯合大会を見にゆく。あまり面白からず。学校よりⅢB白に二条、d戸紅に鈴木出す。早稲田よりP赤獅子内、SS白田辺、慶応よりⅡB白阿部、IB赤亀山出ず。白軍の勝となる。三対一。帰り誠氏に処に至り、五時半頃迄居る。帰り榊氏の処に至りしも留守。直に帰る。御客様大勢来りにぎやかなりき。十一時半床に入る。

三月十五日（日）
快晴。一日籠城す。民法の試験あるつもりにて、少しく見る。昼食後一時間程 Sakai の処にゆく。北条来る。三時頃帰る。十一時床に入る。

三月十六日（月）
晴。平日の如し。昼やすみ一寸とノツクをなす。7フィード。一時間休み、学習院にボートの相談ありしかばゆく。六時頃帰る。

三月十七日（火）
晴。平日の如し。十一時寝につく。

三月十八日（水）
少雨。平日の如し。ひるは二時頃迄待ちしも、金井さんにすかさる。大に不平にて帰る。十一時頃床に入る。

三月十九日（木）
晴後雨。学習院に一寸より、其れより登校す。午後柳生氏に電話。十一時頃寝につく。

三月二十日（金）
雨後晴、後小雨。十一時の汽車にて弥吉兄と共に大磯にゆく。加納と酒井と共に大森迄同行す。一時半頃大磯につく。三時頃迄裏の山にてヒコを打ちしも、獲る処なかりき。十一時頃寝につく。

三月廿一日（土）
晴。五時半起床。少しく勉強し、八時頃より海に鳥打ちゆく。弥吉兄、由蔵とにて一艘の舟にて、所々と鳥をさがしつ乗りまはす。波高くして、少しく舟によふ。一時頃舟より上り、花水の方に行く。余は皆と分れて先きに帰る。獲物ははずか〔僅〕に海すゞめ三。十一時頃寝つく。種等も来る。

三月廿二日（日）

晴。五時半起床。日出を見る。朝の内裏の山にゆく。一時頃より、弥吉兄、種人、由蔵と海にゆく。鴨など多く居り面白なりき。獲物は海すゞめ三、四十数羽なりき。三時半の汽車にて帰途につく六時半頃帰宅す。此日耳のそばにて銃をうたれし為、耳なり。大に閉口す。十時頃寝につく。

三月廿三日（**月**）

晴。平日の如し。和田垣さん休みなし〔り欠カ〕かば、升本、酒井、瓜生、柳生などと、久しぶりに動物園にゆく。中々面白かりき。きりんを初めて見る。帰りに豊国にて中食す。スプーグ時間に少しくおそくなる。夕食後牧野さんに行く。誠さんの事につきて、四条高子さんより手紙来る。十二時頃寝つく。

三月廿四日（**火**）

晴。平日の如し。夕食後寿子と散歩す。腹ぐわい悪く、昼食はミルク・ホールに行く。鶴殿、榊、徳川にはがき。十一時頃寝つく。

三月廿五日（**水**）

晴、曇。平日の如し。薩摩会ありしかば帰り、清水谷にゆき、八時半頃迄居る。帰りて市来（写真をおくる）、四条高子さんに手紙。十二時寝につく。

三月廿六日（**木**）

朝晴、午後より雨。平日の如し。正熊の渡米送別をなすとの事にて、柳谷氏のまねかれし故に、二時半頃より行く。瓜生、榊、黒田、西脇、郷、松平春光の諸氏来れり。六時頃迄遊び、帰る。十一時頃寝につく。

三月廿七日（**金**）

晴。平日の如し。一時より三時迄特に穂積さんの講義ありしかば、十時より一寸と三輪の下宿に行き、民法を直す。十一時頃寝につく。

三月廿八日（土）

雨後晴。帰りにボートにゆく。最早非常の人出なりき。昨日よりイルカ墨田川に来りし由。今日は千住の大橋の処に上がりしと聞くも、見る能はさりき。C組の休息所に行きしに、不思議にも其内は黒田の mother の内なりき。実に人の身の定まりなき知る。八時一寸榊氏の処により、十時頃迄居る。十一時寝につく。

三月廿九日（日）

晴。六時起床。四時半頃より松方正熊氏の招きにてゆく。途中丸木によりて写真を写す。五時半頃松方氏の処にゆく。西園寺、柳谷、西郷従志、豊二なども来る。十一時頃帰り、寝につく。

三月三十日（月）

晴。六時起床。終日家にをる。十一時寝につく。

三月卅一日（火）

晴。六時起床。十一時頃より弥十二病気重きを聞きて行く。共に昼食を食す。其れ小日向徳川氏の処にゆき、スプレーグの宿題をもらふはずなりしも、あらず。直に向島に向ふ。途中誠氏に会ふ。容易にして卒業せし由。三時頃向島に行く。帰りに大河内氏の処に由る。九時頃帰る。十一時寝につく。

四月一日（水）

晴。六時起床。十時の汽車に、横浜に正熊氏渡米せらるによりて送りに行く。横浜の千歳にて昼食を饗応になる。二時出帆す。柳谷、西郷、川上其他正熊氏親席のもの来れり。又市来、相馬、三好氏の横浜にて会ふ。六時五十三分にて帰る。十一時頃寝につく。

四月二日（木）

晴。終日家に居る。十一時頃床に入る。

四月三日（金）

晴後曇り。十二時より歌舞伎座に行く。団蔵の仁木、先代はぎ。弥太郎兄様、母上様、日高兄姉、弥二兄、西村姉兄等も来らる。十時頃帰る。十一時半床に入る。

四月四日（土）

終日家に止る。雨。

四月五日（日）

晴。九時頃榊氏の処をさそい一寸上り、十時半より向島に行く。五時頃居り、帰り浅草により電気館に入り、活動写真を見る。七時頃帰途につく。帰り神田にて榊氏と共に食事し、夫れより榊氏の処に行き、十一時頃迄話す……記憶す可き日なり。十一時半頃帰り寝につく。

有栖川の栽仁殿下薨去ならせらる。

四月六日（月）

雨後晴れ。学習院のボートの大会あるはずなりしも、有栖川の若宮の御かくれの為め中止となり翌日に延ばす。

終日家に居る。夕食後本郷座にゆき、不如帰を三幕立見す。九時頃帰る。十一時寝につく。

四月七日（火）

晴。五時起床。直に種人と向島にて行なわれし学習院のボートレースに行く。二時頃セコー・レースあり。二艇身余の差にてA組の勝となる。四時半チャン・レースあり、A1、C2、B3。スタートにてC組最も有勢なりしも、渡場の処よりA急復をなし、遂に二艇身の差を以てA組の勝利となる。帰り新木園にて慰労会をなす。十一時頃家に帰る。

四月八日（水）

雨。七時起床。昨日余り食ひ飲みすぎし為め、気分宜ろしからず。十一時半頃迄うたゝねをなす。午後より榊氏来り五時迄居る。九時頃寝につく。

四月九日（木）

窓を開くれば銀世界。今日、明日桜の花も盛りなんとする時、如何なる事ぞ。昔は三月三日に大雪ありしと云ふ事なるも、今日既に去る七日五、六十年来に見る大雪尺余に達す。風吹き雪はげしく電線のきるゝ事甚しく、東京市線の半数に及ぶ。東海線など電柱将基倒しの有様なりき。汽車、電車は不通となる。近年稀れなる事なりき。

四月十日（金）

晴後曇る。終日家に居る。十一時頃寝につく。有栖川の栽仁殿下の御葬儀あり。

四月十一日（土）

晴。六時起床。二時頃より向島に大学のレースを見にゆく。花は雪の為めに色さめて、見る可くもあらす。雪の流水、濁流流る。四時頃農文のレースは文3、農2にて、二艇身の差にて文の勝となる。高等学校来賓レースすみて、文科レースとなる。医1、工2、法3。渡場下にてコースよこぎる舟あり、為め法は4に行く。之れがかへって利あり、二艇身の差を以て法科の勝となる。撰〔カ〕手の祝勝会に出て、十一時頃帰る。

四月十二日（日）

雨。九時頃より榊氏の処に至り、四時頃迄遊ぶ。山県氏、酒井五郎もひるより来る。十時頃床に入る。夕刻より牧野さんの人来り、おどりなどあり、大さわぎなりき。

四月十三日（月）

雨。六時起床。登校す。帰り神田に行き、本を求め、正午に帰る。小原鉄熊氏大坂より来れり。十時頃床に入る。

四月十四日（火）

晴。平日の如し。

四月十五日（水）

晴。平日の如し。

四月十六日（木）

晴。平日の如し。

四月十七日（金）

晴。平日の如し。午後三時より運動場にてボートの祝勝会あり。酒を飲みよく。帰りに福永の処にゆく。八時頃帰り、直に寝につく。運動場にて陸水の撰手の写真を取る。

四月十八日（土）

晴。六時起床。昨日の酔未ださめず、大に閉口す。午後一時より小運動会あり、出場す。

百2、二百2、四百2、千1、弾丸投げ1、鎚1。昨日の勝祝の為め大につかる。小生のはハンクなり。大に閉口す。柳谷氏も一度走りしも、やみて再ひなす能わず。湯に入りて帰り、途中柳谷氏と榊氏の処によりしも、留守なりき。九時頃寝につく。

四月十九日（日）

晴。六時起床。朝食もなさず、早々新宿停車場に学習院にて催ふされし長距離競走の出発を送りに行き、同場して国分寺迄至り、夫れより府中に行き一同を送り、直に引き帰し新宿の銀世界に行くや、最早先頭は来れり。伊達ならんと思ひしに、あに計らん関氏なりき。

伊達氏は途中にて倒れし由聞しかば、直に自転車にて迎ひにゆく。一里程行きし時自転車パンクして、徒歩にて帰る。十二時頃銀世界に一同にて食事し、賞品授与式などあり。雑談して解散す。帰りに田尻、伊達、山沢、鈴木、松平犒、酒井五郎など遊ひ来り、八時頃迄居る。十時頃寝につく。

1、関 145,20　2、近衛 145,40　3、加太 146

4、山沢 146　6、伊達　7、酒井

行ふもの十五名

四月二十日（月）

晴。五時床をはなる。平日の如し。十一時寝につく。

四月廿一日（火）
晴。平日の如し。穂積さん休み。帰り一寸榊氏の処による。八時頃より柳生氏の処に行く。田尻、瓜生氏も来れり。十一時頃帰り、寝につく。

四月廿二日（水）
晴、大風。平日の如し。帰り図書に行き、帰りに本郷座にて不如帰の立見をなす。六時頃帰る。十一時寝につく。

四月廿三日（木）
晴。帰り図書館に行く。五時頃帰る。十一時寝につく。

四月廿四日（金）　やど
晴。平日の如し。帰り五時頃弥十二氏の処に見舞に行く。六時半頃迄をる。豊沢さんにおきありし自転車に乗り、帰りに自転車により、自転車の直したるを取り帰る。
十一時頃寝につく。

四月廿五日（土）　かい
晴。平日の如し。帰りに清水谷の学習院薩摩会にゆき、八時頃迄遊ぶ。帰りに四丁目迄市来、川村などゝ同道す。
十一時床に入る。

四月廿六日（日）
晴。柳谷氏より招待ありしかば、十二時半の汽車にて品川に。此処にて柳谷氏と会し、品川より電車にて羽根田の有信館に行き、長崎県人のたこ上げ会にゆく。非常に壮快にして、東京のたこの比にあらす。一、二町遠き十町の処のものもよくきり飛す。実に愉快なりき。五時帰途につく。
途中柳谷氏の親類池辺氏の饗応にて、松平春光と共にロセッタに行く。恰も洋行せし様なりき。
九時頃帰る。凧のひもを「ヨマ」と云ひ、ガラス糸を「ビイドル」と云ふ。

四月廿七日（月）

雨後晴れ。帰り一寸 Sakai 氏の処による。十一時頃寝につく。

四月廿八日（火）

晴少しく寒し。平日の如し。

四月廿九日（水）

晴。午後より少しく雨ふる。平日の如し。

四月三十日（木）

晴。竹田宮の御慶事あり。六時半迄図書館にをり、帰りに自転車曲乗りを見る。外人出演し、中々上手なりき。帰りに一寸榊氏の処による。十時頃帰り、寝につく。

五月一日（金）

晴。六時起床。登校す。大山高、瓜生氏の馬公港（台湾媽公港のをける）松島艦にをける不幸の死を聞き、直に瓜生氏の処をとひ、後大山氏の処にゆく。十二時頃帰る。十一時寝につく。

酒井、柳生などと行く。

五月二日（土）

晴。五時起床。スプレーグは出でず。図書館に行く。帰りも六時半迄図書館にをる。十一時頃寝につく。

五月三日（日）

晴。終日家にをる。夕刻は牧野さんの人も来り、庭で遊ぶ。十二時寝につく。

五月四日（月）

雨。平日の如し。

五月五日（火）

晴。平日の如し。頭をかる。靖国神社臨時大祭。Sakaki 氏より来電。

五月六日（水）

晴。平日の如し。四時迄図書館にをる。十二時寝につく。

五月七日（木）

晴。平日の如し。Sakaki 氏来るはずなりしかば早く帰りしも、来らず。十二時頃寝につく。

五月八日（金）

晴。平日の如し。五時頃迄図書館にをる。十一時寝につく。

五月九日（土）

晴。朝の内より家にをる。午後より東宮御所拝観に行く。牧野兄初め親類者共十七名。只美と云ふ外なし。見る物皆珍壮大。一回に三時間をついやせり。帰り学習院に少時より、テニス match を見、五時頃帰る。十一時寝につく。

五月十日（日）

晴、午後より雨。終日家にをる。十時床に入る。

五月十一日（月）

晴。平日の如し。帰り五時迄図書館にをる。十二時頃寝につく。

五月十二日（火）

晴。平日の如し。lib に四時半頃迄をり、帰りに榊氏の処に一寸より、六時頃帰る。十二時頃寝につく。松樹三郎氏帰京す。

五月十三日（水）

晴。平日の如し。五時頃迄 lib にをる。十二時寝につく。

五月十四日（木）

晴。平日の如し。一時頃家にかへる。十一時頃寝につく。

佐野病気にて国に帰る。

五月十五日（金）

晴。平日の如し。五時頃迄 lib にをる。十一時寝につく。

五月十六日（土）

晴。平日の如し。野村さん休み。三時頃より一高に、慶応との match を見にゆく。六対一にて慶応の勝。五時頃帰る。八時頃より山沢、伊達、鈴木の諸氏来る。十時頃迄話す。十一時寝につく。

五月十七日（日）

雨。終日家にをる。

五月十八日（月）

晴。六時起床。帰りに学習院により、高等科と中等科との match を見る。六時頃家に入る。十一時頃寝につく。

五月十九日（火）

晴。平日の如し。五時頃迄 lib にをる。十一時頃床に入る。

五月二十日（水）

晴。平日の如し。午後六時頃大迫氏の処にゆき、其れより柳生、田尻、大迫と共に、大山氏の処に悼夜にゆく。校服のもの及び加藤、西郷氏、松方氏など十数名なりき。大にさわぎ、にぎやかに夜を悼夜せり。夜明五時頃家に帰る。

五月廿一日（木）

六時頃大山さんの処により朝食をなし、直に寝る。九時より学校にゆく。正午に帰り、四時頃迄ねる。十一時寝につく。

五月廿二日（金）

晴。午後より大山高氏の葬式にゆく。海運の合葬なりき。

後大山氏の墓地迄名木をもちてゆく。六時頃寝に帰る。
十一時寝につく。

五月廿三日（土）

晴。平日の如し。三時迄二法の補講あり。其れより一高対アマチャーの match を見にゆく。八回にて 1 st にてアウトを宣告をなしたるに、アマチューにて不平をとなへ中止となりしも、六対〇にて一高の勝となる。六時頃帰る。其れより伸太郎氏の全快祝ありて、六年級のもの全体及び伊達、柳谷、黒木氏など来り、十時頃迄遊ぶ。十二時床に入る。

五月廿四日（日）

晴。終日家にをる。民法を見る。十二時寝につく。

五月廿五日（月）

晴。平日の如し。十一時寝につく。

五月廿六日（火）

晴。平日の如し。十一時寝につく。

五月廿七日（水）

雨。平日の如し。学校に行きがけ、松平によりて夏帽子を求む。帰りに丸善により、Base Ball 大会に寄附する写真たてを求め（2,50 ― 60）、運動会の切手にて。六時頃帰る。十二時寝につく。

五月廿八日（木）

曇り後雨。終日家にをる。十一時寝につく。

五月廿九日（金）

雨。平日の如し。五時頃家に帰る。十二時寝につく。

五月三十日（土）

曇後雨。登校し、帰り二時頃学習院に Baseball 大会を見にゆき、其れより弥六兄上の十年祭及び御祖母上様の三十年歳ありしかば、青山の墓地に行く。親類御一同集らる。其れより又学習院にゆき、Baseballを見、五時頃帰る。夕飯は一同そろひて食す。洋食のごちそうなりき。皆々御出になり、にぎやかなりき。十一時寝につく。

五月卅一日（日）

雨。終日家にをる。二法を見る。十二時寝につく。

六月一日（月）

晴。終日家にをる。十二時寝につく。二法をさらう。

六月二日（火）

晴。終日家にをる。十二時寝につく。二法を見る。

六月三日（水）

終日家にをる。昼の中は刑法見しも要領得ず、為めに九月に延期することに決して、夜憲法を見る。十二時寝につく。

六月四日（木）

晴。終日家にをり、昼の中には憲法見、夜よりEを見る。十二時寝につく。

六月五日（金）

晴。午前中よりEを見る。午後より民法を見る。十二時頃寝につく。

六月六日（土）

晴。今日より刑法試験あるはずなりしも、延ばす。憲法を見る。十二時頃寝につく。

六月七日（日）

晴。終日家にをりて、憲法を見る。一時に寝につく。

六月八日（月）

四時起床。憲法を見る。午後より試験場にゆきしも、途中にて眼まひなし堪ふる能わずして出ず。実に残念なりしも、やむを得さりき。三時頃帰る。四時頃より実に稀れ見る雹を降らす。

大なるものは卵大にして、屋根をうつ音すま《〔凄〕》じ。ガラスをわり、小枝を折り、雷声は之れにまじえて実に物すごき有様なりき。此は雹にて ice cream を作る。一時間程にしてやむ。脳痛甚しく、為めに床に入り、マサアジをなしもらう。夜に入りてもよくねむれざりき。

六月九日（火）

晴。七時起床。豊沢さんに行き、試験の事につきて話しにゆく。十一時頃帰る。何もなす事なくて一日をすごす。十時寝につく。

六月十日（水）

晴。六時起床。登校し事務所に至り、一昨日の憲法の試験病気の為めに中途より出し、故に追試験になしてもらう様に相談なしたるに、特別を以て許可を受く。喜びて帰る。帰り柳谷氏の処により、夫れ四谷にて電話を家にかけ、届書を持ち来る可く命じ、夫れより直に又大学に行き届書を出す。帰りに、酒井、本田氏などゝ遇ふ。九時頃寝につく。

六月十一日（木）

晴。終日内にをり、民法を見る。十時床に入る。

六月十二日（金）

曇り。終日家にをり、民法を見る。午後三時頃大学より電話にて、試験の事むずかしき由を伝ふ。大にがっかりす。夕食後豊沢の兄の家に寄りて相談す。時に家より電話にて、瓜生氏と柳生氏と来りをる由なりしかば、直に帰る。九時頃迄遊ぶ。十一時床に入る。よく寝られず。

六月十三日（土）

雨。午後より学習院にゆきしも、誰れも居らざりしかば、其れより榊氏の処に至り、二時半頃迄居り、其れより誠氏の家に至りしも、留守なりしかば直に帰る。七時頃より銀座に至り、十時頃帰り、十一時頃床に入る。

六月十四日（日）

晴。朝一寸清水さんの処にゆき、試験の事につきて話す。十一時頃より柳生氏の処にゆき、五時頃迄遊ぶ。山沢と瓜生氏と来る。六時頃帰る。十二時頃寝につく。

六月十五日（月）

晴。朝大学に行き、試験の事をかけを。〔ママ〕終日高木さんが来るはずにて待ちしも来らず、六時頃より清水さんの処に礼に行く。留守なりしかば、其れより山王の祭にゆき、十時頃帰る。十一時寝につく。

六月十六日（火）

晴。六時起床。八時十八分発にて原宿より大磯に行く。十一時頃つく。二時頃より通ちゃん、姉上などゝ海にゆき、四時頃帰る。十時頃寝につく。

六月十七日（水）

晴。六時起床。午前中は家にをる。午後より通ちゃんと片岡さんにて海にゆき、浜口屋の舟に乗り遊ぶ。二時頃家に帰り、夕食後裏の山に登る。十時寝につく。

六月十八日（木）

六時少し前起床。直に鎌倉にゆく支度をなし、六時十九分の汽車に乗るつもりなりしも、乗りをくれ、七時七分の発て藤沢にて下り、其れより電車にて片瀬、七里ヶ浜を廻りて鎌倉にゆき、海浜院の前にて下車し、其れより材木座の弥十二の処にゆく。昼食なし、後直に帰る。一時三十六分にて、停車場にて柴山氏の father、mother に遇ふ。三時半渋谷に着し、其れより大山さんの五十日祭にゆき六時ころ帰る。本田と秋田の両氏遊びに来る。十時頃寝につく。

六月十九日（金）

晴。七時起床。弥吉兄と二人にて牛込の中村さんに行き、其れより中村兄姉と同道して日本橋に支那料理のごちそ〔御馳走〕を食べにゆく。三時帰り、大神宮様により、其れより学習院によりしに田尻、瓜生、柳生なども居り、其れより共に青山の墓地にゆき、父の墓及び瓜生、浜下、大山、福羽氏の墓に詣ず。其れより四谷の三河屋に行きて夕食をなして、七時頃より新声館に活動写真を見にゆき、十時頃帰る。

六月二十日（土）

曇り。終日家にをり、かたずけ者をなす。夕食後一寸榊氏の処に行く。八時頃帰る。早く寝につく。
午前は高田の学習院に行きて所々を見る。

六月廿一日（日）

晴。午後より柳生の処にゆく。沢、大野、本田の諸氏来れり。九時頃帰り、床に入る。

六月廿二日（月）

雨。午前中一寸学習院にゆく。午後より瓜生氏の処にゆく。柳生氏も来れり。此処に種々の話の後旅行の話になり、直に大磯行きを思ひたち、五時十分にて行く事に決す。時既に四時を過ぐる事五分。大急ぎにて家に帰り、直に支度なし、原宿より汽車にて行く。車中面白過ぎて七時半頃大磯に着す。丁度停車場にて母上、弥吉兄の会ふ。鎌倉にゆかれし由。其れ家にゆき、十時頃床に入る。

六月廿三日（火）

雨。七時起床。九時より柳生、瓜生と海岸に行く。雨強くして大に閉口す。愛宕神社にて雨宿りをする事約半時間止す。見こみなかりしが、直に急走して停車場そばの絵葉書屋にゆきて休計〔憩〕。暫くして帰る。午後より家にをり、夕食後大弓屋にゆき競射などし遊ぶ。九時頃帰り、寝につく。

六月廿四日（水）

晴。朝食後柳生、瓜生とて裏の山に登りて、富士、箱根、或るは江の島の影をめで、山を下りて海辺に行き初游ぎをなす。十時頃帰り、化粧団子を食べに行く。此日酒井氏来るはずなりしかば、団子屋にて待ちしに、十一時半の汽車にて酒井、吉田、新家来らる。柳生、一時の発にて帰京す。午後より海岸にゆき游ぎ、帰り大学をなし、夕食後、酒井氏の処に至り、十一時頃帰る。

六月廿五日（木）

晴。昨日相談にて箱根行きはまとまりて、十一時の汽車にて余の同級の者升本、田尻、本田、大迫なと皆来れり。一同家に至り、昼食後一時七分にて同勢十人にて箱根に向ふ。旧道を通りて芦湖に至る。夕刻より雨降る。四隣粛として声なく、遠く聞ゆる鶯の声、杜鵑の声、実に仙境に入る心知す。十一時頃迄話、床に入る。夜に入り強雨、強風家屋を動かす。眠られず。

六月廿六日（金）

起れば強雨、強風。帰る見こみなし。されど皆勇を鼓舞して支度をなす。旅館松坂屋ホテルの一重を着し、油紙をまといて出ず。傘あれども用をなさず、強雨は強風にまじえて来る。油紙を破れ、忽にして全身ズブヌレとなる。天下の嶮の呼ばれし「里の道」を僅二時間ならずして下る。塔沢に至り玉の湯に入り、直に湯に飛こみて労をいやす。川に面したる室に至りて昼食す。思ひ出すの夏、川のほとりに至り独り嘩ぜし、昨年の憂誰れ知る。今日又来らんとは。遊ぶ事二時間余にして、四時の電車に国津〔国府津〕に向ひ、夕刻大磯に着く。新家、本田氏、余の家に来る。柳生、石井氏の酒井の処にゆく。他の人は直に帰京す。夕食後酒井氏の処ゆき、十時頃帰り床に入る。

六月廿七日（土）

晴。八時頃より海岸に新家、本田にて行き、十時頃帰り、直に支度をなして停車場に至りしも、柳生、酒井など来たらず、呼び至る中に早汽車は来りて乗りをくる。待つ事二時間。十二時半にて帰京す。夕刻より柳生氏の処にゆく。酒井、瓜生、醍醐氏来る。十時頃帰り、寝につく。

六月廿八日（日）

晴。五時半起床。C組及びB組遠漕出発を送り、向島にゆき、両国より帰り、途中銀座によりて海水鏡を求め、十二時頃帰る。二時頃より種人などと目白の学習院寄宿舎を見にゆき、夕刻に帰る。夕刻より榊氏、鶴殿氏来る。山沢氏も来るはずなりしも、来られず。十一時頃寝につく。

六月廿九日（月）

雨。五時半起床。直ちに支度をなして、六時四十分の上野の発にて金町に下車し、人車に乗りて柴又の川堪にゆく。之れよりC組遠漕隊に加はりて、江戸川を遡る。強雨なりしも、風又強く、殆帆にて行く。二時頃運河に入り、引舟をなす時、余あやまり、石垣はずれて水中に陥る。三時頃利根川に出ず。七時頃布佐につく。十時頃寝につく。

六月三十日（火）

晴。東風は除に吹きて、よき天気なりき。九時布佐の伊勢屋出発す。余と木下にて一行と分れて、十時半の発にて帰京す。帰り榊氏の処によりしも、留守なりき。市ヶ谷にて酒井、寺田、吉田などゝ遇ふ。夕刻より、鈴木、徳川誠氏と来り、十時頃迄居。十一時寝につく。

C組　柳生　原口　北岡　平尾

B組　田尻　渡辺　実吉　園田　富小路　瓜生　清岡

木村　森

七月一日（水）

雨。朝一寸宮内の処をたずねしに、彼丁度浦賀に出発の時なりき。されば直に帰る。十一時半頃より山沢、鈴木二氏来る。三時頃より鶴殿氏も来る。夕食後牧野さんの人たちと錦輝館に行く。学習院の人も大勢来たり。十一時頃帰り、寝につく。

七月二日（木）

雨。七時半起床。九時頃、（銚子）柳生より電報来り、人足らざる由。直に所に電話などかけて問ひ合はせしも、来るものなし。十時頃榊氏の処に行き、夫れより下条氏、児島氏の処に行きて銚子行きを云ひしも、行くものなし。やむなく四時四十分発にて一人にて銚子に行き、大新に行きしも皆犬吠岬の暁鶏に行きし由。直車にて行く。十時頃着す。皆々とさわぎ、十一時頃床に入る。

七月三日（金）

曇。七時起床。九時頃暁鶏館を出で、十時四十分発にて帰京す。直に学習院によりしに、最早練習野球も終り居りしかば、直に帰る。夕食後番町の島津男の処にて鹿児島会をなせしかば、行きて快談す。九時頃帰る。十時寝につく。

七月四日（土）

雨。午後より曇り。八時半山沢氏より電話にて横浜行きを云ひしかば、直に新橋に行き、十時発にて行く。一同七人。二時より横浜商業の人二人をかりて、アマチューと五回 match をなす。一対六にて敗揆す。三時より横浜商業対アマチューとの match あり。四対五にてアマチューアーの勝となる。九回にして三対なりしかば、回を進むる事十三回。遂にアマチュアー勢の勝処となる。五時四十五分の発にて帰京す。帰り日英よる。十時寝につく。

七月五日（日）

雨。十一時頃より榊氏来り、一時頃迄遊ぶ。二時より母上、兄上などゝ東京座に夏木立を見に行き、十一時帰る。帰りに中村さん迄車にて、繁子姉上を御送りす。十二時半頃帰り、寝につく。

七月六日（月）

曇り。十時頃より伸太郎と二人にて羽田の黒田氏の鴨場に行く。弥吉上、黒田氏、二条氏、裏松氏なども来れり。

ゴヨ鷺の群り居る事幾十なるを知らず。忽ちにして打ち取る事十数羽。余りに多くして、且つ子を持てるを見て、遂に打つに忍びずしてやむ。子三羽取り来りて養ふ。三時半頃羽田を出でゝ帰路につく。六時頃帰る。夕食後牧野さんに行き、十時頃ねる。

七月七日（火）

曇り後晴。七時起床。ゴイ鷺にえをやり、八時頃より大学に行き試験の事を聞くも、未だ知られざる由。帰りに学習院により、其れより目白に至る。山沢、鈴木、伊達氏などゝ共に、**Base ball Japan** を計る。昼食にはすし〔鮨〕を食ふ。四時半の汽車にて帰る。夕食後徳川誠氏の処に至りしも、留守なりき。十時頃帰る。十一時寝につく。

七月八日（水）

晴。早昼にて学習院にゆき、水泳の宿舎の事を問ふ。一時頃より柳生氏の処に至り、十時頃帰る。瓜生、宮内なども来る。十一時床に入る。

七月九日（木）

晴。朝大学にゆき試験の事聞きしに、受けられざる由。やむなく直に帰る。午後より学習院にゆく。三時頃より酒井四郎氏来る。八時頃迄遊ぶ。十一時寝につく。

七月十日（金）

晴。一時半にて山沢、伊達、榊外十五名と片瀬に向ふ。余は一寸大磯により、二時頃片瀬に行く。夕食後江之島に散歩し、十時頃床に入る。眠られず。

七月十一日（土）

晴。五時起床。朝内は鵜島にゆく。午後よりは江之島の西浦に水雷艇しらたか〔白鷹〕かつきしかば、伊達、山沢、其他十五名と共に至りて見しに、横須賀迄乗らぬかと故直に乗る。二時西浦出発。一時四十分にして田浦港に着す。四時二十一分の発にて出発。鎌倉に下車。途中材木座弥十二氏の処による。八時頃帰る。十一時床に入る。眠られず。

七月十二日（日）

晴。十時着の学習院学生を迎ひに藤沢にゆき、十一時頃帰る。午後二時より游泳にゆく。帰りて相撲をなす。山口氏の宿る処ありしも、幕舎の方に、助手の名義を以て宿る事をゆるさる。十時頃床に入る。

七月十三日（月）

晴。午前は桜朶丸進水式。後直に其舟に乗り、鵜島にゆく。昼食は海岸にてなす。午後一時より游泳なり。三時頃より中年舎にゆきて相撲をなす。夕食後江之島方面を散歩す。九時床に入る。

七月十四日（火）

晴。午前中鵜島行く。海岸にて中食す。午後一時より一時間程予習。三時頃より中年舎に行き角力す。夕食後鵠沼にて中学対高等科の野球 match あり。中学の勝となる。九時床に入る。

七月十五日（水）

曇後晴。午前中初等科の生徒と共に鵜島に行って、海岸にて中食す。午後より一時間程游泳あり。夕食後乃木閣下の旅順行きの話あり。一時間程かゝる。夫れより山口の処にゆく。九時頃床に入る。

七月十六日（木）

大雨。十一時頃柳生、酒井、田尻、新家の四名来りしかば、昼食後直に相陽館に至る。共に夕食す。山沢なども皆来る。八時帰る。一寸中年舎により、種人の病気を見舞。強雨、強風。夜暗くして尺勺を解せず。帰りて見れば天幕は倒れんとし、或るはもる〔漏〕物あり。皆大めんくら〔面食〕い。榊氏宿りに来る。十時頃寝につく。

市来帰京す。

七月十七日（金）

昨日の雨に未だやまずして、風時に雨を混ず。十時頃志賀直方氏訪ね来る。共に相陽館、柳生氏の処を訪ふ。此日午前游泳なく、鵠沼の浜にて運動会あり。昼食後又相陽館に行く。田尻は弟をつれて帰る。游泳後桜朶丸にて江之島を廻り、稚児淵にて上りサヾイを食ふ。五時頃帰る。夕食後中学対高等科の match あり。中年舎の勝ち。夫れ柳生の処にゆく。九時頃帰る。

七月十八日（土）

晴。種人病気の為め、同道して帰京す。柳生、新家も同道す。帰京後直に名倉に行き、胸を見てもらう。一週間程静養を用する由診断あり。七時頃帰る。十一時寝につく。

七月十九日（日）

雨。少しく熱ありし為め床につく。夕刻菊地医師来り、咽喉をやってもらう。

七月二十日（月）

少雨後曇り熱は下りしも用事とぬ〔止〕め、終日床にをる。

七月廿一日（火）

晴。一時頃より名倉に行き、帰り菊地医師の処により、十二時頃市来氏の処を見舞ひて帰る。三時頃より誠氏来り、六時頃迄遊ぶ。夕刻雨ふる。十時頃寝につく。

七月廿二日（水）

曇り。午後より柳生、大迫、田尻など来り、夕食後代々木の御猟地を散歩す。九時頃迄遊び、十一時頃寝につく。

七月廿三日（木）

雨。朝名倉にゆき、午後より寿子と二人にて大磯にゆく。夕刻より直に片瀬の方に行くつもりなりしも、酒井、寺田来りをりしかば、一泊す。十時頃寝につく。

七月廿四日（金）

六時十九発にて大磯より片瀬に来る。午前游泳の時、タコを取る。午後游泳後山沢と桜朶丸にて鵜島に行く。夕食後乃木さんのソン〔孫子〕氏の兵法の話のあり。九時寝につく。

七月廿五日（土）

晴。午前游泳後鵜島にゆく。午後ヂブテリヤ予防血清注射をなす。夕食後豊島海戦の記念祭をなす。衣笠のウタイ、三好琵琶、竹宮などの芝居など、種々の余興あり。九時頃帰る。

七月廿六日（日）

晴。日曜日、且つ前日注射せしかば、自由散歩となりしかは、榊、宮内、牧野、福羽など大磯にゆき、波乗なぞして遊ぶ。夕刻より相馬、佐々木、三好など来る。七時の汽車にて帰る。

七月廿七日（月）

晴。午前游泳後、大勢にて鵜島にゆく。昼食は浜辺にてなす。午後には葉山の予習あり。夕食競点射撃あり。二年、三年、base ball match あり。七時頃より土屋などの処にゆき、八時頃帰る。

七月廿八日（火）

晴。九時より江之島週游を行ふ。用せし時間一時二十五分。午後より鵜島に行き大なる黒鯛をつく。夕食後土屋、北尾などの処に行く。

七月廿九日（水）

晴。平日の如し。午後、游泳後一同にて浜辺にて写真を写す。夕食後、小堀先生の処に行き、帰りに柳屋にゆきしるこ〔汁粉〕を食ふ。帰りに中年舎により、帰る。

七月三十日（木）

晴。風強く波高き為め、葉山、鎌倉遠游中止。平日の如く游泳す。夕食後田尻、土屋の処に来り居りしかば、直にゆく。帰り小堀先生の処ゆく。途中柴山、相馬などに遇ひ、氷屋にゆく。八時半帰る。

七月卅一日

晴。風強く波高かゝりし為め、葉山遠游、鎌倉遠游を中止す。十一時頃よりえひすや〔恵比寿屋〕前にて終末課業を行ふ。抜手、潜泳、御前泳ぎ、錠上など種々あり。

一時頃終る。夜は木場の処に天幕のもの大数にて行く。

十時頃帰り、床に入る。

八月一日（土）

晴。水泳部一同帰京の為め、早天四時頃起床す。七時二十分発の電車にて藤沢迄送りに行く。八時二十九分にて一同帰京す。予は山沢、竹宮などゝ片瀬に滞在す。昼食後直に鵜島に行き、四時頃帰る。五時頃の汽車にて柴山、市来など帰る。九時頃寝につく。

八月二日（日）

晴。六時頃起床。八時頃より烏帽子岩にゆく。種なる獲物あり。昼食をすませ、三時頃帰る。坂〔ママ〕四時頃より坂氏鎌倉にゆく。夜は田尻、堀田、北尾など来り、十時頃帰る。十一時床に入る。一時頃坂帰り来る。電車不通の由。

八月三日（月）

晴。八時二十九分発にて帰京す。昼食後大雨。一時間程にしてやむ。三時頃青山に行き、市来氏の処に行く。五時頃帰宅す。夕食後誠氏の処を伺ひしも留守なりしかば、東野先生の処にゆき、十一時頃迄話し、十二時床に入る。

八月四日（火）

晴。午前中家に居る。市来氏来る筈なしも来らず。一時二十分発にて片瀬に向ふ。三時頃着。五時頃鎌倉の弥十二氏の処に至る。八時頃より柴山氏の処に至り、昌生氏に遇ふ。昨日遠洋航海より来りし由。九時半にて片瀬に帰る。九時床に入る。

榊、宮内、鶴など三崎旅行帰りに来る。実吉、田尻、木村。実吉、鶴など帰京す。

八月五日（水）

晴。九時頃より桜朶丸にて鎌倉にゆく。途中稲村崎にもぐりしも、獲物なし。船中にて中食す。由井浜にて二条、本田などにあひ、yacht に乗り遊ぶ。三時頃帰途につく。水泳場にてタコ三疋を取る。十時床につく。安場ボッチャン来る。二時頃坂より電報、大不平、七日に帰る由。坂、葉山弁す。大に驚く。

八月六日（木）

晴。午後より雨。午前頃波乗りす。一時頃木村氏来り、九州行きの途中片瀬による。共に至りて、波乗をなす。波時に大なり。時に雨を交ゆ。三時半干幹帰る。酒井五郎氏よりはがきにて、五日九州出発するなど。小笠原島に出発の由。八時頃寝につく。雨風盛なり。為め波高く、舟の流るもの多く、江之島桟橋落ちし由。

八月七日（金）

晴。昨日余波未だおさまらず、時に雨を交ゆ。十時頃より鎌倉なる島津邸を伺ひ、終日を送る。九時頃帰舎。坂、力なりども葉山より帰る。十時頃床に入る。

八月八日（土）

晴。時に雨を交ふ。暴風雨の残りあり。午前中は宿舎に在る。一寸用ありて間崎の園氏の処に行き、幼年学校水泳教官の事につきて話す。午後より海にゆき、波乗をなす。夕食後長与の処に行き、九時頃帰舎。床に入りしも眠られず。おそく榊、宮内など十二時頃帰る。又坂の処に三好電報来り、大に不平。

八月九日（日）

晴。時に雨を交ゆ。六時起床。十時十三分発にて大磯にゆく。榊、醍醐氏同道。途中迄安場、坂氏も同道す。国府津に行かる由。昼食後海に行き、波乗りをなし、四時半頃帰る。夕食後鍋島の処に行き、九時頃帰、寝につく。

八月十日（月）

晴。八時頃より海にゆき、大さばしりより波乗りをなして帰れば、三好、佐々木、安場、坂など来れり。昼食後も直に海にゆく。五時頃帰宅。七時の発にて片瀬に帰るつもりなりしも、乗りおくれ、九時十七分発にて帰る。藤沢より電車なく、やむなく徒歩にて帰る。明月更々遥に霞む。龍只《［管の意カ］》へねむきをこらへて歩む。しらずしてすぐ一里道十一時頃宿舎につく。山沢、竹宮、外の者も芝居に行きしとの事にて未だ帰らず。十二時頃帰る。

八月十一日（火）

七時二十九分発にて帰京す。中途より雨降る。帰り市来氏の処によりしも、留守。午後より家にをる。

八月十二日（水）

雨なりしも、支度をとゝのへ、七時二十五分発にて塩原に向ふ。弥吉兄、通隆、梅子同道。

十二時頃那須着す。柴山の伯父上様たちと久しぶりに御話をなす。十時頃寝につく。

八月十三日（木）

快雨、午後より雨。六時頃より馬車にて塩原に向ふ。馬やみて一度も走る事なし。十一時頃関谷につく。之れより坂道にかゝる。馬よはりて動かず。やむなく馬を取りかへて行く。坂を登れば景は一変して絶佳なり。寂四橋に至る頃より降雨甚し。一時頃塩原着。伸太郎、近衛母上、鶴姉上及子供来れり。十時寝につく。

八月十四日（金）

晴。八時頃より一同にて源三位穴及び八幡の逆杉を見にゆく。二時頃帰宅。夕食後直に那須に向ふ。柴山さんに一寸とより、其れより従志の処を訪ひ、余りおそくなりしかば泊る。十二時頃寝につく。

八月十五日（土）

朝六時起床。鶏、番犬など見、後朝食をなす。八時頃従志の馬に乗りて事務所に至りて暇ごいをなし、九時五十分発にて帰京す。途中暑くて閉口す。三時半頃着。途中榊氏の処によりしも留守なりしかば、直に帰る。夕食後榊氏の処に至り、其れより誠氏の処に至り、十一時半頃帰る。中央幼年学校の水泳に頼まれ、翌日鎌倉に出発する故、支度をなして直に床に入る。

八月十六日（日）

晴。五時半起床。七時十分発にて鎌倉に行く筈なりしも乗り遅れ、八時半の発にて行く。一寸弥十二の処により、其れより中央幼年学校の水泳教師の宿舎にゆく。小堀先生、園、正木、山沢氏既に来れり。昼食は弥十二氏の処にてなす。一時半より游泳あり、至る。第一に中隊長より生徒に対する紹介あり。後生徒は体操をなし、其れより等級試験を行ふ。一等游手凡そ二十名、二等三十名、三等は十名程なりき。三時頃終り入浴に行き、夕食後片瀬に荷物をとりゆき帰り、島津邸により十時頃帰る。

八月十七日（月）

午前中少しく雨降りしも、九時頃より行ふ。入水前廿分程体操をなし、後喇叭にて進み、十五分游泳、又喇叭にて上る。手繰游方を教授す。午後よりも同じく、手繰泳ぎの練習をなさしむ。

夕食志賀の処に至りしも、留守なりしかば、建長寺の安場、岩食〔倉〕の処に至り、帰りに柴山の処に日出生俊二を訪ふて、十一時頃帰る。

八月十八日（火）

六時半起床。午前游泳には、一等游手は潜泳を行ふ。他は練習。午後は遠游予習。夕食後柴山の処に行きしも、留守なりしかば志賀の処行く。安場、岩食なども来れり。十一時頃帰る。中央幼年学校生徒は約四百名。本科三中隊に分れ、予科は二中隊に分る。余は第一中隊、第二中隊は正木氏、第三は園氏、小堀先生、山沢は予科。

八月十九日（水）

九時頃雨降りしかば、一時見あはせとなりしも、十時頃から快天となる。午前中より早抜手、午後よりは予習。夕食後柴山の処にゆき、十一時頃帰る。

八月二十日（木）

晴。午前中は二等游手に片手游を教ゆ。一等游手は予習。午後は脚立飛びをなす。本田、竹宮など来りしかば、日課後小坪の沖にもぐりにゆき、鮑の二百目程のとエビを獲る。山沢は大なる章魚をつく。五時頃帰り、夕食の御馳走となす。美味云ふ可らず。夕食事後弥十二の処にゆき、八時半頃帰る。

八月廿一日（金）

晴。九時頃より材木座より長谷迄の小遠游あり。参加するもの一中六十名、二、三中、予科百名程。用せし時間は一時二十七分。午後は慰労休みなりしかば、葉山に行く。途中逗子の久木なる清岡氏の処により、四時頃吉田の処にゆき、前の海に入る。夕食後は細川の処にゆき、其れより一色の方にゆきしも、伊東、団の処にゆきしも留守なりしかば、帰り細川の処に一寸より、夫れより帰路につく。九時三十二分に帰る。十時帰る。

八月廿二日（土）

晴。少しく風波あり。午前一等游手に立游、二等には立游、片手游を教ゆ。午後は予習をなす。夕食後弥十二の処にゆく。八時半頃帰る。

十時寝につく。

朝一時半頃長谷の小林別荘に出火あり、皆寝衣のまゝにて飛び出し走りに〱てゆく。未だもえ初めにて人未だ来ず。消防夫などは実にぼや〱す。山沢は梯子に乗り、下駄にて鐘を打てり。二時半帰る。

八月廿三日（日）

晴。午前三時半頃榊、醍醐両氏来る。昨夜十一時の汽車に乗り、一時頃大船着、それより徒歩にて来られし由。九時頃より山沢、榊、醍醐など、光明寺の裏山を越え逗子に出て、東郷氏の処に至る。吉四郎氏、幸吉氏も来れり。昼食の馳走にあふ。其れより葉山に行き、吉田氏、細川氏の処を問ひ、海に入りしも〔濁〕にぐりて面白からず。夕食後一色に至り吉田、伊東、団、所々を問ふ。九時頃馬車にて逗子に行き、九時半の発にて鎌倉に帰る。十一時寝につく。

八月廿四日（月）

雨。午前中は北条氏の処に行く。午後より小雨なりしかば、波乗りにゆき、三時頃帰る。榊、醍醐氏帰京す。四時頃より島津氏の処に行きしも、留守なりしかば竹宮氏の処により、其れより二条氏の処にゆき、馳走になり、八時頃帰る。十一時頃迄碁をなし、十一時半頃床に入る。

八月廿五日（火）

雨。午前中は休みなりしかば、イナ打ちに滑川にゆき、バケツに一盆程取る。午後よりは家に居る。夕食後は弥十二の処に行き、九時頃帰り、十一時頃寝につく。

八月廿六日（水）

曇り後晴。平日の如く、九時十五分より游泳。終りて操艇術なりしかば、余等は小坪の岬にもぐりにゆき、海老五尾、魚二を取る。士官連も来り見て、大に驚く。十二時頃帰り、浜にて昼食をなす。熊本より鎌倉師範を教へに来れる宮川氏も同道す。午後も平日の如く行ふ。然し余興として西瓜取りあり、中々勇壮なりき。夕食には獲物の御馳走及び宮川氏よりビールに腹をこやす。食後一寸弥十二の処にゆく。

八月廿七日（木）

晴。午前は長谷迄小遠游なり。二等游手以上之れを行ふ。終りて後小坪の岬にもぐりにゆき、海老などをとる。浜にて昼食をなす。午後は翌日江之島遠泳ある為め、勇気を畜ふる為め少しく行ふ。四時頃より島津邸にゆき、馳走に遇ふ。九時頃帰宅、寝につく。

八月廿八日（金）

晴。午後より雨。江之島材木座間遠泳ある為め、七時材木座海浜に集合。七時半出発。遠泳をなさゞる二等游手、三等游手を送りに来れり。左翼より予科十二、第三中隊四十余、第二中四十六余の隊、即ち第一中隊は四十九名縦隊にて行く。嚮導第二中隊、余は先頭の舟にありて先方の目標を取る。稲村ケ先きにて波大にして、為め少しく列乱れしも、直に回復。昨年以前に比し、非常なる快速。僅かに三時間五分にて片瀬海水場の処に上る。おくるゝもの僅か五、六名。然も一中隊には一名もなし。余の中隊は大に得意なりき。途中上りしものは、一中一名、他に二、三名つゝなりしのみ。稲村ヶ崎迄一時間十五分。船は一中三艘つゝなりき。途中バテカイなどを食す。上陸後たき火をなし、バラデーなど与ふ。昼食後鵜島に行き、エビの大なるものを取る。一時半片瀬の浜に帰るや否や、大なる降雨大に閉口し、暫く休み電車にて帰鎌、夕食には小堀先生の馳走あり。大に食ひ大にのむ。十時床に入る。

八月廿九日（土）

晴。翌日帰京の支度の為め八時より游泳を初め、十時に終る。余等昼食後、士官達と共に稲村ヶ岬に至りてもぐり、海老の多きこと甚し。三時頃迄遊び帰る。夕食には中央幼年学校よりの馳走あり。ビール一打。大にのみ食ひ愉快。八時頃より幼年校生徒の宿舎光明寺にゆき、記念の為め絵葉書に署名してもらう。帰り清岡の兄にあふ。九時頃帰る。園氏夜をそく迄帰へらす、大に心配す。

八月三十日（日）

晴。五時半起床。此日愈々游泳も終り、帰京の日なれば、六時半に行李を本部に出す。

八時、小堀先生、園、正木氏に別れを告げ、途中岡弥十二氏の処により西瓜などの馳走にあひ、九時五十分の中央幼年学校の為めに発する臨時汽車に乗る筈なりしかば、長くも留まれず。みやげを残し別れを告げて停車場に行く。生徒等は既に来れり。停車場前にて士官達と一緒に休憩す。約一時間。九時五十分頃停車場に入り、士官と同道二等車に乗り、無事着京。新橋にて荷物を取るつもりなりしも、遅くなる故直に帰る。夕刻、誠氏の処に出かけしも、途中下条に遇ひしに、留守の由。直に引きかへし、柏木に宿をなせる瓜生、柳生を訪ふ。平尾氏も来れり。十一時頃迄話し、帰宅。十二時床に入る。

八月卅一日（月）

晴。八時頃より誠氏の処に至り、十時頃迄居り、其れより同道して水道橋迄行って、此処にて分れ、榊氏の処に行き、昼食後、酒井氏の処に行く。晴雄氏大磯に行きしとの事。二時半頃迄遊ぶ。帰り神田に誠氏餞別の品を求めに行きしも、思しきものなし。故に明日求むる考にて帰宅す。十時床に入る。

九月一日（火）

曇、午後より雨。十時発にて誠氏渡米途につかる故送りに行く。何か餞別品を求め、為め銀座に行きも見あたらず、直に新橋にゆく。山沢、鈴木四郎など送り来れり。十一時横浜着。西村旅館にゆき中食す。大河内、慶久、勝、厚氏夫婦、栄子嬢同道す。一時頃西村を出で、はとばにゆき、安芸丸に乗船す。降雨甚し。室はトモの二等室なりき。二時出帆。記念のため撮影す。転し船を見送り、別れをつげて帰る。酒井、豊二氏も乗り、共に打ちつれて帰る。三時三十分の発をまつ為め、二階にてビールなどのむ。四時半頃着後、一同と別れ帰宅す。写真現像をなし、十時寝につく。

九月二日（水）

雨。十時頃より小堀先生の処に御礼に行きしも、留守。十一時頃帰宅。午後は一時間程昼寝す。夕食後伸太郎、種人と共に錦輝館に活動写真を見にゆき、十時頃帰家。十一時床に入る。

九月三日（木）

曇り。午前中は家に居る。一時頃より実吉氏来り、三時頃より共に向島に学習院中等部撰手の端艇練習を見にゆき、九時頃帰宅す。十時床に入る。

九月四日（金）

午前中は写真をなす。午後より柳生の処に至る。瓜生も来り、九時頃迄遊び、十時頃帰宅。寝につく。

九月五日（土）

晴。午前中は写真をなす。午前より瓜生、柳生両氏来る。夕食後日比谷の音楽堂に陸軍の演奏を聞きに行く。帰りに演技座により、立見す。十一時頃帰宅。寝につく。御弥太郎兄上、姉上、通陽大磯に行かる。弥太郎兄上は興津に井上の見舞に行かれし由。

九月六日（日）

晴。午前中は写真をやく。西村の姉上様御不快の由、電話かゝりしかば、昼食後直に原宿より汽車にて渋谷行き、直に訪ふ。左程の事も入らせられず、ツワリにて長く御着床の為め御弱りにて、吐気あらせらるゝ由。夕食の郷応あり。九時頃帰宅す。十一時床に入る。

九月七日（月）

晴。午前中は写真等。午後よりは目白の学習院に行き、見物す。木場其他に遇ふ。小堀先生、院長、学生監なども来れり。写真をもらい帰る。途中早稲田の運動場に行き、ワシント大学（米国より三日に来れる）の練習を見る。見物人多く恰も（野球）match の時の如し。約一時間見物し、写真をうつす。帰り酒井氏の処による。祥一、松平力、岡博氏も来れり。六時頃帰宅。写真フイルムの現像をなし、十時頃寝につく。御兄上、姉上大磯より帰らる。

九月八日（火）

晴。午前中は家にて写真をやく。午後榊氏来り、三時頃迄話す。其れより柳生の処に行く。瓜生も来れり。七時半の発にて伊地知氏京都に出発する筈なりしかば、送りに行きしも、六時五十分になせしとの事なりしかは、神田を廻り写真屋により、九時頃帰宅。

十一時頃寝につく。

九月九日（水）

晴。午前中は写真をやく。午後二時頃より自転車にて柳生の処を誘ひ、早稲田運動場にワシントン大学の野球練習を見に行く。海江田、鶴殿、進などゝ遇ふ。四時頃練習を止めしかば帰る。途中柳生氏の処により、五時頃中村さんに行きしも留守なりしかば、戸山を廻りて家に帰る。

夕食前　伸太郎と代々木が原に行きて来る．夜、牧野さんに行き九時頃帰り、床に入る。

九月十日（木）

晴。午前中は写真す。午後二時頃より豊沢さんに赤子の写真を取りに行く。四時頃かへり。十一時床に入る。学習院学生は目白の寄宿に入舎す。

九月十一日（金）

晴時々曇る。午前中は家にをる。午後より柳生氏の処に至る。山沢、実吉、新家、瓜生、酒井、田尻など来る。八時頃迄遊び、帰宅す。十時頃寝につく。慶応野球撰手布哇より帰る。

九月十二日（土）

雨。午前中は家にをる。午後よりは山川により、其れより目白の学習院の宿舎を見にゆき、六時頃帰宅す。十時寝につく。

九月十三日（日）

晴。終日家にをり、写真をなす。十一時床に入る。夜黒田長敬氏来る。

九月十四日（月）

晴。午前十時頃学校に行き、経済科に転科の願を出し、帰り時間表を見、画葉書屋によりて album を求め、神田を廻り姉上様に頼まれしいろは字引きを求め、写真屋により p.o.p.を求め帰る。二時頃より目白の学習院に黒田長敬氏の渡米の送別 match をなしにゆく。五、六回の match なり。大原、柳生も来る。七時頃帰宅、写真をやき、十一時頃床に入る。

九月十五日（火）

晴。午前中は写真をなす。午後五時頃より、豊沢さんに赤ちゃんの七夜にて行く。馳走あり。永井亨夫婦、永井さんの母、弥太郎兄上、日高さんなど来る。通ちゃん、雪子、幹子、伊地知さんの弟も居る。十時頃帰り、寝につく。

九月十六日（水）

晴。午前中は写真などなし、十一時半の新橋にて黒田長敬氏渡米さる故、新橋迄見送りに行く。瓜生、柳生など多数来れり。帰りに天夫羅にて有名なる橋善に至る。二名分食せしに、少しく胸悪くなる。二時頃帰宅。三時頃より早大に至り、ワシントン大学野球選手の練習を見、後早大のシックスのマッチを見て、六時頃帰宅す。園田氏来られし由。留守にて帰らる。十時床に入る。

九月十七日（木）

晴。昨夜の雨は晴れて、快天。十時半頃より早稲田大学に至り、練習を見る。ミルクホールにて中食をなし、柳生氏の処に至る。三時頃より自転車にて目白学習院に至り、六時頃帰宅す。風引きの為め早くねる。

九月十八日（金）

晴。終日家に居る。baseball のルールなど読む。十時寝につく。

九月十九日（土）

昨夜の晴夜、今日は強雨。時に晴れまを見る。ワシントン大学と早稲田大学との match の審判官をたのまれしかば、布告を聞んとて早大に加電せしも出ず、やむなく自転車を飛し雨を侵して行く。一寸柳生処を誘ふ。るす。早大に至れば、況〔ママ〕計らんや人は山をなし、万を以て数ふ。丁度二時十五分前。あふなく至らさる処なりしも、押してゆきしなり。殆どすかす処なりき。予は Ball、中野氏 base umpire をなす。四対二にて早大の敗となる。然れどもW大学の team 驚く可きものにあらざりき。四時半頃柳生氏の処に至る。瓜生、本田氏来れり。夕食後明治座に瓜生、柳生三人にて至る。沢氏の母、沢氏、大野氏など来れり。維新前後と云ふ題にて、井上さんの斬られし所、又白虎隊もなす。十二時半頃帰宅、帰り雨を降りて青山より走足をなす。一時床に入る。

九月二十日（日）

晴。時に雨を交ゆ。八時半頃より山沢氏来る。十一時頃安部氏より電話にて、今日の match 運動場悪しき為め中止せし由。一時頃より鈴木氏も来る。二時半頃帰る。四時頃榊氏来り、話しなりて共に打ちつれて新宿迄至る。十時頃床に入る。

九月廿一日（月）

半晴。始めて出校す。牧野刑法、経済地理あり。一時間程早く出せしかば、柳生の処により、其れより自転車にて目白の学習院に至り、七時頃帰宅す。其れより少しく match を見て、十二時頃床に入る。

九月廿二日（火）

曇り、後雨。平日の如し。休みなりしば、午後よりは直に写真して遊ぶ。十一時床に入る。

九月廿三日（水）

晴。午前中は家にをる。午後よりは神田に行き、watch、camera のフイルムを求めんとて至りしも、あらず。其れより直に早稲田にW軍と第二回の match の審判官に行く。二対六にて早軍の勝となる。六回迄は二対一なりしも、八回にて早軍バットにW軍を混乱せしめ、一挙五点を得、四時十七分に終る。帰り柳生の処による。瓜生、山沢、実吉、宮地なども来る。九時迄遊ぶ。帰りて写真現象をなし、後寝につく。

九月廿四日（木）

曇。朝八時頃家を出で、銀座の時計屋より時計を直させ、其れより金幣に至りてフイルムを求め、十時登校す。帰りは雨に降らる。五時頃帰宅す。十一時床に入る。

九月廿五日（金）

雨。朝中西により独語の経済の本を求めしもあらず。其れより岩川の大儀見氏の処に誠氏のBase ballの服を取りに行きしも、移転せしとの事にて、直に登校す。午後より休みなりしかば、直に帰る。

九月廿六日（土）

昨夜迄降りし雨は急に晴れて、拭ふが如し快天。九時より登校。建部博士の社会学の講義あり。

帰りは柳生、瓜生と共に早稲田に行き、慶応対ワシントン大学との match の審判す。二対一にて慶応軍勝。実に花々しき戦なりき。慶軍は布哇帰り第一回の match なれば、目新しく大に人気を引きたり。赤の Over uniform、少しくはで〔派手〕すぎる感あり。技の上手驚く程なりき。牧野さんに御馳走のはずなりしかば、直に帰宅し牧野さんに行き、十一時頃迄をる〔ママ〕。牧野さんの御親類の人多く来れり。本野さん、伊集院さんも来れり。帰りて十二時半頃迄写真の現像をなす。一時寝につく。

九月廿七日（日）

晴。十一時頃より麹町の島津さんにて薩摩会ありしかば至る。会するもの廿名程。中食後直に早稲田に慶応対華軍第二回戦の審判にゆく。山沢、海江田、種人同道。二時より開始。慶軍常に優勢。少しくワシントンのまれし観なり。no out にて full base となる前後数回。一挙五点を計する事あり、殆どめちゃくちゃ、十四対三にて慶応の連勝となる。早稲田にて慶応撰手共に茶菓の馳走になり、帰り酒井氏の処に行く。晴雄氏は留守。五郎、四郎氏をる。七時頃五郎氏と打ちつれ牛込より電車にて帰宅す。八時より園田来り、九時迄遊ぶ。十一時寝につく。

九月廿八日（月）

晴。平日の如し。帰り柳生と目白学習院にゆき、七時頃帰す。十二時寝につく。

夜明け三時頃賊入りし由。翌朝気がつく。取られしものは兄上様の書類のみなりき。

九月廿九日（火）

曇り後雨。平日の如し。十時頃寝につく。

九月三十日（水）

晴。午後より登校。帰りに学習院にゆき、六時頃帰宅。十一時頃寝につく。

十月一日（木）

雨。平晴《〔ママ〕》の如し。

十月二日（金）

晴。平日の如し。

十月三日（土）

晴。平日の如し。午後より大原と共に早稲田に行く。早稲田対ワシントンとの第三回 match の審判をなす。四対一にて早軍の敗となる。四時頃終る。帰りに目白学習院にゆき、柔剣道の道場開きを見る。後野球の練習をなす。六時頃帰宅す。十一時寝につく。

十月四日（日）

晴。九時頃より京橋の交詢社に行き、東京倶楽部の事につきて相談をなす。河野、青木、吉川、中野、田辺、鷲尾及び三井の理事村上氏来る。相談の上、倶楽部も成立す。部員来会せるもの及び桜井、押川を以てす。

uniform の事など定む。午食の馳走になり、一時頃より一同にて早稲田に行き、慶応対ワシントン第三回のmatchあり、審をなす。一対二にて慶応の勝となる。試合後茶菓を食す。五時半頃より名取氏の招きにて、慶応選手一同と芝の竹芝館にて饗応にあずかり、大に酔ふ。実に醜体を演ず。十二時頃帰宅す。

十月五日（月）

曇り。平日の如し。昨日酔の為め少しく頭いたく、為めに登校せず。三時頃より学習院にゆき、六時頃帰り、十時床に入る。

十月六日（火）

曇り。平日の如し。十時寝につく。

十月七日（水）

晴後曇り、時に雨を交ふ。午後は山崎さん休みなれば登校せず。十時頃より瓜生来る。午後より瓜生と共に早稲田に行き、早大対ワシントン大学の第四回目のmatchの審判をなす。三対五にてワシントンの勝利となる。然し非常なる激戦にて、回を重ぬる事実に十五回に及び、遂に黄昏に及べる頃容易勝負を終る。十時ころ帰せり。一寸柳生の処により、八時頃帰る。瓜生氏も来れり。十一時床に入る。

十月八日（木）

晴後曇り、雨。平日の如し。四時終りて後、直に学習院に土曜日の高等学校のレース（Running）の相談にゆき、七時頃帰宅す。十一時頃寝につく。

十月九日（金）

晴。午後より学習院にゆく。中学ボート撰手の励勇会なり。五時より上野精養軒にて行なはれたる、早稲田大学主宰なるワシントン大学の送別会にゆく。慶応選手、早稲田撰手及び応援隊、新聞記者、かゝり員など来る。此日ワシントン大学アマチューとmatchありし為め非常におくれ、七時半頃来る。大に空腹を感ず。食事後　阿部先生あいさつ、高杉氏の英語の訳。慶応のあいさつ、新聞記者倶楽部、ワシントンあいさつ皆おはり、余アンパイヤーとしてあいさつのぶ。十時頃解散。直に家に帰り、寝につく。

十月十日（土）

晴。九時より通陽が写真機械買う〳〵と云って泣そうになったから、片岡、綱雄と同道して水道橋にて下車、神保町写真屋により、夫れより浅沼に行き、22円の暗箱の早取写真機器を求む。夫れより余は分れて十一時廿分発にて横浜に、ワシン大学の出発を送りにゆく。丁度車内にて早稲田大学撰手及び慶応の阿部、高浜に遇ふ。二時出帆す。此処て分れをつげ、早稲田対アマチューとの**match** ありしも、直に二時二十八分発にて帰京し、一高に運動会を見にゆきしも、諸学校来賓競争にまにあはず、五時頃学習院生徒の代理にて賞品受けとり、直に帰る。

御茶水にて非常に待つ。帰り柳生と共に東京座にゆき、中々面白かりき。十一時帰宅。寝につく。

十月十一日（日）

晴。午前中慶応運動会を見に行く。午後よりは学習院輔仁会にゆく。二時頃凡べての運動を少しづゝなす。中々愉快なりき。六時頃帰宅す。十時寝につく。

十月十二日（月）

晴。平日の如し。輔仁会の翌日にて、学習院は休みなりしかば、佐々木、鶴殿、山沢、鈴木、榊など来れり。九時頃帰る。十二時頃寝につく。翌日は母上も長野に同道する様急に定まりし為め、大に急しなりき。

十月十三日（火）

晴。長野県下中学校聯合運動会の野球審判官として招れしかば、母上に申せしに、此れはよき折りなり、打ちつれて善光寺に詣でんと。さればおかじをつれ、八時二十分発にて上野を出ず。途中の秋色美に稲は実りて見渡す限り黄色をふげんや、今年は豊年なりと思はる。正午頃碓氷峠を過ぐ。紅葉は未たしと雖も、青、紅、相混じ又云ふ可らざるの影をえかけり。此峠をこゆれば最早気候は一変し、寒をおほゆ。浅間山は炎々の烟をはき、末は雲となり霞となる。遥に左に見ゆる犀川は霞の中を白糸をなして流る。川に沿へて線路出て、川入りて、山走りて〳〵て、五時日も既に甲斐の山に暮せんとする頃、長野に着す。此処一帯の地は昔武田信玄と謙信の兵を構へ地。昔の戦今日前に見るが如し。直に車をかけて、六時頃善光寺前なる藤屋入る。

夕食後長野共進会の夜間開場を見る。電気なれば、イルミネーションの盛なる東都をしのげり。九時頃帰室。はがきなどかき、後床に入る。

十月十四日（水）

五時起床。直に善光寺の尼宮様の寺にゆき、宝物など拝見し、後本堂にゆき階堂の下なる暗黒なる空をくゞる。中央に至る頃すゞあり。是れにさふりしもは幸運なりと。皆此れあたらん事を望めり。余等は音のみ聞きてあたらず。此れより後御開帳あり。七時頃終り、後尼宮様のお室にゆき、かきつけをいたゞく。九時頃帰宿。十時頃より中学校に行き、校長にあひ、運動場など見る。

午後より石原助熊さん共進会審査官に来りをりしかば、同氏の案内にて共進会を見る。五時頃帰る。六時より中学の野球のチャパテン会義に行き、規則の説明なし、九時頃帰宅、床に入る。

十月十五日（木）

晴。五時五十分発にて、母上、おかじ帰京す。八時頃より中学校に行く。式ありて、校長のあいさつあり。九時match を初む。第一は長野中学と大町中なり。六対三にて大町の勝。長中は大体に体額［格］小なり。第二、諏訪に長野師範。八対三にて師範の勝。途中降雨あり。びしょぬれとなり、閉口す。二時頃昼食す。其刻一寸諏訪及び松本の宿舎を訪ひしに、夕刻前同撰手等来り、又長中の教師等来り、八時頃迄をる。杉浦氏も十四日夕刻来られ、故に double umpire をなす。

十月十六日（金）

晴。昨日の雨の為め運動場悪しき為め、中止となりしかば、午前中は共進会に遊ぶ。後此処離る五、六町なる山後にある苅萱法師、即ち石童丸の墓にゆき、十二時頃又共進会に至り、助熊さんの馳走になる。一時より中学校にゆき、試合をなす事を進む。二時頃迄テニスを見る。三時より野球を師範運動場にて行ふ。松本対上田。三対〇にて松本の勝。活気あり、面白かりき。上田は少しくなまいきにて、しやくにさわる。六時頃より助熊さんの宿に行き、夕食の馳走になる。審査官の人大勢をらる。八時頃校長及び野球部長、礼として廿円及び真樹〔珠カ〕をもち来らる。校長始め中野、松本両野球部長、又松本中学の野球のかゝりの人も来る。八時三十七分にて帰途につく。途中横川の先きにて二等に乗りかふ。翌朝五時上野に着す。途中ねむられす、閉口す。

十月十七日（土）

晴。上野駅より帰り、直に食事し、夫れより向島にて各中学撰手ボートレースを見にゆく。第一回は新発田中学、慶応、明治学にて、新発田の勝。第二回は学習院、附属、独乙協会にて、学習院は三のコースにてスタート最もよく、水田にて既に一艘身先し、二の附属の上に出で、尚進みて一のコースを独乙にせまる。汽笛三をふく事甚し。渡場下にて院勢既はへたばり策の出ずる様なく、青、独乙一本〳〵にせまり、遂に大学桟橋の処に接触。残念、学習院は1のコースをうばいし故を以てヲミットさる。学習院応援隊は盛にして、通達丸をかり受け、全校生を満さいして両国より来り、尚小舟に盛に満航飾をなす。うちに撰手客あり。

余は早稲田対アマチューの match の審判をなす約束をなせしかば、直に帰り早稲田にゆく。十一対一にて早軍の勝ち、しかも日暮して七回にて中止す。七時写真を現像し、十一時床に入る。

十月十八日（日）

晴。九時頃より子供をつれ学習院運動会に行く。柳谷もやえちやんしかなど同道す。午後一時頃よりは皇太子殿下、皇孫両殿下、韓国皇太子来られ、非常なる盛会なりき。初等学校生徒も来る。中学来賓は慶応一、専門も慶応亀山一、六百は千も伊達一等、二等は牧野、級レースは高二、中学三年以下は三年の勝。客員は四組七人づゝにて団隊競争なす。海江田氏も来る。中々愉快なりき。紫の勝となる。七時頃帰り、写真して十一時頃寝につく。

十月十九日（月）

晴。平日の如し。三時頃帰宅。後写真をなす。十一時寝につく。

十月二十日（火）

晴。午前中登校。憲法休み。午後よりすかして榎本さんに病気見舞にゆき、其れより慶応に軍艦聯合軍との match を見にゆく。激戦十三回に渡り、非常愉快。マクラリーの快腕壮なり。福田も此日非常によく投ぐ。遂に佐々木の home をぬすみしにより、四対五にてあぶなく慶応の勝となる。試合後慶応にて馳走あり。茶を列す。八時頃帰る。十一時寝につく。

十月廿一日（水）

曇り、晴。午後より早稲田に軍艦対の match の審判にゆく。十六対一にて早軍の勝となる。六時頃帰宅。夜に入りて少しく降雨。十一時に寝につく。

十月廿二日（木）

雨。平日の如く登校。午後より柳生など学習院ゆきを進めしかば、同道す。途中にて雨晴れたれは、早稲田対米艦との umpire に行く可く約束せしかば帰宅。直に早稲田にゆきしも、米艦来らす止となる。直に学習院に行き、野球、running をなす。夕食をなし、後野球規則の説明をなす。七時頃帰宅す。十一時床に入る。

十月廿三日（金）

晴。午後より青山墓地に父上の二十年祭にゆく。兄上、母上、親席の者来らる。一時より祭始る。二時頃終る。其れ直ちに家に帰り、三時よりの祭に列す。帰途は野津さんの葬儀にて大混雑す。四時頃祭終り、一同にて食事す。久土、寺本おばさま、村上、川島、大西氏等来らる。七時頃皆帰る。十一時寝につく。

十月廿四日（土）

晴。八時二十分にて柳生に同道にて横浜に遊び、三笠艦に北条氏を訪ふ。十二時半頃迄遊ぶ。所々見物し、マストに登る。実に壮大。左は、二列にならべる我戦艦。威勢すさまじ。此れに相対して十六隻の米艦、旗艦マンネチカンとを頭にして二列に並ぶ。実に壮観。二時よりアマチュー対学習院と match ありしかばゆく。初め三点入りしかば大に喜びしも、回々を重ぬるに従ひ縦横むじんに打ち破られ、七回に至らずして十四対三となる時アマチューの要求にて三時半試合中止す。三時半より米艦の match ある由。五時頃米艦の match を終る。三百の学生等応援者は三時半頃来り、為め学習院対の match を見ず、実に気毒なりき。公園そばにて夕食し、六時四十一分発にて帰京。新宿に九時頃つく。帰り写真を現像し、十一時床に入る。

十月廿五日（日）

高師戦に伊達、牧野出で、伊達二等を取る。

晴。八時頃学習院行き、柔道の附属対選手の練習試合を見る。後余五人抜きをなせしも、三人目戸沢、小西に勝ち、宮内にまく。十一時頃より野球練習をなす。十二時九分にて帰宅す。五時半榊氏来り、七時頃迄をる。十一時寝につく。

八時米艦帰る。

十月廿六日（月）

晴後曇り。平日の如し。伊達来るはずにて直ぐ帰りしも来らず。十一時頃直につく。七時頃伊達氏より来電。

十月廿七日（火）

雨。午後よりすかして、学習院に柔道をなし、柳生と大塚をまはりてゆく。小雨となり、baseball をなしをりしかば、柔道後野球及び running をなす。六時の発非常にをくれ、七時頃帰宅す。十一時寝につく。

此日余の級の者は柴又に遊びにゆく。

十月廿八日（水）

晴。夜に入りて少し降雨。八時頃より家を出で、一寸毎報鷲津の処によりしも留守。其れより日英商会により、バットをよる。一日か三日に東京倶楽部にて match をなす故。其れより三越により、運動の靴をあつらへ、十一時向島の榎本さんに悔みにゆく。向島停車場にて柳谷氏に遇ふ。其れより同道して大学にゆく。午後三時よりハバード大学教授の、東洋に於ける阿米利加の外交と云ふ演説を聞く。四時より柔道場に至り、少しく柔道し、後競走の練習をなす。後附属対一高の勝負あり。大学生などもまじる。余は附属方の大将となる。宮沢初段にかち、山本大将と引分け。稽古なをしおらざる為大にへたばる。其れ運動会会議にゆき、六百メートル附加、及私立、専門学校来賓を入るゝ事、分科競争に学生外のものを入れざる事など議し、九時頃帰宅。十一時頃迄写真す。

十月廿九日（木）

晴後曇り。緑会秋期大会にて休み。午後より学習院にゆき柔道をなし、又 Baseball をなす。途中七時頃より柳生の処に瓜生、本田と行き、十一時頃迄話す。十一時半帰宅し、直に寝につく。

十月三十日（金）

晴後曇り。平日の如し。午後には榎本さんの葬式にゆく。本郷駒込の吉祥寺にて行なはる。三時四十七分発にて、巣鴨より目白学習院に行き、六時頃帰宅。十一時寝につく。

十月卅一日（土）

強雨。一時より学習院に行き、柔道大会を見る。中学対附属中学の勝負は、初め附属方優勢にて、初めの一人が五人も抜きたる上、引はけとなる。遂に大将以下四人を残して附属の勝となる。本院大将宮内、副将戸沢なり。有段者大津の為めに宮内は破る。其後三本勝負あり。余は藤芳（よし）となして勝（まきこみ）。五人抜きは三段山上氏に大原、長与、山沢、新荘、本田にて、山上氏の勝となる。七時頃終り、其れより瓜生と本郷江智勝に、大学の running 撰手の会在りしかばゆく。大雨にて道はるく、閉口す。目白に至りしに一瞬の処にて乗りをくれ、やむなく上野ゆきにのりしに、巣鴨にて三十分程またされ、大に閉口す。四時頃上野着。直に江智勝に行く。撰手一同（柳谷欠）及び緑会委員来れり。十一時頃家に入り、ねる。

十一月一日（日）

晴。学習院にて中学対麻布中学との B.B.match ありしかば、一時頃より至り見る。此日丁度高等工業対庭球試合もありたりき。勝ちし由。二時頃より baseball match 開始。小生 umpire をなす。四対五にて院方の勝となる。六時頃帰宅。写真をなす。十一時に寝につく。

十一月二日（月）

晴。平日の如し。帰りは運動会の練習をなす。伊達氏、鈴木と四時来り、共に練習す。帰り淀見にて夕食し、其れより青木堂にゆき帰る。十一時寝につく。

法科の撰手は今年は、土田足悪るき為め三溝入る。阿部、柳谷、長浜、春日、瓜生、三溝、小生なり。

十一月三日（火）晴。

晴。東京倶楽部にて第一回 match をなす。相手は慶応、されば十一時頃家を出で、日英によりバットを求め、慶応下にて中食し、一時頃慶応にゆく。寮士の面々来れり。曰く、中野、河野（P）、山脇（C）、押川（1B）、吉川（SS）、桜井（3B）、田部（LF）、青木（CF）、小生はRFなりき。三対一にて敗る。九回目に余入りて0敗まぬかる。夕食の慶応になすあり。七時帰宅。十一時寝につく。

十一月四日(水)

晴。午後三時より学習院に行き、帰り七時頃柳生の処にゆきしもをらず。約束せしかば、直に牛込の高等演芸館に行きて催眠術を見る。尚支那人の石はりなどありたり。十一時頃帰宅、寝につく。

十一月五日(木)

晴。平日の如し。帰りには競走の練習をして夕刻家に帰り、十一時寝につく。

十一月六日(金)

晴後雨。午前九時頃より駒場に至り、伊達、伸太郎などの明後日練習をなし、十二時頃帰宅。中食後直に目白学習院に至り、麻布中対中学の復讐 match を見る。一対〔アキママ〕数点の大敗をなす。中途より降雨にて大に閉口す。五時頃帰宅。六時頃より瓜生、安場、伊達、柳谷、伸太郎、諸士来り、共に夕食す。七時頃より海江田氏も来り、明後日の運動会の策戦をなす。九時頃皆帰る。十一時頃床に入る。

十一月七日(土)

晴。十一時頃より学校にゆき、一陶庵にて中食す。一時頃より第三回運動小会あり。百、二百、槌投げ、六百にて一等を得。学習院生徒なども十人程(山沢、榊、伊達)遊びに来る。又学習院来賓競争あり、榊一、山沢二、山県三。帰り学習院人と青木堂に行き、其れより分れて江智勝にゆき、選手一同と夕食をなし、十時頃帰宅。寝につく。

十一月八日(日)

晴。十二時頃学習院に行きしも、酒井氏自転車を持ち来られず。三十分程まつ。伊達氏をりしかば今日の運動会の事など話して分る。一時半頃酒井氏来りしも、自転車はなき由。やむなく急き車にて早稲田にゆく。二時より東京倶楽部対早稲田との試合をなす。余は投手をなす。四対五アルバにて勝ち、三時半頃終る。其れより直に自転車（電話をかけ綱雄に持ち来りもらう）にて駒場行きしも、最早終りし後にて、帰る来るもの幾百十。或るは赤旗をもつもの、白旗をもつもの。途中にて聞けば、一高一、慶二、学三の由。がっかりす。

運動場に至り見れば、未だ所々彼処にむれて、何をか審議あり。聞けば今日大なるもんちゃくありし由。

1、一等争ひ、慶応亀山は胸が先きに決勝線に入りしと為の一等の旗を受けしに、或る大学生の為めうばひ取れしと。

2、一高応援隊、三等以下決勝点に入らざる前に決勝線の所に至りて暴害をなせしとの為めに三等以下を定むる能はず。且つ、皇孫殿下の前にて不敬をなしたれば、一高は一等なる旗を与へずと、三等に学習院をみなすと。為め一高は旗なきを怒り、慶応は審判の不正を云ひて共に賞品を返せり。学習院は温当に審判に復せり。六時頃一同にて渋谷三河屋に行き、慰労会をなす。田尻、瓜生、海江田、柳谷、山沢、榊、伊達、鈴木、実吉など。九時頃帰り、寝につく。

十一月九日（月）

晴。平日の如し。経済地理休みなりしかば、家に一寸より、二時頃より学習院にゆき match をなし、後第一寮にて行き夕食す。後山沢、木場の不親の調和を計る。陸上部茶話会をなし、九時頃迄遊び、九時半帰宅。寝につく。

十一月十日（火）

晴。七時七分にて学習院生徒奈良地方に行き、途中原宿を過ると聞きかば、前の踏きりの処に行きて送る。昼食後沢さんの処にゆき、リンゴのごちそうになる。帰り運動会の練習をなして後、五時頃一寸和田垣さんの経済に出ず。初め Seyer をやる。夕食は江智勝に至り、

running（法科）撰手一同と食し、八時帰途につく。途中柳谷氏の処により、自転車を取りて山川により、夫れより和田屋によりてBaseballの服の寸方を取りもらう。帰らんとせしに、自転車にかけをきし本つゝみなく、大にめんくらう。誰れにかぬすまる。中には田尻氏の経済史のnoteありし為め、大にきのどくす。尚小生の経済史のnote、経済学（山崎博士）もぬすまる。帰り自転車のくわい〔具合〕悪るく、閉口す。十一時寝につく。

十一月十一日（水）

晴。午後より休みなりしか、日本橋の金丸に鉄砲を見にゆき、三時頃より大学にてrunningの練習し、江智勝にて選手一同にて夕食し、九時頃寝に帰り、寝につく。

十一月十二日（木）

晴。平日の如し。午後、夕刻、運動場にてrunningの練習をなし、後撰手一同にて江智勝に至り、夕食す。八時頃帰宅。十一時寝につく。

十一月十三日（金）

晴。平日の如し。帰り瓜生の処にて三時頃迄遊び、其れより運動場に行き競走の練習をなして、後江智勝に至りて夕食して、八時頃帰宅。十一時寝につく。

十一月十四日（土）

晴。大学の運動会なりしかば、九時頃より行き、十時より開始。百ヤードは四メートルのハンデカップにて二等。一等は田中。勝てるはずなりしも、前の者ころびし為め、大に残念す。二百は二等、百メートル一等は安形。二百のレコードをなせしも、一秒の1／5の差。即ち25,74 25,94の差にて駄目。四百は25にて途中にて止む。百は今年はじめて行なはる。一等を得、二等柳谷。六百のレコードは一分三十二秒八十七にて走る。今年は元気なかりし為め自分にて案外なりき。団体競走は法科の勝となる。長浜、三溝、瓜生、柳谷、春日、阿部、三島。賞品授与後三宣亭の祝勝会に行き、十時頃帰宅。寝につく。

中学校来賓は独乙協会の細川の勝。二等は慶応。一分三十八15。
学習院、行軍にて京都奈良神戸の観艦式に行きしかば出ず。
二等師範とは二、三尺の差なりき。一分三十六、六十五。

十一月十五日（日）

晴。早昼飯にて、十一時頃早稲田に行く。途中内藤氏の処によりしも留守なりき。二時より東京倶楽部対早稲田第二回 match を行ふ。北強風にて閉口す。練習を初めし時は一つも受くるものなく、大に笑はる。然し試合になりてより好成績にて大になりぬ。翌日の新聞によかりき。桜井（P）、余は（CF）、戸田（1B）、稲葉（RF）。外は同じ。帰り講道館にゆきて大紅白勝負を見る。紅組は大将以下四人くすして勝。徳三宝氏等の大将福羽以下三人をたをす。
紅組の大将は三船。四時頃帰る。

十一月十六日（月）

晴。経済地理休みなりしかば、午後より帰る。三時頃より青山の墓地に詣で、此処にて瓜生、田尻と会し、共につれだちて青山氏の処を問ひ、十時頃迄をる。十一時寝につく。

十一月十七日（火）

晴。穂積、山崎両先生休みなりしかば、直に帰る。十一時寝につく。弥十二氏鎌倉に帰る。

十一月十八日（水）

晴。山崎さん休みなりしかば、午後より家に帰る。学習院生徒京都地方行軍より帰る。
神戸にて大観艦式挙行さる。
六時頃より榊氏来り、九時頃迄遊ぶ。
十一時頃寝につく。

十一月十九日（木）

晴。平日の如し。五時頃帰宅。十一時寝につく。

十一月二十日（金）

晴。午後より目白に行き、五時頃帰宅。十一時寝につく。

十一月廿一日（土）

晴。早稲田対米国野球団 America Reach All Baseball Team と試合ある筈なりしかば、早稲田に行きしも、彼等の乗船到着せざる為め延期となる。故に二時頃より目白に行く。四年対五年の試合あり。十以上四年の勝。四年対三年との試合は二対一にて四年の勝。中々面白かりき。五時頃帰宅す。十一時床に入る。

十一月廿二日（日）

朝の内は雨。八時半頃より山沢、実吉、酒井五郎諸氏来り、二時頃迄。其れより伸太郎と西郷（目黒）さんの遠〔園〕遊会に行く。富士子嬢、古川氏の婚せし祝ひなりと。六時頃帰宅。十時頃床に入る。

今日米国野球団来り、早稲田と試合せし由。五対〇にて米軍の勝利。

十一月廿三日（月）

晴。八時頃慶応にゆき、十時より東京 team 対米国との野球試合をなす。寒風強く閉口す。来観者は大に困る。過失続発。米軍猛打ヒットする事十有余度。遂に十九対一にて敗す。Ｐ河野。途中より青木かはる。昼食を今福に至り、東京チーム一同にて食す。押川春浪氏も同食す。午後より慶応対米国の試合を見る。三対〇にて米軍の勝。六時頃帰宅し、十一時寝につく。

十一月廿四日（火）

晴。午後より山崎さん休みなりしかば、慶応に。早稲田山脇１Ｂ、獅子内ＣＦ、伊勢田ＬＦ、慶応よりは佐々木ＳＳ、神吉ⅢＢ、小山ＲＦ、東京より中野ⅢＢ出で、Ｐ、Ｃを米国よりかり、慶応の村上Ｐ、横手Ｃ、外は米国にて聯合試合なしも、余り面白からず。四回に米国Ｐ、Ｃ

四球を続出せしかば、来観者不服を云ひ、為めP、Cを米国に返し、小山P、山脇C、横手1B、久保RFにてなす。経、法 umpire をなす。十一対四にて米国の勝利となる。
三越より寄附のスードケースをもらい、帰りに東京鉄砲店に行き、鉄砲を見て帰る。

十一月廿五日（水）

晴。平日の如し。帰りに目白学習院に行きしも、皆華族会館にヘテン氏、有名なる探検家の西蔵の探検の話を聞きにゆきしかば、余も参る。五時半頃より講演始まる。山崎経済地理の教師通訳す。
幻灯などあり。八時頃終る。此より酒井五郎氏と松本楼に行きて共に夕食し、其れより分れて東京鉄砲店にゆき、六十一円て二連銃を払む。真田も来る。十一時頃帰宅、寝につく。

十一月廿六日（木）

晴。平日の如し。帰り東京鉄砲店にゆく。五時頃帰り道山川にゆく。六時頃帰宅。十時寝につく。

十一月廿七日（金）

晴。平日の如し。学習院に柔道紅白勝負ありしかば行く。六時半頃帰宅す。大将は山沢、新荘にて、引分。九時頃寝につく。

十一月廿八日（土）

晴。午後より向島に遊びにゆく。柳生、田尻、瓜生のみにて、他の先輩撰手諸氏は来らず。翌日のボートの練習の為めに行きしなれども、なす事なく、学習院の人の舟にのりて遊ぶ。
帰り鳥松にて夕食す。帰り神田にシャツなど見、八時頃帰宅。写真をなし、十時頃床に入る。

十一月廿九日（日）

晴。朝の内は写真をなし、午後よりは向島の学習院の秋期小会にゆく。中学三セン、二、四セン。レースは三セン勝。第六寮対四年、五年のレースは第六寮の勝となる。先輩対学習院撰手のレースは学習院の勝となる。先輩撰手は諸岡、有馬、瓜生来らず。為め、田尻、柳生、新荘(学)、小生、酒井、本田にてなす。六時帰宅。七時頃より酒井五郎氏来り、九時頃帰る。十一時ねる。

十一月三十日（月）

晴。午後より慶応に行き、米国野球団と試合をなす。八対五にて敗けしも、第一回にはヒットを続出し、一挙五点を得、丁度一回廻る。青木Ｐをなす。福田ＬＦ、河野ＣＦ、小生はＲＦ。敵軍盛に猛打し、外野をそう〔襲〕事十余なりき。六時頃帰宅。十一時寝につく。佐々木氏はがき。五郎よりはがき来る。

十二月一日（火）

晴。平日の如し。三時より目白の学習院にゆき、六寮対五寮の match あり。五対四にて五寮の勝となる。非常に無気〔ママ〕になり、活気ありて面白かりき。五寮審判の不正を称へ、山沢怒り大にもめたりしも、なんなくすむ。六時頃より四谷三河屋にゆき、北条、酒井、大迫、瓜生、柳生、田尻など会食し、八時引き上ぐ。其れ独りにて柳谷氏の処に十時半頃迄をり帰宅。直に寝につく。

十二月二日（水）

晴。平日の如し。佐々木、酒井五郎にはかき。内藤政邁。六時頃、五郎氏より来電。

十二月三日（木）

晴。平日の如し。佐々木に手紙。十一時寝につく。

十二月四日（金）

晴。経済史休みなりしかば、瓜生の処にゆき、一時間程をり、其れより御殿の前に行きて、大学の陸上運動会の分科団体競争の勝利記念撮影をなし、後一同にて青木堂に至り、寄附のハムの代りに菓子、ブランデーなどを食い、四時頃引き上ぐ。帰り和田屋及び山川による。七時頃より、くたびれてねる。

十二月五日（土）

晴。十時頃よりスウエーダを買ひに本郷に行きしも、思しきものあらず、為めに帰る。早昼をなし、十二時九分発にて目白学習院に行き、学習院撰手対の試合をなす。中々面白かりき。当方の member は、P小生、C木下、ⅠB立花、ⅡB柳生、SS新荘直知、ⅢB海江田、LF本田、CF横手茂時、RF柳谷。二時半頃より始め、五時半頃終る。四対二にて敗け、試合後一同にて茶菓を食し、五時分れて帰宅。十時床に入る。佐々木と相馬にはがき。

十二月六日（日）

晴。午前中は家にて写真をなす。午後より一寸出で、内藤の処をとひしも留守。三時頃帰宅。五郎、榊に電話。十時寝につく。

十二月七日（月）

晴。平日の如し。朝は五時頃よりをき、床の中にて書を見る。内藤にはがき。佐々木よりはがき来る。十一時床に入る。

十二月八日（火）

晴。午後より山崎さん休みなりしかば、本郷座に相夫恋を見にゆく。十一時半頃より、杉村氏六時半発にて仏国にたゝれしより、送りにゆく。帰り博品館、大勝堂により時計などとりて、八時時頃帰宅。ねむくて何もなさず。十一時床に入る。

十二月九日（水）

晴。寒風。平日の如し。

十二月十日（木）

晴。平日の如し。

十二月十一日（金）

晴。朝は煤払あるはずなりしかば、此れの要意《ママ》の為め、戸棚の中の者を出し本箱などをかたずく。午後より直に帰り、室の中を取りかたずけ、後夕食す。十一時半床に入る。

十二月十二日（土）

晴。午後より降雨。午前中は読書す。大工来り戸棚に棚をつけしかば、午後よりは本の入れかえをなす。六時頃田尻に電話をかけて、明日の横須賀行きの事をたずぬ。又黒田氏より頼まれし Coffee をきく。十一時頃寝に入る。

十二月十三日（日）

晴。八時頃を家を出ず。出がけ一寸牧野さんにより、種人より学習院野球撰手の写真を受取る。
代々木に電話《ママ》に乗りしに、榊、酒井など学習院の人に遇ふ。九時発にて柳生、酒井、田尻とにて横須賀定泊中なる三笠艦に北条氏を訪ふ。大原も機関学校より来る。一時頃水雷艇にて上陸。水交社にて昼食し、此処に大原と別れ、四人にて鎌倉に行き、志賀の処（北条の別荘にをる）を訪ふ。其前一寸弥十二の処を訪ふ。大に元気になりをれり。志賀処を出で、海岸に出ず。秋の海辺又なくよし。霞み渡れる。稲村ヶ崎新田氏の渡れる。夏遊びし材木座の浜実によい景色。其れから滑川に出でたるが、川がありて渡れないから、余は飛んだ。続いて酒井が飛んだ。踏みきりがとをいのでまんまと河の中に落ち込んだ。続いて柳生又水中に飛び込む。北条、田尻はずか〳〵渡ってずぶぬれ。然し此方が余程ましだった。ぬれた足をひきずって三橋亭にいって夕食し、三昧に舌つゞみ打ち、横須賀に帰る。八時三十二分で帰京。十一時頃帰宅。鎌倉より川上氏と同車す。同時に北条は横須賀に帰る。

十二月十四日（月）

晴。平日の如し。昼休みに田尻、柳谷氏とにて瓜生の処に行く。午後は四時頃帰宅。十二時床に入る。山沢にはがき。母上様は大磯より御帰京。

十二月十五日（火）

晴。平日の如し。午後三時よりの和田垣さんの経済は、一時間程にして帰る。

十一時床に入る。五郎にはがき。

十二月十六日（水）

晴。烈風。平日の如し。八時頃より銀座に行き、鶴子姉上の画はがきをさかせしもあらず。

其れ上野行きの為の処、途中、火事〳〵とさわぐ声す。見れば上野方に烟立ち登れり。間もなく電車は上野に至る。飛下り忍ぶず〔不忍〕池畔に至れば、かなたに見ゆ。急さんで至り見る。猛火烈風にあをられ、実に盛なりき。聞けば三十戸程やけしより。其れより登校す。高野さん、山崎さん今日にて今年は終る。夕食瓜生より来電。六時頃一寸日野さんに御約束の画はがきを持ち行く。七時頃より柳生と瓜生来り、十時頃迄遊ぶ。

十一時床に入り、論語を見る。

十二月十七日（木）

晴、午後より雨。平日の如し。夕食後母上の処にて御話す。十一時半床に入る。

十二月十八日（金）

晴。平日の如し。五郎よりはがき。伊達より電話。帰り藤氏ハルピンより帰京せしかば、学生集会場にて柳谷、春日、長浜など〻共に会談し、後江智勝にゆきて藤井氏の御馳走になる。七時帰宅。十時床に入る。

十二月十九日（土）

晴。四条さんの祖母様、昨日御かくれになりしかば、御悔みに行き、帰りて直に、学習院にて催ふされしクロスカントリーレースに行く。新宿を一時五十五分発にて荻窪に向ひ、停車場より北口七、八町なる沙〔ママ〕寺より、三時先発が出発す。余等は二十分おくれて出ず。四時二分二十六秒に目白学習院に着す。十五等なりき。然し一部、二部に分ちありし故に、五、六等なりき。幼年部の一等は戸田、五十五分なりき。余は四十二分二十六秒なりき。夕食を教育食堂にてなし、八時頃帰宅。写真をなし、十一時頃床に入る。

十二月二十日（日）

晴。午後より商業学校に社会政策学会の討論を聞きにゆく。大隈伯などの演説なり。五時頃帰宅す。

十一時床に入る。

相馬、内藤、小川にはがき。

十二月廿一日（月）

晴。経済地理休みなりしかば、午後より帰る。五時より伸太郎、種人と共に柳谷氏の処をさそひ。瓜生も同道して有楽座にゆき、写真を見る。酒井、相馬兄弟、柳沢なども来る。十二時半頃帰宅。直に寝につく。

拳闘者には、アマチュアー者なども多く出づ。山沢よりはがき九通。

十二月廿二日（火）

晴。此日限り休みとなる。六時半にてチリーに行かるゝ藤井氏を送り、帰り柳谷氏と日影町にゆきし虫など見。七時頃内藤氏処により、九時半頃迄居る。十一時床に入る。

十二月廿三日（水）

晴。一時頃より青山に行き、四条さんのおばさまの御葬儀に行き、三時頃帰宅。清岡祥一と酒井五郎氏来る。又六時頃より伊達と木場氏来り、九時頃迄遊ぶ。十二時床に入る。佐々木、柳谷氏より来状。

十二月廿四日（木）

晴。独りにて六時五十六発にて諏訪に向ふ。車中、七十余の婆さんをり、色々と話す。婆さんは種々なる話をなし、其婆さんは子供を辰野の先き迄向ひに行ったなり。一月に成しきり、未だ帰り来らず。家には老ひたる夫と婆なり。昨日は子供生まれたればに二、三度迎ひにやりしも、手紙はよこすが、未だ帰り来らず、為め親が行くなりと。婆さん色々の話の末、あなた職業は何に。学校にいっていると云ったら、何程取れますなど聞く。又は子供何人ありますなど聞き、大に滑稽なりき。又婆さん弁当には薩摩芋、八つ頭など、粟餅種々なるものを出す。進精の話など出で、且つての旅行の事など思ひ出し、実におかしく思ふ。十二時半頃甲府着。韮崎より先きは、一町行く毎に雪を増し、今迄は雪なかりしも四方銀世界。山は白雪を戴き、実に雪景〔カ汚損〕。四時下諏訪着。直に旅館丸屋に至り、其れより神社の先の池にてすべる。食事を終り、湯に入りて寝につく。

十二月廿五日（金）

明れば二十五日。九時発の汽車にて小口卓襄（諏訪中学生徒）と共に間下の池に行き、二時頃迄滑る。弁当を持たざりし為め、空腹大に閉口す。二時頃徒歩にて帰宅。四時頃伊達と酒井五郎氏来る。又々神社の傍の池にて滑り、十時頃寝につく。

十二月廿六日（土）

晴。八時頃より伊達、酒井五郎氏と三人にて、馬車にて間下に行き、終日滑る。四時五十六分の発にて帰り、十時頃床に入る。

十二月廿七日（日）

雪。十時の発にて帰るつもりなりしが、雪降りにて氷もだめなる故、七時半発にて帰京す。途中甲府迄よくねむる。之れより先きは雨。五時頃帰宅。其れより内藤氏の処にゆき、九時頃迄話す。

十二月廿八日（月）

晴。九時頃より榊氏を金杉病院に見舞ふ。十二時帰宅。

直に華族会館に雪子の結婚御慶目にゆく。
余興になどあり、後立食。五時頃帰宅。火曜日の諏訪ゆきのしたくをなし、寝に入る。

十二月廿九日（火）
雨なりしも六時五十六発にて又も諏訪に向ふ。韮崎より先きは雪となる。三時半頃下諏訪着。伊達、五郎氏迎ひに来らる。十時頃寝につく。

十二月三十日（水）
晴。六時頃より馬車にて間下の池に行く。酒井氏十時発にて帰京さる。氷悪しく大に閉口す。法大学の長井と云ふ人も来らる。二時頃馬車にて帰る。十時寝につく。小雪。

十二月卅一日（木）
晴。九時の発にて、長井氏も同道にて伊達と間下の〔ママ〕行き、四時頃迄滑る。四時五十分発にて帰る。新年状などしたゝめ、十一時頃床に入る。
昨年は甲府に伊達氏と共に年を送る。今年は又此処諏訪、同氏と共に年を送る。

雑誌、新聞掲載文・談話など

振武的大競争　クロスカンツリーレース

帝国大学　三島弥彦
早稲田大学　吉岡信敬

愉絶快絶の至りだ＝学習院が日本での元祖＝磁石携帯＝脚の速いのが負けるかも知れない＝注意すべき糞壺＝是も一興

（一）痛快極まる振武大競走

滔々たる天下の濁流に逆ひ、剛健質実の気を鼓舞するに怠らざる冒険世界が、其兄弟分たる少年世界と共に、多大の費用を投じて、満都の士女花に狂ふ四月上旬、振武的大競争を挙行し、大に吾党のために気を吐かんとするは、実以て愉絶快絶の至りである。殊に少年世界主筆巌谷小波君及び本誌主筆押川春浪君が、此クロスカンツリーレースを日本的に振武大競争と命名したのは、先づ吾人の心を得たもので、劈頭第一此挙のために痛快を叫ぶ次第である。

読者諸君も御承知の如く、今回の催しにかゝる振武大競争は、例のクロスカンツリーレースの一種特別なもので、遠からず諸君は親しく其面白味を解することが出来るのであるが、吾輩等は茲にクロスカンツリーレース其物に就て、知つてるだけのことをお話しゝたいと思ふのである。

(二) 一種の長距離障害物競争

英国の大学あたりでは毎年十二月、必ずクロスカンツリーレースを行《や》る。尤も同じ競走でも種類が色々あるだらうと思ふが、要するに田舎道を駈抜けるのが此競争の眼目である。併し英国の大学では、時として其広漠なる校庭内に於て、其競争をやることがないでもない。其場合に於ては一種の障害物競争であつて、池があれば池も渡らうし、藪があれば藪も抜けやうし、といつたやうな工合で、出来るだけ本物のクロスカンツリーレースを真似てやることになつて居る。

校庭で行る競走の距離は知れたものだが、若し是が本物となると、どうしても八九哩乃至十哩はなくてはならぬ。尤も是は外国での話だ。

(三) 学習院の競争方法

さてそれではクロスカンツリーレースは、如何なる方法に依つて行はれるかといふと、前にも一寸言つた通り、種類が必ずしも一様でないので、便宜上、三十八年始めて学習院で行つた競走の方法をお話して、それ以上は読者諸君の御判断に任せることゝする、尚其前に改めて断つて置きたいのは、日本に於けるクロスカンツリーレースの元祖は学習院であるといふことである。

学習院第一回クロスカンツリーレースでは、或出発地点に於て、各競走者に決勝地点の方向を示し、然る後此両地点間を、野といはず河といはず畑といはず林といはず、それこそ猪武者のやうに、真一文字に走らしたのである。いふまでもなく、此方法に依るときは、各競走者はてんでに磁石携帯で、時々刻々方向を定めなければならないのである。

(四) 七千百ヤードを四十一分

言落したが此方法では、目的地点即ち決勝地点だけ競走の前日公表されて、出発地点は其当日、監督者が引率同道の上競走者に示すことになつて居る。

恰度其時の目的地は府下豊多摩郡新井村の薬師堂だと

いふことが、前日競走者に発表されたけれども、出発点は当日になつて、下北沢村森厳寺附近の桑畑に沿ふた道路であることが初めて解つた、処で決勝点の方向は、出発点の真北に当つて居ることが、出発地点に於て発表されたので、両地点間の距離七千百ヤードを北に向つて真一文字に走る間に、各競走者は、勢ひ水田四個所、河流六個所、灌木林十個所を通過しなければならなかつたのである。而して此時の第一着が伊達君で、七千百ヤードを四十一分で走った。

以上は学習院に於て行ったクロスカンツリーレースで、今回冒険世界及び少年世界で行るのは少し趣が違つて居て、諸君も既に知らるゝ通り、出発決勝両地点を示して置て、其間に必ず通過すべき関門を、当日出発五分前に発表しやうといふ仕組なので、是も頗る面白い方法といはなければならぬ。

(五) 誰か覇を唱ふるものぞ

要するにクロスカンツリーレースは、或意味に於て長距離障害物競走である故に前号巻頭の告白にある通り、脚の早い者が必ずしも勝利の月桂冠を戴くといふ訳ではないので、頭脳が明敏であり、臨機応変の才があり、大胆であり、体力が勇健であり、且つ又冒険好きの元気者でありさへすれば、普通のランニングレースと違つて勝つこと疑なしである。まつたく我と思はん勇士の面々は、此際須らく来つて東都に覇を唱へなければウソである。

(六) 競争中の注意

そこで競走中の注意事項であるが、大体に於て、ランニングレースの場合と異らないけれども、竹や木の鋭利なる切株で、脚の底を突刺さないとも限らないから、そこは名目《めいめい》で底の厚い足袋を穿くのが肝要である。這麼《こんな》ことはいふまでもないが、出来得るだけ身軽に仕度しないと不可い。下着としては毛のスレツターなどを用ゐた方が、妙であらうと思はれる。

それから此際是非御注意を願いたいのは、藪の中や畑の傍にある古井戸である。若し誤つて落込まうものなら、それこそ大変なことが出来上るから、諸君は其辺の油断をしてはならぬ。殊に飛んでもない処に糞壺などがある田舎の畑道のことであるから、古井戸の警戒と共に、是も余程気を附けないと、折角の競走メチャ〳〵にして、諸君は酷い目にあひますぞ！

畑の作物だけは荒さないやうにしないと、途中で農夫にとッつかまつて、思はぬ失敗をしないとも限らない。此辺も又大に注意を要する。

（七）花より出でゝ花に入る振武大競走

さて此競走の面白味だが、是は吾輩等が改めていふまでもないことゝ信ずる。九段にも花が咲てるいや飛鳥山にも咲いてる。競走者はさながら花神の懐より出でゝ、花神の懐に入るやうなものである。

東京の屋並を外れると、遥か向ふが遠山霞、近くは青々とした麦畑に雲雀がチイ〳〵、松林からもくぬぎ林からも、山桜が丈伸をして、競走者の武者振を見て居る。歩一歩、目先が変つて、自然美に魅せられた当人は、殆んど知らぬ間に決勝点に着いてしまふ。是も一つの愉快ではあるまいか。

前にも述べた通り、頭脳のいゝのが、脚の早いのより勝つ、プロバビリテイが多いから、時々十三四のチビ助が、堂々たる大男を負かすやうなことがある。是も滑稽で中々面白いではないか。

犬に吠え付かれたり、農夫に怒鳴られるなども、時にとつての一興。場合に依つては、他人の家の庭内を、表

門から裏門に抜けるやうなこともあるだらう、其時諸君は表門でとッつかまるやうなヘマを行ってはならぬ。仮令怒鳴られるやうな事があつても、余り議論などは吹掛けないやうにするがよい。

余り饒舌るまい。饒舌らずとも、遠からず諸君は、殆んど名状すべからざる愉快を感ずることができる。要するに猛烈に走つて、華々敷勝つて貰いたいのである。

それから最後に一言する。当日勝利を得んと欲する者は、必ず磁石携帯の必要があることを忘れてはならぬ。

(『冒険世界』第二巻第五号、明治四二年(一九〇九)四月)

〔オリンピックへの途上〕

三島選手の通信

△お百度がお勤め　△スケーチングはみんな上手　△練習時間は夜

オリンピツクゲーム日本選手三島弥彦氏が早稲田の吉岡氏へ宛てた途中の通信を綜合して掲載することにした。却々面白い観察もある。

▲神々しい森林　第一信には出立の際、諸君からお見送りを受けたお札が月並みにあつてから十九日浦塩《ウラジオ》着、夕刻の汽車で出発する予定であるが、敦賀からの船中では船長、事務長、機関長等を一緒に写真を撮ったりした、海上は平穏とある。浦塩斯徳《ウラジオストツク》の道路の悪いことは支那町と大差無しで泥濘脛を没する。馬車に乗つても放り出されさうでヒヤ〳〵したさうな、露語は少しも解らないし、英独語もトント意味が通じないから、今後の旅行は最初の浦塩からして閉口した。西比利亜《シベリア》鉄道の汽車は案外にも汚ない。汽車が停車場に着くと早速プラツトホームにお百度するのをお勤めにした。随分長い道中で怠屈させられて、漸くモスコーに着く。欧路に這入つて暖かさを覚えたが、之れは同地方が非常な濃霧だから、汽車の窓といふ窓が閉められた為めかも知れない。バイカル湖は半分凍つてゐた。暇もあるからスケーチングをやらうと思つたが、二十二日は雪が降つてゐたから止めた。西比利亜の森林は松、白樺等が主で、驚くべき豊富なものである。而して綺麗で、何となく神々しい。田野は水平線と地平線と一致してゐて、牧畜が盛んならしく馬、牛が線路の附近を歩るく。或時は駱駝も見た。今日はモスコー見物だ。

▲箱庭的の海　第二便には聖彼得堡《セントピータスブルグ》に着いて市中を見下した所から書いてゐる。建築も日本で思つてゐたより以上の立派なもので、帰つたら面白い話も出来やう。スケーチングの場所も有て、久し振りでスケーチングをやつた。日本人は自分タツタ一人だから兎角目に立つし、

話対手も無いから心細い。辷ることはみんな上手だから何だか恥かしくもあつた。三日間滞在して卅一日午後にストツクホルムに向つて旅立つ。バルチツク海は優美な海で、海といふよりは池のやうだ。島がある。島は岩石と樹木とに包まれて美しい。丁度岩の中を船に乗つて走るやうな趣きがあつて、今迄通つて来た西比利亜の豪壮な天地と、此海の箱庭的なのとは対照がいゝ。昨日ストツクホルム着。同国人の競走を見たが、中々に早い。練習は毎日午後六時から九時頃迄やる。これは日本では想像のつかぬ事だ。夜も大分暑い。今此の手紙を書いてゐる午後の十一時もまだ頗る暑い。

（『読売新聞』明治四五年（一九一二）六月二八日）

〔オリンピックより帰途漫遊中に〕

雪中アルプスの嶮を攀《よ》づる記

三島　弥彦

昨夏瑞典のストツクホルムに於て開催されたオリンピツクゲームに我日本の代表的選手となつて、遠く彼地に外人と大競技を試みた三島弥彦氏は、帰途アルプスの嶮を踏み破つて一月の末帰朝した。野球に庭球に柔道に端艇にランニングに行くところとして可ならざるはなき我運動会の大勇者が、この壮快なるアルプス登山記！　如何に壮快であるであらうかよ。

『綿をちぎつて投げるやうな牡丹雪』

アルプス山は世界で有名な山である。高いので名高いのみならず、那翁《ナポレオン》が馬で越えたといふやうな歴史もあるので、あまねく世界に知られてゐる。

日本で富士登山者が段段増えると同じやうに、欧洲でもこのアルプスに登る者が年毎に多くなつて、中には夏の登山期に登らないで、厳寒の雪が三尺も四尺も積む頃に、スキーで登山するといふやうな壮快なことをする者も出来て来た。

昨年の夏、瑞典のストツクホルムに於けるオリンピツクゲームを終へ、此処彼処と見物して英国に渡り、英国も見物して、それから直ぐ日本へ帰らうと思つたが、不図《ふと》この壮快なるアルプス登山を思ひついたので、英国からドバア海峡を渡り、仏蘭西に出で、汽車に乗つて、アルプス山の入口なる、瑞西のゴシネンといふところに着いた。時は十二月の十七日の朝八時頃。綿をちぎつて投げつけるやうに牡丹雪がドンドン降つてゐた。

このゴシネンといふところは、既にもうアルプス山の一部で、海抜四千尺ぐらゐの高地である。

『チリンチリンと鳴る橇の鈴』

汽車から降りて直ちに橇に乗つてアンダーマツトといふところに向つた。アンダーマツトはアルプス山の登山口で、丁度富士登山に於る吉田口、大宮口といふやうな処である。ゴシネンからアンダーマツトまでは路程なら三里ぐらゐしかないが、雪が三尺も四尺も積んで居るので歩くことが出来ぬ。どうしても橇かスキーかに因らなければならないのである。私の乗つた橇には私とともに客が三人あつたが、他の二人も矢張アルプス登山者であつた。

雪がドンドン降つて来るので、四辺の模様は少しも見えぬ。おまけに寒さが甚だしいので、私は外套を二枚重ね、寒風を避けるため洋傘を半開にして頭からスツポリと被つてゐた。

橇につけた鈴がチリンチリンと寒さうに鳴る。寒いけれど実に壮快だ。

『あなたは日本の方ですか。日本の富士登山は面白いでせう。私は登山が何よりも好きだ。』

同車の外国人は私に向つて快活にこんな話を仕掛る。橇は十一時頃アンダーマツトに着いた。

『山間の小さな村に兵営の設け』

アンダーマツトは戸数は二三百の小さな村であるけれど、兵営の設けもある。どうしてこんな小さな村に兵営があるのかといふと、ここは非常に要害の地で、もし瑞西へ、他の国から攻め入らうとすれば、必ずここを通らなければならない。丁度日本の箱根の関所といふ様な具合で、所謂一夫関に当れば万夫これを開くことの出来ぬ要害の地だ。雪が深いので、村の人は皆スキーをつけて往来してゐる。殊に面白いのは兵士も郵便配達もスキーをつけてゐることだ。荷物などは橇に乗せて、大きな犬が曳いてゐる。

私は直ぐに宿について、いろいろ登山の用意をしてその夜は早くから寝た。

『銀色に光る満山の白雪』

明くれば十二月十八日、雪はバツタリと止んで前日とは異つて好天気である。

食料品を背負ひ、足にスキーをつけ、路連《みちづれ》になつた外国人と共にアンダーマツトを出発して、アルプスに向つた。スキーの長さは一間ぐらゐある。それでズンズン滑つて行くのだ。途中で五、六歳の小供が矢張夫《それ》をつけて滑つてゐるのを見たが、流石本場だけに中中上手で、私などは足許へも及ばない。

雪が積んでゐるから、無論路は分らない。ただ真直に一直線に行くと滑る恐れがあるから、右に折れ左に折れて、ドンドンと登つて行つた。

滑るのだから歩くのと異つて中中早い。名にし負ふ一万二千尺のアルプスの峻嶺も、僅かに四時間にしてその絶頂に達することが出来た。絶頂に立つて遥の方を眺むれば何といふ壮観であらう。一面に積んだ白雪に丁度真昼の日光が反射して、キラキラと銀色に光り、ある部分はやや紅色を呈してゐる。

壮観！　壮観！

私も外国人も手を拍つて快哉を叫んだ。

晴れ渡つた空は印度藍よりも濃い色を湛へ、雲一つ浮いてない。遥の山間には落葉松の緑が白雪の中にチラリと見えてゐる。

日光が白雪に反射するので、凝視すると目が痛くなる。用意に持つて来た黒眼鏡を掛けるといふ有様である。

腹が空いたので、背なる食料品を下して、手づかみで食べた。その美味さ、顎が落ちる程であつた。

『自動車よりも早いスキーの速力』

絶頂の壮観も充分見たので、いよいよ下りることになつた。降りる時は登る時と異つて、右に折れたり左に曲つたりする必要はない。一直線にスキーにまかせて滑り落ちるのである。

一ッ――二ッ――三の掛声と諸共に滑り出した。降りるに従つて段段と早速が加はつて行つて一瀉千里の勢になる。スキーの向ふ処パツパツと雪が散る。その速力は自働車よりも早いくらゐだ。

足に力を入れて方向の梶をとり充分注意して方向を誤らないやうにしてゐるのだ。もし間違つて谷へでも落ちた

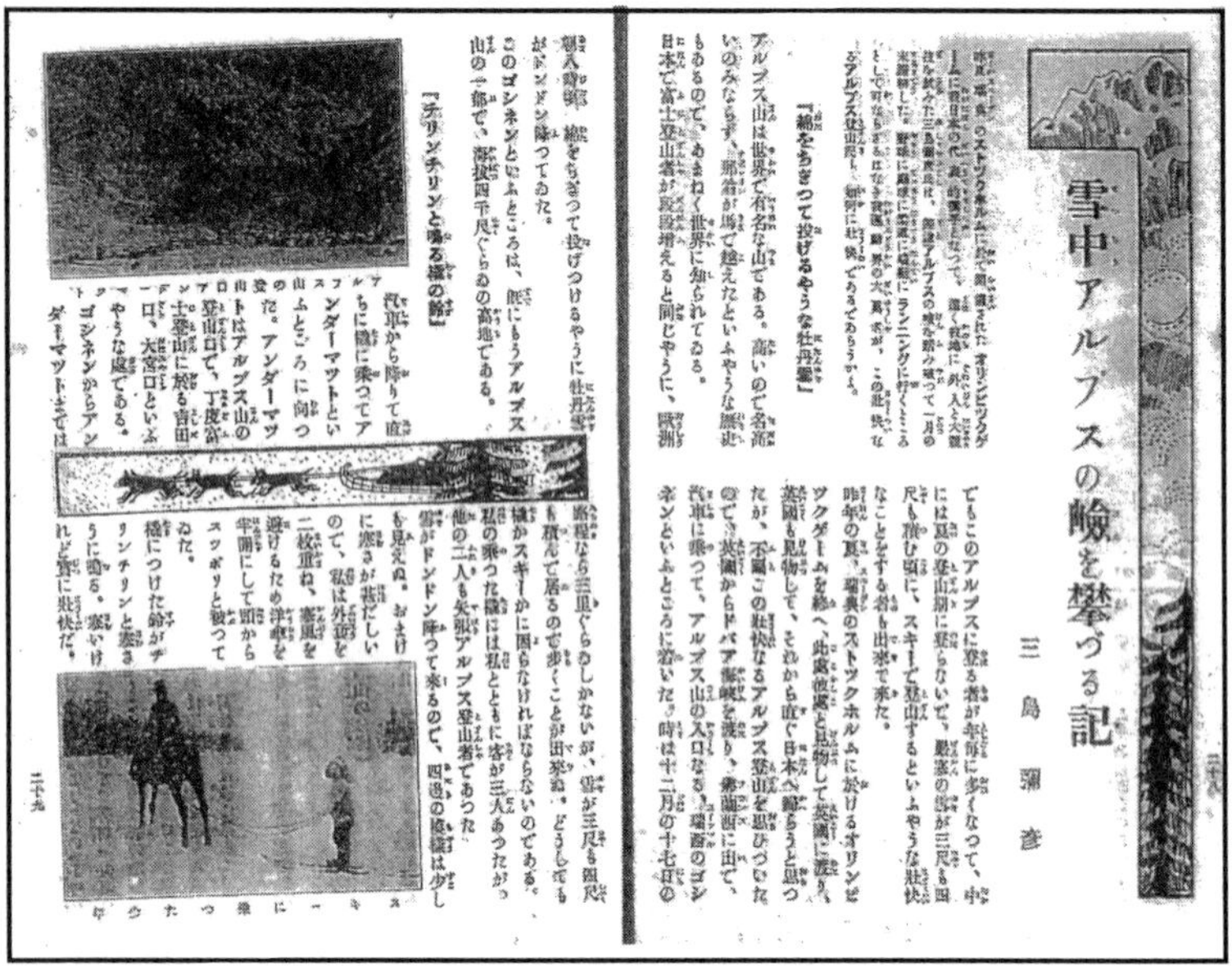

ら大変だ。

しかし、ややともすると、足がぶらついて転げさうになる。そいつを身体を前後左右に動かして中心を取るのだから中中苦しい。連の外国人は流石に上手で、平気で下つて行く。

一生懸命であるので、汗がダラダラと流れて、寒いことは少しも感じない。四辺の景色を眺めようにも足の方が気になるので眺めることは出来ぬ。三尺も四尺も雪が積んで居るから、何処が路やらさつぱり分らぬ。ただ路しるべに立つた長い棒杭を目あてに滑つて行くのだ。

速力が早いから、一時間と経たぬうちに麓へ着いた。初めて安心して四辺を見ると、驚くではないか、其処に変な動物が沢山居る。よく見るとそれは羚羊であるが、面白いことには、四本とも足が雪に埋れて、肢体だけが雪の上に見えるので変に見えるのだ。

するとそこへ七つ八つの少年がやつて来たが、少年はスキーで飛んだりはねたりしていろんな曲乗をし初めた。

『スキーは面白いでせう。』

と少年は得意でやる。私は上手なので感心してしまつた。

(『日本少年』第八巻第七号、大正二年(一九一三)六月)

〔帰国談話〕

三島選手帰る

昨夏瑞典ストツクホルムに催されたる第五回国際オリムピツク大会に長距離の金栗選手と共に日本代表選手として渡航したる三島弥彦氏は、競技終了後、和、仏、独、英、米、瑞の諸国を歴訪し、各国運動界を視察して、漸く七日午後一時半神戸入港の常陸丸にて帰朝したり。氏はそれより京都に向ひ、村井氏別邸長楽館に二日滞在の上、九日夜東上すべしと。記者はその運動視察談を聞きしに、背広、山高帽の長大公子は、例のごとく莞爾として曰く。

運動は想像以上　左様種々運動についてお話することはあるが、一言以て云へば、欧米の運動界は想像以上です。彼等は老若男女を問はず如何にして遊ばうかといふことを考へ、暇さへあれば戸外運動を遣つてゐるのです。冬になつても彼等は避寒といふより寧ろ迎寒といふ考へを持つてゐて、ドシドシ寒い国に行つてスキーなどを行るのです。日本で運動といへばまだ学生に限つてゐるが、こんなことでは迚ても進歩せぬと思ひました。滞在中、英、米、其他の学校に出入したが、英国は学生を紳士的ならしむべく、米国は活動界たらしむべく努めてゐる。この傾向は、軈《やが》て学生の運動上に現はれて、英は悠々と遊び、米は猛然として運動するといふ風です。

科学的練習　オリムピツク大会のことはモウ多く云ふの必要はありませんが、同大会は恰も米国人の会といつてよい位で、米国の勢ひの凄じいことは驚くべき許りであつた。換言すれば米国は各国を相手にして競争してゐたのです。そしてドン〳〵記録を破つていつた。自分は御承知の通り百、二百、四百米突に出たが、スタートは能く行つたがいつも中途で抜かれる。コレは畢竟、彼等は加速度で疾走する科学的修練を積んだ結果で、まるで機械のやうだ。殊に米国選手と来たら十二名の短距離選手がゐたが彼等は殆んど同時に決勝点に入るのです。是等は出来ぬ芸で、然れば審判官は写真を取つて先着を判じたのです。

有望の競技　又スタートの際には「用意」の号令はなく、銃声一発で直ぐスタートするのですから、何遍も遣り直しがあつた。要するに短距離の走者は背の高い肉附のよい人、中距離は一見「駆けさうな人」即ち中肉中背、長距離は一様に小さい人が適当のやうに感ぜられました。自分の驚いたのは芬蘭のコレマネンといふ人で、彼は四日間続けて千五百、五千、八千、一万米突の予選、本競走共出て、悉く第一着を占めた。自分は将来日本人が国際際競争に出て遜色がないやうになれるのは、第一長距離、第二棒高飛、第三水泳であらうと思ふ云々。

（『大阪毎日新聞』大正二年（一九一三）二月八日）

欧米を歴遊して

法学士　三島　弥彦

三島弥彦氏は、野球にランニングに、之くとして可ならざるは無き天才的運動家である。氏の学習院時代から、帝大在学当時に於ける盛名は、今も尚世人の記憶に新たなるものがあらう。去る一九一二年、我が邦最初の外征選手としてストックホルムの国際オリンピック大会に出場せし以来、外遊数次、欧米運動界の事情に通暁し、純真なる運動家精神の体得者として、同氏の高邁なる風格には、後進の学ぶべき点が頗る多い。左記は特に本誌のために話された、氏の談話筆記である（編者）

運動の盛衰と其国力

運動は欧米各国孰れも非常に盛んですが特に英米の両国が盛んです。而して私の考へでは運動の盛衰も、矢張り其の国力国勢に比例して居るやうに思はれます。即ち他の凡ての国力に於て世界の一等国と謂はれる国では、矢張り運動競技も盛んに行はれて居りますが、又之を一面から見ると国民全体が盛に運動して居るために、自然と国民の気風が振興して、其の国を盛んにするのだとも思はれます。畢竟国に余裕があるから人間も活動的になつて、運動が盛んになり、其の運動に依つて養はれた活力が又他の方面に働いて、一層其の国を強くし余裕を作ると云ふ風になるのです。今日運動が盛んである国と盛んで無い国との区別は、四年目毎に行はれる世界オリムピツク競技の成績によく現はれて居りますが、最近両三回は何時も米国が第一位を占めて居ります。夫から英国が第二位で、欧洲大戦前ならば其の次に独、仏と来る順序ですが、茲に一つ例外があります。夫は瑞典で、国の面積も小さく国力に於ても列国に比べると五、六番目以下に在る第二流国ですが、運動競技は非常に盛で、オリムピツクの成績も常に二、三位を占め、滅多に四位とは下らない国であります。夫は瑞典は其位置が北方に偏して居りますため、体育を盛んにしなければ人民の健康状態が悪くなると云ふので、殊に之を奨励して居り、夫が為に自然運動が盛んになつてオリムピツクにも好成績を挙げるのです。

各国それぞれの特徴

米国ではフイールド・イベンツ。トラツク・イベンツ等も勿論盛んですが、米国の一般的運動としては、矢張り野球がナショナル・ゲームとして一番盛んです。又学生間には蹴球も非常に盛んで、其他運動と云ふ運動は殆ど凡るものをやつて居ると云つても差支ありますまい。英国ではクリツケツト、蹴球が特に盛んで、それには矢張米国野球のやうに商売人団《プロフェッショナルチーム》があつてクリツケツトやフツトボールをやつて居り、又学生、紳士間には端艇《ボート》、ゴルフ等が盛んに行はれて居ります。瑞典は流石に冬の国、雪の国であるだけに、スキー。スケート等が一番盛んで、瑞典式体操や長距離競走、夫に槍投、砲丸投等も非常に発達し、且つ常に練磨されて居ります。

独逸は我が邦と同じやうに若い国であつて、欧洲大戦前には運動競技に於ても非常な勢で発達し、オリムピツクの初期の頃（現在行はれつゝあるオリムピツクの）には其の成績も余り好くなかつたけれども、先年私が参つた時、即ち瑞典のストツクホルムで挙行された第五回大会には四番目に進んで、大に気勢を昂め、其次の一九一六年の第六回大会は自国に引き受けて開催するのみならず、是非共英米の両国を凌駕しやうと云ふ意気込みで、独帝初め大に力瘤を入れて居た事は有名な事実であります。不幸にして大戦勃発のため、第六回大会はお流れとなり、折角勢ひ込んで居た当時の独逸選手の手並は現れずに終りましたが、先達て私が行つた時なども、戦敗後疲弊の折柄にも似ず中々盛んにやつて居ました。

個人として強い仏国

仏蘭西は又面白い国で、個人として非常に強い人が多い。其の例を挙げると、競走に於ては五千米突《メートル》とか、一万米突とかに速い天才が現はれて居り、又球技では庭球にラングレンと云ふ婦人のチヤンピオンがあり、ボキシングではカーベンと云ふ人が英国に参りまして、英人選手を一分間も経たぬ中に負かして了ひ、米国人とも闘つて一分余りで勝利を占めて居ます。今度は未だ場所は決りませんが、世界の選手権を争ふと云つて居るさうです。

其他の国では長距離競走の名選手コーレマイネンを出した芬蘭《フインランド》などが傑出して居ますが、兎に角各国共戸外運動が盛んに行はれて居ます。近来我が日本でも各種の運動が大分盛んになつて来ました。私達がやつて居た十年以前から見ると、十倍も二十倍も、或は夫以上に盛んになつて居るかと思はれます。殊に私は過般欧洲から帰つて見て其の進歩に驚きました。

体力から観た悲観説

此の前私がストツクホルムのオリムピツク競技に参つた時は、マラソンの金栗君と二人行つたのでしたが、其の当時は非常に人選に困り、出場する私自身もそれ程行くことが必要なのか知らと思つて躊躇した位ですから、勿論世間の人も皆然う思つて居たやうです。何しろ十年許以前には運動をやる者は或る一局部の人々に限られて居ましたから、僅か二人の選手を外国へ送ると云ふ事すらも、なか〳〵容易で無かつたのですが、今日の如く一般的になつて来れば、追々に良い選手も出て来て世界の各国と比肩し得るのも、左迄遠い事ではあるまいと思ひます。無論我が国の現在に於ける成績から見ますと、まだまだ各国の足許にも寄り付けない有様で、又中には日本人は先天的に体力に於て欧米人に劣つて居るから、運動競技では永久に外国人に勝つ事は出来ないと云つたやうな悲観説を唱へる人もありますが、私は此悲観説には大に反対するものです。

列国に劣らぬ我庭球

何故ならば凡ての運動は体力ばかりでなく、前にも述べた通り国力が之に伴ひ、国に余裕が出来て運動が汎く一般的に行はれるやうになれば、自然と良い選手も出るのでありまして、其処迄来れば日本も他に比して退れを取るやうなことは決してあるまいと思ひます。単に体力とか、身体が大きいとか、筋肉が発達して居るとか云ふ問題でなく、何うしても国が盛んにならなければ運動でも勝利を得ることが出来ないのです。日本は最近五、六十年に異常な発達を遂げて、一等国となり五大強国にも列して居るのですから、此勢でゆけば運動でも近い内に英米と比肩し得られるに相違ありません。現に庭球の如きは最初米国から伝はつて、まだ幾年にもなりませんが、既に熊谷君、清水君などの名選手が出て、優に英米の大選手と肩を並べ得る域に達して居ます。

英と米の気風の相違

野球も日本に来てからまだ僅ですが、それが今では米国に亜《つ》ぐ盛況で、凡てが此調子で行けばトラツク・フイールドの競技にせよ、端艇にせよ遠からず諸外国と対等の位置に進み得る事は明かな事実です。先天的に体力が劣つて居るからと云つて悲観する必要は断じてありません。それよりも全国の各学校や団体が一致して、運動競技の価値を一般に知悉せしめ、科学的、組織的の練習を積むことが肝要です。それから英国と米国とは運動の傾向が大変異つて居て、一寸したゲームにもそれが明かに現はれて居ます。先づ英国ではゼントルマン・シツプ、所謂男らしい公明正大な気分を運動で養つて居りますが、米国の方は丁度直往邁進的に発展しつゝある其の国運と同様、進取的の気分と旺盛な元気を養ふ為に運動をやつて居ります。

飽まで突進的の米国

例へば同じゲームをやるにしても米国の方は何うしても敵を倒さなければ已まぬと云ふ戦法を採つて飽く迄勝利を目的として闘ふ風があり、又英国の方は自己の最善を尽して闘へばそれで良いと云ふ風で、要するに勝敗よりもベストを尽して闘ふことに重きを措いて居ります。ですから勝負の上に於ては、何うしても米国人の方が強いやうです。徹頭徹尾、勝つ事を目的として、飽迄敵を制圧しやうとするのと、何処迄も勝敗を眼中に置かず、ベストを尽して闘へば敗れても遺憾は無いと云ふ態度と、其処が非常に異つて居るのです。要するに、英国人は敵を攻撃し圧倒すると云ふ精神よりも、寧ろ防禦の態度で闘ふのですが、米国人の方は却つて防ぐとか守るとか云ふ事は知らぬかと思はれるばかり凡てが突進的で、其間に此両大国の国民の気分がよく現れて居ると思ひます。

須らく双方の長所を

其処で我が日本としては何方を採つたらば良いかと云ふに、勿論両者の長所を併せたもの、即ち進取的、攻撃的な米国流の元気と、温厚な長者の如き寛容と、純真公明な紳士的精神を基礎として進退する英国人の堅実な処とを混へたもので無ければなりますまい。若し英国のやうにばかりして居たならば、日本人の常として直ぐ退嬰的になるに相違なく、さればと云つて米人の如くに勝つ一方でゲームをやらせたならば、単に気質を荒くするのみで、真の運動の効果は得られまいと思ふ。

尚米国の運動は勝つ事に重きを置く突進的なものではあるが、決して無節制なものではありません。此点は吾々の大に学ぶべき処で、彼等は如何にゲームに熱中し興奮しても節制を失はないのです。それは米国の学生間に行はれる蹴球に特によく現れて居ります。米国の各大学から蹴球の競技を除いたならば、殆ど学生の気力はなくなるだらうと云はれる位、此競技には一般の学生がヱキサイトされ、従つて其ゲームも猛烈を極めて試合中には盛んに負傷者が出来るのみか、以前は死人さへも沢山出来たのです。併し斯の如く熱中しても審判の命にはよく従ひ、又厳に規則を守つて、規則を紊すやうな事は絶対にない。若し之が我が国の競技であつたならば何うでせう。試合中に多数の負傷者を出し、死人さへも生ずると云ふ迄に激して居るのですから、日本人の気質として、競技の方は其方《そつち》除けにして置き、ツイ喧嘩をオツ初めると云ふやうな事になりはせぬか。否従来の例に徴しても私は必然《きっと》さうなると思ひます。之は日本人の警《いまし》むべき短所で、現に今日対校競技の大きいのが、日本に存在して居ないのを見ても、之を証明することが出来るではありませんか。

運動の真精神を悟れ

夫が米国学生の蹴球になると、双方の選手達は真に死者狂ひになつてやつて居りますけれども審判の命と、ルールを尊重するだけの節制は常に保つて居て、一時は激しても直ぐ平静に還る。而もそれで居てゲームに活気を欠くやうな事も決してありません。要するに厳粛な規律を規律として、飽迄それを尊重しつゝ燃ゆるが如き旺盛な元気と渾身の力を尽して闘ふ処に運動の価値があり、又吾々の学ぶべき点があると思ひます。勝利に重きを置く猪突的な米国の学生でさへも此通りですから、一層紳士的であると云はれる英国の学生の気風は推して知るべきでせう。其処へ行くと我が日本の学生は、遺憾ながら、まだ修練の足らない処がありはしませぬか。一体日本人は余りゲームに激する、而して勝負に重きを置く、此処までは米国の学生と略同様であるとしても、其一面に於て運動家に最も大切な精神上の節制と余裕が無い、之が大変な欠陥です。

苦情の多い我が競技

例へば今年の競技に自分のベストを尽して負けたならば、其代り来年の競技で勝つやうにしたらよいものを、動《やゝ》もすると相手方の行動や、審判者の宣言に対し苦情を付けて負けたゲームを負けた事にしまいとする。之は日本人通有の弊害であつて、誠に遺憾千万の事と云はなければなりません。外国では爾う云ふ例は滅多になく、(商売人は別として) 一旦審判者の判決が下れば飽く迄之に従ふ事になつて居ます。それも審判者が文句を言はれる正当な理由があれば兎も角ですが、何うも日本では何時も競技者が文句を云ひ過ぎるやうです。若し其の審判者の判決に服従する事が出来ない程、信用のない審判者ならば最初から其人に依頼しない方が宜しい。一旦双方の競技者が信頼して審判を一任した以上は何事も文句を付けずに服従するやうな習慣を養ひたいものです。

運動は一の精神教育

話がツイ横道に外れましたが、兎に角多数の死傷者さへ出す程熱狂する米国学生の蹴球競技にも、整然たる規律の保たれて居る事は、実に羨ましい事と思ひます。尤も米国のカレツヂでも蹴球試合のある毎に、多数の死人や怪我人を出す事が問題となり、一時は対校試合を停めると云ふ説も出たのでありますが、矢張り運動の熱心家があつて一、二の犠牲は仕方がない、学校全体の精神教育と、学生の元気を振興する為には、少しの犠牲者が出来ても止めることは出来ないと云ふので引続き行はれて居るのです。

現に今回の欧洲大戦に際し、出征軍人の中には運動家が非常に多く、常備軍のない米国が即座に何十万、何百万の大兵を欧洲に送ることが出来たのは、平素運動を奨励して居た為でありまして、之は英国も同様ですが何方も平素運動で身体を練り気力を養つて居た賓《たまもの》です。

英国の盛な運動設備

私は英国でも諸処の大学を見物しましたが、各学校共運動場は蹴球、野球各三つ四つのグラウンドを有して居りテニス・コートは一校で三十、四十と殆ど算へ切れない程有つて居ますが、矢張端艇で有名な剣橋、牛津両大学が最も盛んに奨励して居ます。私は英国滞在中郊外から倫敦に通つて居りましたが、倫敦郊外の鉄道の沿線は殆どテニス・コートに埋まつて居て、丁度日本の汽車旅行で、鉄道の両側に打ち続く水田や畑を見るのと同じやうな感じがします。そして其夥しいテニス・コートの間々にはランニングの運動場、クリケツトの運動場、ゴルフの運動場等が数限りもなくあつて、十万坪以上の運動場が倫敦附近の五十哩以内に七、八十箇所もあるのです。之から推して見ても英人が如何に運動に熱心であるかゞ判りませう。

牛津や剣橋の漕艇練習が始まると、僅か一分間位しか見られない練習を一度見る為に、四哩の堤防は早朝から見物人が詰め蒐《か》けて、何万と云ふ人で立錐の余地もないと云ふ熱心さです。

運動は生活の一要件

又此両大学の競漕の時などは、往来の人を捉へて『君は何方を応援するか』と問ふと、誰でも必ず『剣橋』とか『牛津』とか明瞭に自分の応援する校名を答へる位に一般的です。米国でも蹴球のゲームは多く午後の二時からありますが、朝の八時から十二時迄五分間置きに臨時列車が出る、何千と云ふ自動車が来ると云ふ盛況で、野球の時にも之と同様早くから沢山な見物人が押し寄せます。斯の如く運動が盛んになるのは何故かと云ふと運動は我々の生活上欠くべからざる必要な事と認められて居るからであります。即ち激務に従事した一週間の疲労を、土曜日曜に運動して恢復しなければ体力が続かないと云ふのと、一つは体力のみならず精神修養の方面にも有効である事が認められ、殊に学校などでは運動に依て学生の精神教育をすることが、大切な要件の一つと認められて、上に立つ人が之を奨励する、学生其他の被指導者も其精神を理解して大にやると云ふことになつて、遂に斯く盛んになつたのであります。

我が邦の武術と運動

併し我が日本でも古来運動は大に重んぜられて居ました、それは武術です。運動とは名称を異にして居りますが、古来武家の間に尊重され、其精神は軈《やが》て大和魂を成し、日本のスピリツツを成して居ましたが、時世が変じて外国と交際し始めてからは武術だけでは不都合を感ずるやうになつたのです。昔から武術が盛んであつた一面には、実用を伴つて居るといふ理由もあつたのですが、今後は何うしても武術一点張ではいけません。昔から伝来の武術に外来の運動も加へなければ完全とは言ひ得ないと思ひます。そして古来柔道、撃剣、弓術、馬術などで身心を修練した如く、之からは各種の戸外運動で体力を練り、且つ精神の修養をする事が必要になつて来たのであります。

運動場の増設が急務

運動を一般に奨励するにはどうしても多数の運動場が必要である。何故運動場が必要であるかと謂ふと、運動の好きな人の為めには寧ろ沢山な運動場は要らないのであるが運動の嫌ひな人の為めには大に運動場を作る必要がある。即ち運動の好きな人は自ら求めて何処へでも運動をしに行くけれども、嫌ひな人に取つては運動場が沢山出来、手近な処で時間も多くかゝらずに多数の人が運動出来るやうにして置かないと、勧めても容易に其道に入らないからです。さうして多数の運動場が出来、嫌ひな人にも自然と其趣味を覚える機会を与へて、初めて運動が一般に普及する事になるのです。だから各学校の運動場にしても野球のグラウンドが一つ、テニス・コートが二つ位では足りない。選手のやる運動場と、選手でない一般の学生が練習やゲームをする運動場と、少くも二つ以上設ける必要があります。勿論今日の我が国の状態で

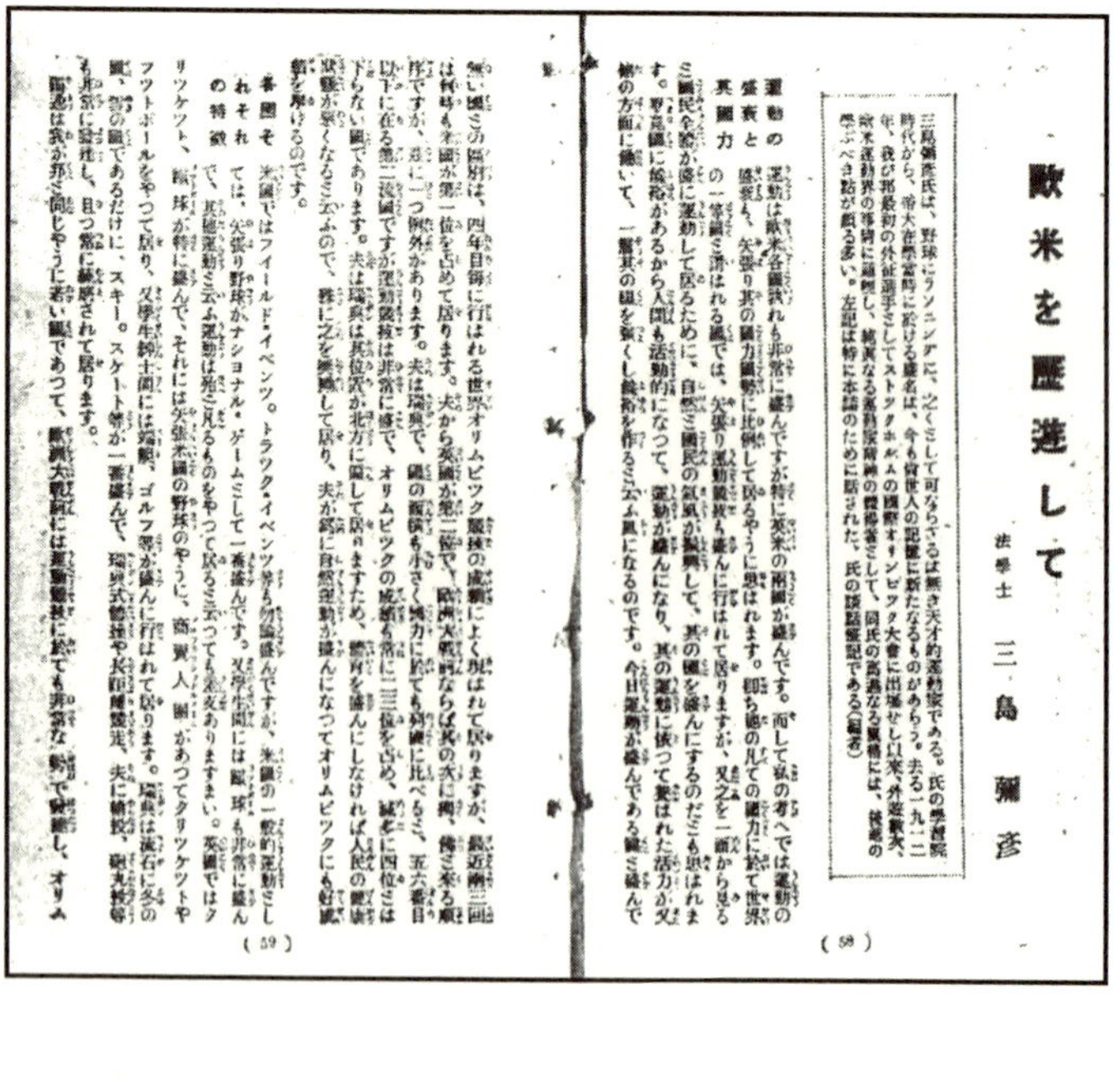

歐米を歴遊して

法學士 三島彌彦

三島彌彦氏は、野球にランニングに、之くとして可ならざるは無き天才的運動家である。氏の學習院時代から、帝大在學當時に於ける盛名は、今も尚世人の記憶に新たなるものがあらう。去る一九一二年、我が邦最初の外征選手としてストックホルムの國際オリンピック大會に出場せし以來、外遊數次、歐米運動界の事情に通暁し、純眞なる運動家精神の體得者として、同氏の高邁なる見解には、後進の學ぶべき點が頗る多い。左記は特に本誌のために語された、氏の談話筆記である(記者)

運動の盛衰と其國力

運動は歐米各國孰れも非常に盛んですが特に英米の兩國が盛んです。而して私の考へでは運動の盛衰も、矢張り其の國力國勢に比例して居るやうに思はれます。即ち總の凡ての國力に於て世界の一等國と謂はれる國では、矢張り運動競技も盛んに行はれて居りますが、又之を一面から見ると國民全般が盛に運動して居るために、自然と國民の氣風が振興して、其の國を盛んにするのだとも思はれます。富強國に餘裕があるから人間も活動的になつて、運動が盛んになり、其の運動に依つて養はれた活力が又總ての方面に働いて、一層其の國を強くし餘裕を作ると云ふ風になるのです。今日運動が盛んである國と盛んで

(58)

無い國との區別は、四年目毎に行はれる世界オリムピック競技の成績によく現はれて居りますが、最近兩三回は何時も米國が第一位を占めて居ります。夫から英國が第二位で、歐洲大戰前ならば其の次に獨、佛と來る順序ですが、茲に一つ例外があります。夫は瑞典で、國の面積も小さく國力に於ても列強に比べると、五六番目以下に在る第二流國ですが運動競技は非常に盛で、オリムピックの成績も常に二三位を占め、滅多に四位とは下らない國であります。夫は瑞典は其位置が北方に偏して居りますため、體育を盛んにしなければ人民の健康狀態が悪くなると云ふので、特に之を奨勵して居り、夫が為に自然運動が盛んになつてオリムピックにも好成績を擧げるのです。

各國それぞれの特徴

米國ではフイールド・イベンツ。トラツク・イベンツ等も勿論盛んですが、米國の一般的運動としては、矢張り野球がナショナル・ゲームとして一番盛んです。又學生間には蹴球も非常に盛んで、其他運動と云ふ運動は殆ど凡ゆるものをやつて居ると云つても差支ありますまい。英國ではクリツケツト、蹴球が特に盛んで、それには矢張米國の野球のやうに、商賈人士があつてクリツケツトやフツトボールをやつて居り、又學生紳士間には端艇、ゴルフ等が盛んに行はれて居ります。瑞典は流石に冬の國、寒の國であるだけに、スキー。スケート等が一番盛んで、瑞典式體操や長距離競走、夫に鎗投、砲丸投等も非常に發達し、且つ常に奨勵されて居ります。

獨逸は我が邦と同じやうに若い國であつて、歐洲大戰前には運動競技に於ても非常な勢で發達し、オリム

(59)

は経費の関係上、何れの学校にしても英国あたりの大学のやうに、十分な設備は出来ないでせうが、理想としては是非さうありたいと思ひます。

校風振作の為の選手

又運動場が足りないからと云つて、学生全体が代る〳〵運動をやつて、選手を置かぬのも何うかと思ふ。選手は選手で校風を盛んにし、校紀を養成する上から必要なものであつて、対校試合の際にも選手を出して試合せしむると同時に、選手でない人も之に応援して勝負することは、学生の気力を養ふ為に必要な事です。以上は欧米の運動界と日本の運動界を比較して感じた愚見の一端で、無論方法は幾らもありませうが、要するに正当なる理解の下に行はれる運動競技の一般的普及と、今一層の精神的修練と、此二つが実現されゝば、我が国の運動は更に大に発展するのみならず、優に世界の各国と比肩し得る事と確信します。

（朝日新聞社編『大正十年運動年鑑』）

日本の参加した頃

三島　弥彦

私がオリンピックに参りましたのは、皆さんも既にご承知の通り、今より廿五年前、一九一二年、即ち明治四十五年、恐れ多くも明治天皇陛下の御崩御になられました年の夏であります。随分古いことであります。

此大会は第五回オリンピック大会でありまして、瑞典ストックホルムに於て催されたのでありまして、我国から代表選手を送りましたのは、此時が初めであります。

御承知の通り近代のオリンピック大会は、私達の参りました時より十六年前、一八九六年に第一回を古代のギリシャ・オリンピア競技場、ギリシャのアゼニスに於て開ひたのであります。第二回を一九〇〇年にパリスに、第三回を一九〇四年に米国セントルイスに、第四回を英国ロンドンにて行はれ、第五回が此ストックホルムに於て行はれたのであります。

然らば何故此大会に我国が参加する様になったか、其れは現にオリンピック国際委員である嘉納治五郎先生の斡旋と御尽力による処、大なるものがあるのであります。

即ち此ストックホルム大会の三年前、一九〇九年に其当時の駐日仏国の公使のゼラール氏を通して近代のオリンピックの始祖、創設者（産みの親）クーベルタン男爵より、時の高等師範学校校長嘉納先生に日本のオリンピック大会への参加、又同先生にオリンピック委員になることの交渉があったのであります。此れと同時、外務省の方にも招待の通知があったのでありましたが、当時の我国社会の情勢は、未だスポースに対して認識不足、オリンピックに参加、又選手を派遣すると云ふが如きことは少しも顧みられなかったのであります。然るに嘉納先生は熱心に同志を説得し、外務省を動し、又文部省を解〔説〕いて、やっと我国も参加する様になったのであります。

此大会の前年一九一一年に大日本体育協会なるものを設立し、而して其年の秋、羽田運動場（今の飛行場の処当り）に予選会を開催、多くの選手を集め予選の其結果、金栗君と私とが選ばれて行く様になったのであります。

金栗君はマラソンに、私は短距離、即ち百、二百、四百メートルに参加する様に定まったのであります。

僅か二人の選手しか送らなかったと云ふことは、他に行く様な選手が沢山居らなかったと云ふよりは、寧ろ経費とか其の他我国の社会の情勢が未だ多くの選手を送る様に進んで居らなかったかったのであります。

当時我国に於きましても、戸外運動なるものは、可成盛に行はれて居ったのであります。今日の競技運動は勿論、野球、庭球、競艇、ラグビー、スケート、スキー等沢山の競技が行はれで居ったのであります。

スケート、スキーの如きは、やっと此頃から盛んになったのでありますが、他の競技運動、野球の如きは今日に劣らぬぐらい皆熱心にやったものであります。

水泳の如きも現今と同じ様に盛んでありました。我国は海国のことなれば、川泳ぎが一般に普及されて居ったと云ふのは勿論でありますが、又技術に於ても大に発達して居ったのであります。只当時はまだプールなどはありませんでした。今日の様に競争するとか、短い距離を特に速く泳ぐと云ふ様なことは研究されて居らなかった。只技術研究と云ふ方にのみ重きを置いて居ったのであります。例へて御前泳、銃砲を打つとか、抜手、立泳、甲冑、又遠泳と云ふ如く。此の如く当時運動は各方面に中々盛でありました。

私など色々の運動をやりました一人であります。然し相当熱心にやって居りましたが、或る一部の人に限られて居りまして、今日の様に一般に普及されて居らず、又組織的でなかったのであります。而して現今の様に社会一般から重がられて居らなかったのであります。今日の陸上競技、トラック、フィルドの如きものも中々盛に行はれては居りましたが、運動場の設備等は今日の如く完全ならず、又外国の運動の状況を詳細に知るの伝手もなく、又コーチもなく、走法の研究などには本による、非常に努力を要したのであります。

スパイクシュウスの如き、私の晩年に用ゆる様になったので、此れを造らせるには随分骨折ったものです。

又当時はスタートの如き、一般にはスタンヂングスタートでありまして、今日の様なクロウチングスタートは一般にやって居りませんでした。

尚、棒高跳、走高跳のバーの如き、紐を用ひて居りました。只今使用の木製のバーは私がヂスカス円盤、ジャベリン槍、鉄鎚などと一緒に持ち帰り、後年に使用する様になったのであります。

又当時は、競争は相手に勝つと云ふことにのみに策戦をこらし、よきレコードを出す、好レコードを作ると云ふことは、重きを置かなかったのであります。

吾々が大会に参ります当時、幸に米国大使館にキルヤソフと云ふ、前にエール大学の選手をしたことのある若い方が来られました。其人にコーチを願ひまして、出発日迄、毎日約四ヶ月の間、熱心に練習を致しましたであります。

吾々は五月十七日に多数の先輩、又同好の士の盛大なる見送りを受けて旧新橋駅出発（今日の塩《[汐]》留駅）、敦賀に至り、其処より船にて浦塩に渡り、サイベリヤ鉄道により一路ストックホルムに向ったのであります。九日目にモスコー着、翌々日にセントペータスブルグ（後のペテログラード）、今のレニングラード着、其れより船にてバルチック海を渡り、ヘルシングホールに立寄り、五月十七日東京を出発してより十七日目、六月二日にストックホルムにつきました。今日のベルリン遠征の選手と同じ様な道を通ったのでありますが、欧州大戦前のことでありますから、今日とは大分違って居ることと思ひます。

一行は私と金栗君と監督の大森夫妻の四名でありました。

嘉納先生は少し遅れて来られました。

私達は競技の日迄約一ヶ月の間、金栗君と二人で互に励み合って練習を続けたのであります。私が練習の時は金栗君がタイムを取る。金栗君の練習のときは私がついて行くと云ふ風にして、悲壮なる練習を続けたのであります。

吾々の任務は選手として走る外、又成可く多くの運動競技を見て来ること、為めに中々多忙でありました。練習の余暇あれば他の競技を見に出かける。水泳の如き、私も当時盛にやった一人でありますから、興味を以て度々見に行きました。然し実際選手が此の様な務迄すること は無理な話でありますが、其当時は人少なき為め、止む を得なかったのであります。

開場式は七月六日に挙行されました。当日参加国二十七ヶ国、選手三千有余名、アルハベットの順に正面の王座に面して整列し、厳かなる開会式の後、直に各国選手は国旗を先頭に押し立てゝ、王座の前を進行し始めたのであります。吾等の選手は僅かに二名、全員にて五名であった。私が国旗を持ちまして、金栗君がNipponと書いた表札を持ち（JapanとⅡ書かずにNipponと書いたのであります）、此れに嘉納先生、京都大学教授田島博士、大森監督と吾々の世話をして居られたスイデン人、合計六名、誠に少数であったのであります。此れを各国の代表選手、大きは二、三百名、大勢に比する時は、悲壮なる感に打たれた。当時ストックホルムに居られました日本人全体としても僅か十数名を越へなかったのであります。公使館は内田公使閣下を初め僅か三名、外にベルリン、パリー方面より来られた陸軍省派遣の林中佐、吉岡大尉、又陸軍戸山学校の方より林中尉、海軍の山本大佐、外に新聞記者諸君二、三名、合計十数名、今日皆さんには考へも及ばぬ程少数でありました。

然らば他の国は如何であったか。前に申した通り、参加国数は二十七ヶ国、選手の数は三二八二名。瑞典の如きは自国で行はれた関係もありましょうが七〇二名、体操選手を除いても尚五百名の選手が出場したのであります。米国、フィンランド、独、仏、デンマークの如きは各二百名より三百名の選手を送って居ったのであります。のみならず、応援者、又見物人として尚多数の者が来て居ったのであります。

特に米国の如きは二万噸に余る船を借切りて選手を全部のせ、航海中の練習は勿論、会期中船を岸壁に横づけ、其寝泊りをして居ったのであります。実に戦はざる以前、既に他国を圧倒したるが如き感があったのであります。瑞典とかフィンランドの如き国を除いては、所謂強国と云はるゝ国は多くの選手を送ったのであります。

僅か二名の選手しか送らなかった国は、我国の外はセルビヤとかチリとか云ふ小国のみであったのであります。其当時は事実、国力も未だ充実して居らなかったかも知れませんが、誠に遺憾に存じました。選手の数のみならず競争の結果、優勝を得た数も亦例外を除いては（瑞典、フィンランド）所謂国力に正比例して居ったのであります。

此の大会の成績を申せば、第一位瑞典、第二米国、第三英、第四フィンランド、第五独、第六仏と云ふ風とあります。此れは、此大会の時ばかりではありません。毎回殆んどかような順になるのであります。米国の如きは常に優勢、第一回一八九六年の時、一九〇〇年、一九〇四年にも第一位、一九〇八年ロンドンの時には英国が第一位でありました。第二位は米国。此ストックホルムの時もスイデンが第一でありましたが、此れは全体の総計特典の勝であります。競技場内のイベンツに於ては米国が常に final、即ち決勝戦には六人の内、五人入るのでありました。まるで他の各国全体が米国に対抗して戦って居る様でありました。百、二百、四百、八百、千五百メートル、皆六人のうち米国が五人通り、のみならず又優勝し、高く彼国旗は揚げられ、彼れの国歌は奏されました。私等は此時深く感じたのであります。オリンピック競技は単に個々人の競走ではない、国と国、国民全体の対抗である、国家と国家との争覇である。国力充実して、運動盛になり、優秀なる多数の選手を送り得る様にならねば優勝することは不可能であると感じたのであります。又此大会は欧州大戦の直前でありまして、各国共に非常にはりきって居った時でありますから、此大会の設備は完成して居ったのみならず、成績も嘗てない程よかったのであります。新レコード又好レコード続出、米国選手 Lippincott の予選の折りに作った百メートルレコード10３／５は廿年間、即ち先頃のロサンゼルスの大会の時迄破れなかったのであります。私は此レコードの Heat を居りました。又水泳の如き、此迄は微々たるもので、特に此大会の時に競技の数も増し、参加者の数も亦多く、成績も上り、凡べて新レコードを出したのであります。競走当日は、私は非常なる決心を以て身心の全力を尽して奮闘致しましたが力及ばす、只四百メートルの第一回予選には通りましたのみで、百も二百も誠に残念、申訳なき次第でありますが、敗亡に終りました。金栗君は当時世界の選手に比べても実際よきレコードを持ち居ったのでありますが、当日不幸全力を出すに至らず、身体に故障あり、中途で中止されたのであります。誠におしきことを致しました。

かく吾々全部失敗に終りましたが、吾々が此大会に選出されたと云ふことは決して無駄でなかった。否幾多尊き教訓とよき経験を得て、大に後の為になったと信ずるのであります。

此大会に出場しなかったならば、八年後の一九二〇年のベルギーアントワープの第七回大会に参加する様になったかどうか、恐らくは其れ以後に参加する様になったのではないかと思ふのであります。

さすれば我国のスポーツの発達は十年、十五年と遅れ、或るは今日の隆盛を見るに至らなかったと思ふのであります。然るに今や我国のスポーツの現状は、益々盛にして、世界の強国と伍して遜色なきのみならず、正に此れを凌駕せんとしておるであります。誠に喜ばしく感じます。

尚、競技については感想を申し上れば面白いことがあります。其れは馬術であります。当時の馬術競技を見に来て居られた陸軍の方に、馬の方は如何ですと問ひましたら、人あれども馬がない、まづ此んな競技に参加は駄目だろうとの御答でありましたが、豈図らんや、馬なきのみならず、先年の大会（ロスアンゼルス）に我国が優勝、誠に目出度ことであります。

又棒高跳、走高跳、走幅跳、三段跳の如きものであります。当時は吾々、ヤベリン、円盤、横棒、バーを持て帰って程で、我国では此競技は進んで居らなかった。又日本人に適するとは夢想だもせなかったのであります。

三段跳はアムステルダムの時、既に織田選手に一等の地位を、羅府の時は南部選手により世界記録を作られた。

尚、当時彼地に居ります時に、一八九六年の第一回Athens の大会の当時の話、又レコードを聞いたのでありますが、第一回オリンピック当時のレコードは丁度吾々が当時日本でやって居りました時のレコードと同じ、或は吾々のレコードよりも悪かったぐらいであります。丁度十六年前の一八九六年第一回大会当時の欧米の運動界と吾々が参加した当時、一九一二年頃の我国の運動界の発達とは同程度であったのであります。

我国の運動界は約十五年遅れて居った。約十五年遅れてスタートしたのであります。

私は当時、我国も必ずや十年後、十五年後、遅くも当時生れた人が出場する様な時になったならば、必ずや外国に対抗し得ると申し、又信じて居りました。然るに其後の進歩、国運と共に著しく、十二年後の一九二四年第八回巴里大会には既に一点を挙げ、十六年後の一九二八年第九回アムステルダムの大会には織田選手の為めに日章旗をスタンド高く掲げ、又水上に於ても我選手大なる活躍を見たのであります。廿年後一九三二年第十回羅府大会には水上に於ては、ストックホルム大会以来四連勝、世界の水上競技界に君臨して居りました米国を破って圧倒的勝利を得たのであります。又馬術競技にも優勝致しました。陸上も亦大活躍、総得点卅一点を得て、第五位に躍進したのであります。

而して四半世紀後の今日、ベルリンに於ける第十一回オリンピック大会には二十五年前当時の選手の百倍に余る優秀なる選手を送って陸上、又水上に今や優勝を目指して闘はんとして居るのであります。誠に喜ばしきこと、特に私にとっては感慨無量であります。

終りに臨み、私は遠征選手並びに役員諸氏の武運長久を祈ると同時に、選手が好く日本スポーツの精神を発揮し、身心の全力を尽して正々堂々と優勝を目指して奮闘、大に我国威を海外に発揚されんことを望むものであります。又皆様に対して心から御後援を願ひ、皆様と等しく我選手の成功を祈るものであります。此れで私の講演を終ります。皆様の御清聴に対して茲に感謝致します。

昭和十一年六月廿七日午後八時半

〔三島弥彦は昭和一一年（一九三六）六月二七日に日本放

送協会東京中央放送局（ＮＨＫ）より「国民講座・オリンピック大会の回顧」として講演放送を行った。本史料は三島弥彦による自筆原稿である。草稿のため推敲の跡が夥しく、また後年の加筆箇所もあった。このため翻刻にあたっては、最終的な講演内容の復元を心がけた。なお適宜句読点を補った」

〔伯林オリンピック応援歌〕

征けよ伯林

三島弥彦作詞

征けよ伯林王座をめざし
陸上日本の誉れを賭けて
紺碧の空ひらめく旗は
吾等が祖国日本の旗よ
征け征け選手　捷《か》て捷て日本‼

征けよ伯林王座を守り
水上日本の輝く光
緑の森にとどろく歌は
吾等が祖国日本の国歌《うた》よ
征け征け選手　捷て捷て日本‼

征けよ伯林制覇の旅に
スポーツ日本の王座は堅し‼
日の丸の国旗《はた》君が代の国歌《うた》
吾等は誇る世界に誇る
征け征け選手　捷て捷て日本‼

〔下総皖一作曲　昭和一一年(一九三六)五月八日放送〕

対手の力も知らずに出場
〃カケッコ〃で外国旅行と評判

三島　弥彦

四十年前のことだから随分古い話である。——そろ〳〵カビでも生えて萊そうだが、日本が初めて参加したというので、私の名が現在なお語りつがれているのは光栄の至りとでも言おうが、とにかくおかしな事、コッケイな話ばかりだ、私がカケッコで外国に旅行するというので学校中（東大）の評判となり、総長が笑いながら私の肩をたたいてくれたのを覚えている、スパイクなどは勿論ない、ストックホルムへ行く前に一度はいて見ただけである、私が代表に選ばれたのは当時行われていた〃大学選手競走会〃で一等になつたからということで、タイムなどは問題でなかった—勿論羽田の予選会も一等となつた—たしか百メートル12秒ぎりぎりだつたと思う、外国選手の力も全然知らなかつた、並んで走つて見たら何とかなるだろう、うまくいけば勝てると思つていたのだからはずかしい、こんな具合だからオリンピックがどんなものか、どんな選手がいるのか知るはずがない、—雨が降つて運動場が軟かくなつたからといつて足にワラを巻いて走つていたのだから……

〃東洋の雄〃と騒がる

ストックホルムに出かけたのは一九一二年の五月十七日、ウラジオからロシア帝政時代の大きな汽車にゆられてモスクワ、セントピータースブルク（レニングラード）を経、こゝで船に乗りかえてヘルシンキに行きそれからストックホルムに入つた、一行は嘉納、金栗、大森（東京府体育課）、田島（京大）それに私、合せて五名という寂ばくたるものだつたが、ストックホルムでは日露戦争直後だけに大歓迎を受けた、優勝と目された米、英の優秀選手の中に私の名前と大きな写真を掲載し〃東洋の雄〃と書いた大見出しをつけてくれたのには驚いた。

入場式は私が旗手、金栗君が〃ニッポン〃と書いた木の札を持つて堂々？とやつた、このプラカードにＪＡＰＡ

Nとすべきかで大分もめたのだが、結局嘉納先生の計らいでＮＩＰＰＯＮとした、いわく因縁つきのものである。

飛出し前半トップ

競技は七月五日から十四日まで行われた、私の出た百メートル、二百メートル、四百メートルはたしか七日頃だと思う、私は前半強く当時10秒３／５の世界記録を持つリンピンコット（米）たちと一線に並んでも別段こわいとも思わなかった、いよ〳〵百メートルのスタートだ、例によって飛出し、こりや勝てると思ったが五十メートル頃からスーッと抜かれてしまった、結局三種目とも予選できれいに落ちたが別段残念とも思わなかった。何故なら私達のやっているのはカケッコで、外国選手のやっているのはレースだった。初めて外国選手がツマ先を使って走っているなと気づいた程である、それからスタートの練習から新規に一か月ばかりやって見たが、私はつくづく四年、あるいは八年前にこの経験を踏んでいたらこんな惨敗を蒙らなくても済んだのではないかと思ってみた、何しろ選手は金栗君と二人だけ、廿八か国参加して代表二人という国は日本とチリーだけだった、国力の非力を嘆かずにいられなかった、さすがアメリカ、スエーデン、フィンランドといったところは陸上を国技とする国だと思った。

欧州陸上界を視察

ことにコーレマイネンとは親しく話を交す機会を得た、ヤセ型の外国人にしては余り大きい方ではなかったが、何んとなく親しみある青年だった、正確な走り方、タイミングを崩さず自分のラップを知りつくした悠々たる走法は印象的だった、とにかく試合には敗けたが私はその後欧州各地を歴訪して欧州陸上界の力を十分知ることが出来た、私の日本へのお土産は走高跳のバー、槍、それに円盤だったが、それよりも私達の参加がパリ、アムステルダム、更にはロサンゼルス、ベルリンの壮挙となって〝陸上日本〟の名を世界に博してくれたのが何よりの収穫であり私のこの上ない喜びだつた（談＝同氏は福留易株式会社相談役）。

（「オリンピック追憶リレー11トラック」『産業経済新聞』昭和二七年（一九五二）六月二六日）

第3507号　産業経済新聞

ストックホルム
オリンピック追憶リレー 11

日本オリンピック史の第一頁を飾るのはマラソンの金栗四三氏とトラックの三島彌彦氏である一九一二年のストックホルム大会に初参加して、陸上日本の素地を築いたのであるからその功、大なりと言わねばなるまい、以来四十年たつた今日といえども語りつがれる華々たる足跡を持つている、従つてトラック競技の沿革は当然この三島彌彦氏から始まる

トラック

対手の力も知らずに出場

〝カケッコ〟で外國旅行と評判

三島彌彦

三島弥彦翁スポーツ放談

日本が初めてオリンピック大会に参加したのは、明治四十五年（一九一二年）スエーデンのストックホルムで開かれた第五回大会のときで今から実に四十二年前のことである。短距離競走の三島弥彦と、マラソンの金栗四三の両選手がこれに出場した。

当時監督とコーチであった嘉納治五郎及び大森兵蔵両氏が世を去っているのに対し極東日本の若武者であった三島、金栗両選手は、今や古稀近い齢で元気一杯でいるのみか金栗氏はボストンマラソンの監督に活躍している。このとき本社では三島氏を囲んで多年のスポーツ生活について聞いてみた。

出席者　三島弥彦氏
本社運動部・上野徳太郎
本誌編集長・水野可寛

なお三島氏は学習院、東京大学に学び、卒業後は海外生活二十六年に及んでいる。（文中の敬称略）

マラソン国際初舞台のころ
はじめてのスパイク
タビをすて靴屋で制作

水野　今度ボストン・マラソンで、金栗さんが監督として行かれて、山田敬蔵選手が大変な記録を出したんで、金栗さんは非常に本懐というようなことだろうと思うのです。一九一二年（明治四十五年）三島さんもストックホルムのオリンピックに日本初の代表として金栗さんとご一緒においでになったわけで感慨一入深いものがおありだろうと思います。金栗さんの当時の御模様を少し話していただけませんでしょうか。

三島　金栗さんは私らよりも有望で勝つと思っていましたね。金栗さんは全部走ったらば相当のところにいったと思います。あの当時2時間30分を出していたんですから、向うの記録と変りない。ただ若いときに行きましたから、コンディションが変って……今と違いますからね。二人で行っても日本人が向うにいるのじゃなし、宿舎も下宿しているし、それから食べ物も、ときどき公使館に行って食べるのですけれども、金栗さんには非常に影響したと思いますね。それに〝どうもやかましくて眠られん〟とよくいっておりました。そういうふうで、非常にハンディ・キャップがつけられたんではありませんかね。当日は途中でやめられたんですが、全距離走っていたら相当のところに入ったと思います。何しろヘルシンキやなんかと同じで夏行くと、寝るときになっても暗くならないのですからね。

上野　そこでストックホルムに金栗さんと二人でお出かけになる前の意気込みといったところをお伺いしたいのですが。

三島　そのころのベースボールは日本訪問の軍艦チームや向うの大学チームが来日した折に試合をすれば負けなかった。西洋人だって並んでみれば負けやしないと思っていたんです。ですから向うに行ったら勝ちやしないかと思っていたんです。

嘉納氏の努力で渡欧

水野　しかし、あの時分にオリンピックに選手を出したということは相当なことですね。

三島　それについては私は嘉納治五郎さんに感謝しています。嘉納さんがいなかったら、いつになったかわかりません。嘉納さんは各方面に行って〝オリンピックへ行かせろ、行かせろ〟と説いた。あの時分には、〝なぜ行くんだ〟といって、賛成する人は少なかった。私の兄がそのとき正金銀行の頭取から日本銀行の総裁になりまして、アメリカで育ち学校へ行っていたものですから兄に〝運動で外国へ行く〟というと〝運動は大したものだぞ〟といって賛成してくれたのです。

スパイクの苦心

上野　そこで日本で練習のときはスパイク靴でやられたのですか

三島　スパイクも私らのときに始めたんですけれど、

これは外国人の持っているものを持ってきて靴屋に作らしたんです。その当時はずいぶん面白い話があります。足袋から靴に変ったんですから、靴がうまくピッタリ合ってない。それで浅い靴ですから、走っていて踵がはずれてぬげた人なんかがいるのですよ。（笑声）私が行くときも、これは米国大使館にエール大学のランニングの選手がおりまして〝お前行くなら教えてやろう〟というので、クラウチング・スタート（蹲踞発走法）……を教えてくれた。しかしあれは爪先を非常に使うのです。われわれのときにはそれほど爪先を使うのは、そんなに極端じゃない。ストックホルムに出発したのは確か五月十七日でしたか、その前が試験でしてね。二ヵ月ぐらいしか稽古しないのです。

上野　向うに行って練習どこでなさったのですか。

三島　金栗さんと二人でしょう。私がやるのは先生が見てくれて、金栗さんがやるときには一緒にはかけないけれど、私がついていって、お手伝いしたんです、さみしいものですよ。

上野　大森平蔵さんは向うで一緒になったわけですか。

三島　こっちから同行しました。とにかくアメリカの学校を出ていて奥さんが米国人です。それで先生は体育学、その当時の体育のほうを研究されたんで……。

上野　そのころでは新知識でございましょうね。

三島　東京市の体育関係をされていた。それで英語もできるし、外国になれているし、体育関係というので、先生夫妻がついていったわけですね。

それで敦賀から船に乗って、ウラジオに行き、そこから帝政ロシヤの汽車でモスコーに行きました。その間一部屋四人でしたね。ロシヤの汽車はレールが六尺あって中幅が広いのです。しかしモスコーまでの九日間は退屈しましたね。

上野　オリンピックのストックホルムの入場式の写真を見ますと日章旗を持っている三島さんは鼻下に美髭を蓄えられておられますけれども、あれは……。（笑声）

三島　ヒゲはランニングをはじめた十八ぐらいから、そらなかったから生えちゃったんですね。（笑声）それでベースボールやるときでも何でも、ヒゲを生やしたまま やったわけです。

上野　それじゃ当時、三島さんのヒゲは一応有名であったでしょうね。（笑声）

三島　しかし、ヒゲをはやしてたのはまだいますよ。橋戸さんも……。それに早稲田の応援団長の吉岡信敬君はあごヒゲを生やし袴をはいていた。

スパイクは下駄の感

上野　ストックホルムのとき外国の選手なんか、三島選手を見て一応驚いたんじゃないですか

三島　それはストックホルムの新聞はとても評判がよかった英米からたれかきている。日本から三島がきている、といっている。恐縮しましたよ。ところがどうも結果は面白くなくて……。

上野　しかし四百メートルなんか日本における最終予選の記録と、あちらでの予選のタイムは三秒ぐらい違っておるように思いますけれども……。

三島　それは運動場のコンデイションの違いですよ。昔はこっちではスパイクはくと、足駄はいたようなんですよ。土がつまって…。よく走れるわけがありません。

結局は国力の問題

三島　ストックホルムに参加して感じたことは、国の力だと思いましたね。だから選手が悪いとか、選手が弱いというのは自分の国を馬鹿にするようなものですね。例外を除いてはその国が弱いのですね、たった二人の選手というのは一流の一等国にはいませんよ。この点については当時のドイツはえらかった。ストックホルムのつぎは一六年のベルリンです。それに備えて運動場をちゃんとつくりあげて、二万人の選手を四年後に呼ぶといっていたんだからね。それが大戦でだめになった…。一六年のを一二年からやっているのですからえらいもんだ。

上野　ドイツはあの運動場を利用して国立の体育大学をつくったんですね。

三島　それからまた面白い話があるのです。スエーデ

ンに行ったとき、日本の公使館を探したところ、ビルディングの四階から日の丸の旗が出ている。四階が日本の公使館というわけだ。こちらはビルディング全部が公使館だと思ったが、公使に書記官と書記生と四人では無理ないですよ。フタ開けしたオリンピック大会を見に来られたのはベルリンから後の海軍大将の山本英輔さんともう一人来られただけです。

私のは〝雨降り柔道〟
講道館の初試合に八人抜き
得意の巻込み

上野　三島さんの柔道の先生はどなたです。

三島　私のは、今小説を書いている富田常雄さんのお父さんの富田常次郎さんです。

上野　学習院では富田先生、大学では……。

三島　横山作次郎先生、それから三船久蔵さん……。

上野　それでは新井源水さんなんかとは同期でございますか。

三島　そうです。新井さんは一高の大将で柔道は強いものでした。

上野　つまり今と違って実力四段というのは最高でしたね、あの時分は…。

上野　三島さんのお得意の技はどんなものですか。

三島　私は巻き込み、それから横捨身。

上野　じゃあ大方猛烈な徹底的な技ですね。相手は大いに参ったでございましょうな。

三島　私のは雨降り柔道で、雨が降ると柔道をやる。ただランニングと同じように腰と、息が続くから良かったらしい。（笑声）〝お前、講道館に行ってみろ〟といわれて講道館に行ったんですね。そうするとたいがい相手が弱いというのは私のほうが腰が強いものだから、技かけてもかからん。私のほうがやるとじきに倒れるというふうで、初めて行ったときは八人ぐらい抜いたんです。

上野　はあ、これも初めて伺いました。それでそのころの三島さんなんかの盛んだったときの柔道の連中は、どんな方々ですか。

三島　それは今の三船さん、それから大学じゃ福永さん、杉村陽太郎、そういうところが強かった。それから徳三宝、あれは私と学習院に先生が来賓できたときにやって引き分けでしたよ。まだ私も段にならんときでしたがね。

上野　柔道をやっていますと短距離競争は早いのですが、三島さんの場合は何しろ百メートルから千五百メートルまで早かったんですから、これはまた非常な特殊な存在だったということもいえるのじゃないかと思いますが、全くこれは驚くべきことで……。

三島　結局、からだがよかったからですね。私と水泳の古橋さんとは違いますが、…古橋さんは世界的な選手ですがその泳ぐのを見ていると、二百だって、百だって疲れませんね。実にもう元気で泳ぎますね。あれを見て、はあ自分は世界選手じゃないけれども、日本選手として元気なときにはああいうように疲れなかったと思いましたよ。

上野　それから多少疲れられても回復が早いのでございましょうね。

三島　はあ、じきにつまり次の運動ができるわけですね。

柔レスの他流試合

水野　拳闘なんか御覧になりますか

三島　あまり見ませんけれど嫌いじゃありません。レスリングは学校でて直ぐ、サンフランシスコに行ったとき、初めて見たんです。初めはつまらんと思ったのですが次第に面白くなった。サンテルというのがいました。…日本に来ましたが…あれがウェスト・コーストの覇を握ってて野口という柔道家が試合を申し込んでやったが、すぐ負けた。そうしたら二世が〝なんだ柔道なんか問題にならん〟というので…、今度は伊藤徳五郎という、四段か五段の人を呼んできて試合をさせたんです。それでも負けた。上からいって締めにかかったんです。そうしたらすっと立って、後ろに反ったんです。それで頭を打って脳震盪で負けたんです。私は伊藤君に、どうだといってきいたんです。〝いやチャンスはあるけれど、非常なエナージーだ〟というのです。だから締めそこなえば、あと押さえられちゃうというのです。ついで第二回目は、とうとう締め落した。痛快でしたね。

相撲も技と頭脳戦

三島　あれですね。相撲もこのごろはからだがよくなりましたね。幕内六尺以上が十何人ですか…。昔、われわれが見に行ったころは常陸山、梅ケ谷、太刀山。その太刀山が六尺一寸ぐらい。梅ケ谷が五尺六、七寸。常陸山が五尺八寸ですから、われわれと体格は違わない。

水野　今とおくらべになっていかがですか。

三島　相撲は結局、技のある人で悧巧な人でなければだめですね。それから体格のそろった人がいい。こういってはは当り障りがあるけれど何かのっぺりした、力の入らないような顔をしている相撲はやっぱり強くなりませんね。たとえば出羽嶽、不動岩もいけませんね。

学生相撲の始まり

上野　裸の相撲連中の写真の中に三島さんがいらしたのを私は見た覚えがありますが……。

三島　早稲田に天狗クラブというのがあった。卒業生で文士が大分おりましたね。私なんかは院外団ですけれど…。みんな友達ですから来い来いといわれて、よく相撲とりに行ったんです。

上野　大村一蔵さんなんかと……。

三島　いい勝負だったんです。あれは大関だったんです。あの時分は文士がよく来た。やっぱりあれは学生相撲の始まりですよ。

上野　天狗クラブは、どっかほかのチームと対抗試合のようなことはやらなかったのですか。

三島　それはやりませんでした。天狗クラブは文士の人が多かったりして本当のクラブじゃない。遊びですね。

あの頃の花形・ボート

水野　こんどは隅田川ボートの今昔談を一つ。

三島　ボートは私らのときには一高と高等商業が花形で、早稲田、慶応はまだ出ていません。私も学習院時代ボートを漕いでいました。校内チームを三組に分けて、七年のうち四年優勝した。ボートは一人で勝つわけじゃないから……。私は三番、四番、運送方ですよ。

水野　あの頃のコースは短かったんでしょうか。

三島　短かかったといって固定シートですから、千メートルです。今からいえば遊びみたいですけれど、当時はなかなか面白かった。

水野　今度は早慶は六千メートルですね。

三島　早慶は去年も一昨年も見ました。とにかくあの時分の隅田川のボートは華でしたからね。

身体を労わるが第一

水野　私の友人なんかで前に運動の生活やっていたものが、学校出ると急に運動を断ち切ってしまう。そうするとどうも健康を害しまして、二、三、倒れた者もありますが。

三島　それについて私はこう思っています。運動した人は運動をやめて、その上に健康なるがために、風邪ひいても、無理をして通そうというところがあると思います。ですから私は熱のあるような気分のときにはやっぱり練習しません。それだけですね。それから学校出てから酒飲みましたけれども、会とか、そういうときに酒を飲むだけで、ふだんはあまり飲みません。まあ、胃腸をこわさないということが一番からだのためじゃありませんか。

水野　それでシーズン・オフにはトレーニングを、日に何時間とかきめてなさったのですか。

三島　シーズンオフはないのですよ。夏は水泳、秋はランニング、冬はボートとスケート、春になると相撲、ベールボールというわけで……。

鎧姿で立泳ぎ　型より実用、昔の水泳

上野　水泳は学習院ですから初めは小堀流でしたか。

三島　それに観海流の平泳ぎですね。

上野　小堀平七先生の師範だったのですか

三島　そうです。あの人は上手でしたね。ただ今の泳ぎ方と違いますね。巻足といって立泳ぎをしました。鎧兜をつけて泳がされるし、それから鉄砲も打つ。これは古式ですね。それから飛込みは型より、つまり浅く入るとかいうものを…。

上野　昔風の実用的なものですね。

三島　それから最も行ったのは遠泳です。これは毎年葉山から江の島までやりました。それに学習院は早かった。四時間かからない。慶応などは五時間から六時間ぐらいでした。平泳ぎというのは案外非常に早いですね。昔流は競争はいかんというので競争させなかったですよ。それから今いうとおかしいのですが、やっぱり秘伝を教えるのに、みんなのいるところじゃいかんといって、朝ほかの人が出ないうちに行ってこういうふうに泳ぐのだといって教えた（笑声）。

懐かしい駒場の運動会

今でいえば〝選手権大会〟

三島　私はこのスポーツ遍歴をふりかえってみますと、一番少年時代からやったのが水泳ですね。それからランニングを始めました。ベースボールも好きで夏休みをぶっ通しでやった。ちょうど十五、六で成長期だったんでしょう。身体がよくなりました。そのころ各学校の運動会というものがあり、各校の選手が出て争ったが、東大駒場に行って勝てば、まあ学生界で一番というところでしょう。

上野　距離は六百ですか。

三島　どこもみんな六百です。それだから中距離だか、短距離だか、何か変なものでした。そんなものは今はありませんからね。

上野　私が上の学校の生活を始めたとき、まだ六百メートルの名残が残っていました。三島さんがストックホルムのオリンピックにいらっしゃる前の羽田の予選会のときは非常にコンディションが悪かったようなんですけれど、例えば百メートルは12秒フラットで走っていらっしゃったんですけれど、私が想像するのにあれは実力的にいったら、少くとも11秒6、7ぐらいじゃなかったかと思いますが……。

三島　今お話の六百メートルは学習院の選手として出たんですが、自分は速いと思わないのに、はたの人が遅かったのですよ。（笑声）どれに出ても勝ってしまうというわけですね。私はそれだから結局、疲れもしないで、勝ったわけなんですね。それが長年続いて大学出るまでたいていは負けなかったというわけです。その当時野球はまだ早慶はそんなに強くなく、一高がずっと何年かにわたり牛耳っていた。そうして競走では高等商業（今の商大）の川崎という人が出たんですが、この人は速かった。

上野　有名な方ですね。

三島　私はその前の年から、中学の五年から出ていますが、私ら学習院にいる間は一高を抑えたわけですね。それで一高と運動するたびに〝三島というやつが大いにやった〟ということになり、ある人は〝三島は駈けても駈けないでも、心臓の鼓動が変らんと医者がいっている〟ということをいっていました。（笑声）それは私が走ったあとと、走った前の記録を、針で記録する器械をある人が持ってきて、はかったらなるほどあまり違わないといっているのです。

まず走れの大先輩

早慶戦草分け当時の審判

上野　三島さんの野球も、ずい分お古いようで……。

三島　ベースボールは私はピッチャーをやって一高の強かったときに一高を負かし、それから早慶が出てきて一高を負かした、その当時です。だから、とっても古い。明治三十年代ですね。それから早慶戦が始まって、二回目の早慶戦のときには私は審判をやった。一高からは中野武二という人が出ました。そのときはアンパイア二人でした。それから中止になったときには、これは今と同じように相当いきり立って早稲田は第一回に負けたんです。第二回のときには、どうしてもというので、吉岡将軍は馬にまたがって、芝園橋から山内の公園にたむろして繰り込むということになったのです。そうしてあまりにエキサイトしてすぎて、けんかでもするといけないというので中止になったのです。それは明治三十九年かで、それ以来、大正の十五年までずっと中止です。大正十五年に再開したときに私は日本におりませんでした。

上野　まあ近代的な野球の審判も三島さんは先覚者でいらっしゃるので……。この間、中沢不二雄さんに伺ったら、非常に三島さんのお声が美しかったとかで……。

三島　どうも中沢さん、ほめすぎで……（笑声）。

総合体力の養成

上野　三島さんはピッチャーばかりですか

三島　ランニングが早くなったのはフィールダー（野手）をやったからです。それで腰もでき、脚も成長するときにやったものですから……十七、八、九歳ごろ……ヒゲの生えたころは今より大きく五尺七寸、十九貫あった。今は十九貫ないですよ。

上野　今、野球界で〝野球とは走ることなり〟なんていうことを今さらのようにいい出されているのですが、これはまことにいい傾向で、もう既に三島さんなんか、お若いとき、数十年前に身をもって範を示されていたんだと思うのですけれど……。

三島　それは私のは偶然ですね。いろんな運動をしたということが身体全体としては円満に発達したわけですね。

上野　私なんかが野次馬なんですけれど、確かに今、三島さんがいわれた各種のものを総合的にからだにつけておくというようなことはやっぱりいいことで、しかも何か一つに大成するためには必要なことじゃないかと思いますがね

三島　そうですね。向うのレスリングとか、ボクシングの選手でも皆、海岸をかけるじゃありませんか。日本の方も今はやっていましょうけれども……。

球と一体、米野球選手

水野　六大学、プロ野球なんか御覧になって、昔とくらべていろいろ御意見がおありじゃないかと思いますけれど。

三島　それは向うのプロを見たとき、いったんですが、やっぱり球とくっついていますね。からだの中心に球が来ますね。手を伸ばして受けるなんていうのは瞬間の問題で、正式にいえば、やっぱりどこへでも中心をもってきて……、それから前へ進んで、できるだけ前に進んで受けていますね。だから深く守っていて、ファースト・ベースに間に合いますね。それを見ると日本のプロはまだだと思います。やっぱり待っていて受けるような気持があります。だからベース・ランニングが違いますね。とてもきれいですね、向うのやつは…。これは学生選手とプロとしたらそのくらいの差がありますけれど。学生の六大学技術でなくて気持ですね。これは見ていて愉快ですね。ずいぶんおかしなことをするけれど……。

上野　それでまたファンを得ているわけですけれど。

三島　このごろ野球が非常に盛んになるのはいいけれど、プロとアマの境が少しくっつきすぎましたね。アメリカでは片手間にやってもプロフェッショナルでないやつはノンプロなんですね。日本のはノンプロというと学生でない、プロでない、会社の選手というのだからちょっと違うのですね。だから向うのノンプロとこっちのノンプロと勝負するというのはできませんわ。向うのほうが有利ですわね。片手間にやって本職でないやつはノンプロですからね。

志賀直哉氏卒倒す
ラグビー逸話

水野　三島さんの時代にはラグビーというものは慶応にはあったわけですか……。

三島　これも、私のときに何でも始めろというのでラグビーを始めたんです。学習院で…。その当時イギリスから帰ってきた人……田中銀之助と副島さんがいました。それがきて教えたんですがね。そうしたら偶然、志賀直哉ですよ、覚えているかどうか。私とぶつかって、先生、脳震盪を起し、それがもとでやめになっちゃったんです。だから慶応だけしかやってないです。志賀直哉の話が出ましが、私はあれより二級くらい下です。あの人は器用な人で竿飛び（棒高跳び）なんか相当跳んだ。それに柔道もやり、機械体操なんかうまいですよ。

スキー

レルヒ少佐の直弟子

田圃でスケート

上野　スケートは一番始まりは諏訪なんでございましょうね。

三島　諏訪です。私が行ったときは、やっぱり明治三十五、六年か、六、七年ですね。これは外国人がスケートをやるというので、行ってみようというので、行ってみたんですね。諏訪の人はゲタの上にカスガイか何かつけて、器用に滑るのですけれど、今のスケートのような、いわゆるフィギュア・スケートというものはやってなかった。それでわれわれは外国人から話を聞き、スパルディングのスケートの本をとりまして真似てやったんですけれども、本でやるのですから、ちっともわからない。（笑声）エッジがどうとか、アウト・カーヴとか、クロス・カットとか、ループとか、いろんな名があります。それを学んでやるのですけれども、なかなかできないのですよ。

上野　スケート用具は？

三島　用具は西洋人のを見て借りたり外国から帰った人のを持ってきたりなんかしたのが結局、靴に合わない。西洋人のを見ると簡単のようなんですよ。私はそれを持っていって鍛冶屋に打たせました。諏訪でも打たせた。これはあとでわかったが固ければいいと思うが、何べんやっても折れる。結局刀と同じで刃当りが固くて、峰が生でなくちゃならない。そんなことまで考えてやりました。そのとき四十三年か四年でした。正月の休みに諏訪に行ったが、湖水が凍らず、滑れない。村の人に加勢してもらって田圃に水を入れて凍らせて、そこで滑ったわけです。（笑声）そのとき、たまたま、高田からスキーのレルヒ少佐が来られ、スケートをやっていました。そこで西洋人のスケートを初めて見て〝ははあ、スケートというのものは、なるほど本に書いてある通りだ〟と感心したものでした。（笑声）

上野　スキーのレルヒさんはスケートもうまいですか。

三島　今の日本人のうまい人よりもうまいのでしょうね。私らも感嘆久しくしたが、レルヒ曰く。〝いや自分はスケートは一流じゃない〟というのです。〝俺はスキーは一流だから、スキーを習うか〟というから、それから〝じゃ、教えてもらおう〟というので、その晩に先生と一緒に高田の連隊に行ったんです。（笑声）二晩泊って一生懸命でスキーを習ったんですよ、そのときの高田の師団長が長岡外史、ヒゲの師団長でしたね。レルヒ少佐のスキーは今のスキーと違いまして、鉄のバネがついている。スティックは一本です。六尺ぐらいのものです。つまりオーストリーの軍隊用のスキーですね。それで二日みっちり習ってやっと滑れるようになって帰ったわけです。

上野　レルヒさんの教え方というものは相当系統立って教えてくれましたか。

三島　ええ、系統立って…。

上野　特に三島さんたちを教えてくださったんですか。それとも軍人さんたちと一緒ですか。

三島　特にです…。

上野　有名な日本のスキーの開拓の親であるところのフォン・レルヒさんの直弟子で三島さんがいらっしゃるので……（笑声）いや本当に運動の国宝的存在ですね。

外国での初滑り

三島　これもずうずうしい話ですが、オリンピックの帰りに、スイスに立寄ってウインター・スポーツを見に行ったんです。そのときに私もスキーをやるといって、スキーを借りてはいていったんです。そうしたらイギリス人が来て〝日本にスキーはあるか〟というから〝いや、日本はスキーは盛んだ〟というと、一緒に行こうというので登りましたが、まあ恐らく、外国でスキーを日本人がやったのは私が初めてでしょう。

それからもう一つ、やっぱりずうずうしい話はオリンピックに行くときですよ。今のレニングラードですか、当時のセントピータースグルグに日本の大使館があって、あそこを通過のときに大使館の人が、せっかく来たのだからと見せてくれたうちにキャバレーの床が氷になっているところがあるのです。アイス・スケートのキャバレーですね。ショウがありまして、〃お前、日本にもスケートはあるか〃というのですね。〃あるかじゃない、俺はできるのだ〃〃じゃ滑ろう〃というので、ずうずうしい私は滑ったんですよ。（笑声）日本人もああいうことができるのかといって皆、驚いていました。

水野　外国生活二十六年というお話ですが、お若い時分、アメリカとイギリスにいらしたわけですね。そのころは向うで何か運動は……。

三島　ゴルフはやりました。それにスケートはニューヨークへ行くときなんぞセントラル・パークで滑ったこともある。アウト・カーヴとか、バックで円を描いたりなどをやりましたから、セントラル・パークでも人が立ちましたよ。それで巡査が来て、〃お前、そこでやるのよせ〃〃どうして〃といったら〃いや氷が落ちるといかんから〃……（笑声）人が沢山来てね…。

三島彌彦翁・スポーツ放談

懐しい駒場の運動会
今でいえば選手権大会

まず走れの大先輩
早慶戦草分け当時の審判

上野　フィギュア・スケートの第一世ですね。

六十七歳なお狩猟

水野　失礼ですがお幾つですか。
三島　もう六十七になりました。
水野　やはり、続けてゴルフとか何か…。
三島　最近やってません。からだが悪いのでないけれど、友人などが一緒にやらんものですから…。そのうちに始めようと思っています。その間猟はずっと続けてやっています。
水野　それ以外に特に何か…。
三島　ええ特にはやっておりませんけれど…。
水野　ずっと走っておられたのはお幾つぐらいまで…。
三島　これはやっぱり昔流でしてね、あの時分は社会人の運動というものは組織がなかったのですから学校を出るとおしまいでした。

（『スポーツ毎日』昭和二八年（一九五三）五月二日）

三島弥彦　年譜

明治一九年　二月二三日　警視総監・三島通庸の五男として東京三田四国町に出生
二〇年　五月二四日　父・通庸　華族に列せられ子爵を授けらる
二一年一〇月二三日　父・通庸死去
二四年　九月　学習院初等学科入学
三〇年　七月一五日　学習院初等学科卒業
三七年　七月一一日　学習院中等学科卒業
四〇年　七月一二日　学習院高等学科卒業
九月　東京帝国大学法科大学入学
四四年　六月　一日　兄・弥太郎　横浜正金銀行頭取就任
一一月一八・一九日　オリンピック派遣選手予選に出場
四五年　二月一五日　オリンピック派遣選手に決定
五月一六日　新橋発
五月一七日　敦賀出港
六月　二日　ストックホルム着
七月　五日　オリンピック入場式に旗手として出場
七月　六日　100メートル予選出場、予選落ち
七月一〇日　200メートル予選出場、予選落ち
七月一二日　400メートル予選通過するも辞退
大正　二年　二月　七日　世界各地を歴訪し帰国

二月二八日　兄・弥太郎　日本銀行総裁就任
七月一四日　大学を卒業し、横浜正金銀行本店入行
九月　大日本体育協会総務部評議員就任
一一月一一日　横浜正金銀行桑港《サンフランシスコ》支店勤務命ぜらる
大正　五年　四月　八日　横浜正金銀行紐育《ニューヨーク》出張所勤務命ぜらる
大正　七年一二月　横浜正金銀行ロンドン支店勤務命ぜらる
大正　八年　三月　七日　兄・弥太郎死去
大正　九年一一月一三日　英国より帰国し、横浜正金銀行本店勤務
大正一二年　一月　子爵鍋島直柔五女文子と結婚
五月　横浜正金銀行北京支店支配人代理就任（六月二九日赴任）
一一月　八日　長男通直誕生
大正一三年一二月　三日　母・和歌子死去
昭和　三年　七月　横浜正金銀行上海支店支配人代理就任
昭和　五年　九月　横浜正金銀行漢口支店支配人代理就任
昭和　七年一二月　横浜正金銀行スマラン出張所副主任就任
昭和一〇年　三月二七日　横浜正金銀行本店副支配人就任
昭和一一年　六月二七日　「日本が参加した頃」日本放送協会東京中央放送局第二放送にて放送
昭和一二年　四月一五日　横浜正金銀行青島支店支配人就任
昭和一五年　四月二九日　支那事変における功により木杯を授与さる
五月一九日　横浜正金銀行本店検査人就任
昭和一七年　三月一七日　横浜正金銀行バタビヤ支店支配人就任

昭和一八年　二月二二日　横浜正金銀行退職
　　　　　　四月　帝国蚕糸倉庫株式会社監査役就任
昭和二三年一二月　大日本体育協会会賓就任
昭和二五年一一月　長男通直　吉村侃長女まり子と結婚
昭和二六年　福貿易株式会社取締役社長就任
　　　　　　九月　孫通利誕生
昭和二七年　九月　一日　第七回国民体育大会陸上競技役員就任（東龍太郎より依嘱）
昭和二八年　石丸証券取締役社長就任
昭和二九年　一月　孫原夫誕生
　　　　　　二月　一日　死去

三島家　関係系図

通庸 ― 和歌子（柴山権助二女）

- 弥太郎 ― 信子（大山巌長女）
  - 加根子（四条隆謌四女）
  - 通陽 ― 純（松岡均平長女）
    - 昌子 ― 義温（平田栄二三男）
    - 謹子（向山智英夫人）
    - 美弥子（八馬啓夫人）
  - 寿子 ― 阪谷希一
  - 通隆 ― 隆子（越英之助女）
  - 梅子 ― 土方久敬
- 園子（秋月左都夫夫人）
- 峰子（牧野伸顕夫人）
- 竹子（日高栄三郎夫人）
- 弥二
- 弥六
- 鶴子（日野資秀夫人）
- 千代子（西村寅三夫人）
- 繁子（中村進午夫人）
- 弥吉 ― 久子（村井吉兵衛長女）
- **弥彦** ― 文子（鍋島直柔五女）
  - 通直 ― まり子
    - 通利 ― （東）由紀子
    - 原夫（吉村家に養子縁組）― （碓氷）美智子
- 弥十二

鍋島直柔（蓮池藩鍋島家当主）― 輝子
- 文子

吉村侃 ― （内田）幸
- まり子

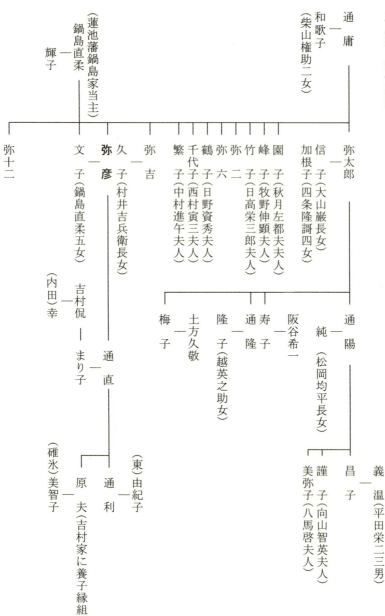

後記

二〇二〇年の東京オリンピック開催を前に、尚友ブックレット34号は、尚友倶楽部会員であり、子爵三島家出身で、第五回オリンピック・ストックホルム大会、陸上に日本初の代表選手として出場した三島弥彦を取り上げた。

三島弥彦令孫通利氏は本書の刊行を快く承諾賜り、由紀子夫人とともに弥彦に関する多くの資料を提供して下さった。これらの資料に基づいて、伝記執筆も可能となった。弥彦長男通直夫人まり子氏は、身近に接した弥彦の素顔を語って下さった。三島弥太郎令孫で弥彦を大叔父とする三島昌子氏、向山謹子両氏からは往年の三島家のこと、戦前戦後の弥彦について貴重な示唆をいただいた。

宮内庁書陵部編修課主任研究官・内藤一成氏は、史料の編集、校正に加え、煩雑で多量な様々な資料を丁寧に読み解き、史実としての三島弥彦像を描き出すと共に、日本近代スポーツの黎明期を解き明かされた。愛知大学国際問題研究所客員研究員・長谷川怜氏は、多くの画像資料の編集、コラム執筆と多岐にわたりご尽力を賜った。一橋大学大学院社会学研究科・西山直志氏は外部機関所蔵の三島弥彦関連資料を調査収集、提供下さった。

国立国会図書館憲政資料室には、三島家資料閲覧で多々お世話になった。秩父宮記念スポーツ博物館には、写真画像提供のご協力を得た。

尚友倶楽部嘱託・松平晴子氏は資料の解読入力を、霞会館非常勤嘱託・松田好史氏には史料解読でご助力をいただいた。尚友倶楽部史料調査室からは、松浦真会員が撮影、画像処理に、藤澤恵美子、上田和子が史料整理、編集に参加した。これらの多くの方々のご協力を得て、本書は完成に至った。深謝申し上げると共に、史料に基づいた近代日本スポーツ史として、広く読んでいただくことを願う次第である。

尚友倶楽部史料調査室　上田和子

編者

一般社団法人尚友倶楽部《しょうゆうくらぶ》

旧貴族院の会派「研究会」所属議員により1928年に設立された公益事業団体。学術研究助成、日本近現代史関係資料の調査・研究に取り組んでいる。その成果は、『品川弥二郎関係文書』『山県有朋関係文書』『三島弥太郎関係文書』『阪谷芳郎東京市長日記』『田健治郎日記』などの資料集として叢書43冊、ブックレット33冊が出版されている。

内藤一成（ないとう かずなり）　宮内庁書陵部編修課主任研究官・国際日本文化研究センター共同研究員。1967年生まれ。博士（歴史学）。主要著書：『貴族院と立憲政治』（思文閣出版、2005年）、『貴族院』（同成社、2008年）、『華族令嬢たちの大正・昭和』（吉川弘文館、2011年）、『三島和歌子覚書』（芙蓉書房出版、2012年）、『四條男爵家関係文書』（同成社、2013年）、『河井弥八日記　戦後篇』第1～3巻（信山社、2015～18年）ほか

長谷川 怜（はせがわ れい）　愛知大学国際問題研究所客員研究員。1986年生まれ。学習院大学大学院博士後期課程在籍。日本近現代史専攻。共編著に、『方鏡山淨円寺所蔵 藤井靜宣写真集 近代日中仏教提携の実像』（社会評論社、2017年）、『日本帝国の表象―生成・記憶・継承』（えにし書房、2016年）、『鳥居観音所蔵 水野梅暁写真集 仏教を通じた日中提携の模索』（社会評論社、2016年）、『貴族院・研究会写真集』（芙蓉書房出版、2013年）など。

日本初のオリンピック代表選手

三島弥彦《みしまやひこ》 ――伝記と史料――

〔尚友ブックレット *34*〕

2019年 1月15日　発行

編　集

尚友倶楽部史料調査室《しょうゆうくらぶしりょうちょうさしつ》・内藤一成《ないとうかずなり》・長谷川怜《はせがわれい》

発　行

(株)芙蓉書房出版

（代表 平澤公裕）

〒113-0033東京都文京区本郷3-3-13

TEL 03-3813-4466　FAX 03-3813-4615

http://www.fuyoshobo.co.jp

ISBN978-4-8295-0752-0